생각을 경영하라

어떻게
똑똑한
결정을
내릴 것인가

생각을 경영하라

민재형(서강대 교수) 지음

청림출판

세상 사람들이 더 똑똑하게 생각하고 판단하는 데
작은 도움이라도 보태고 싶다는 바람에서 이 책은 시작되었다.
나의 은사님들, 동료들, 학생들에게 이 책을 바친다.

익숙함이 우리를
함정에 빠뜨린다

"순간의 선택이 10년을 좌우합니다"라는 유명한 광고 카피가 있다. 선택에 신중을 기해야 함을 강조하는 말이다. 왜 순간의 선택이 중요할까? 선택이란 단순히 가장 매력적인 것을 고르는 일로 끝나지 않을 수 있기 때문이다. 예를 들어 내가 집을 구한다고 하자. 여러 가지 조건을 따져 이에 적합한 집들을 둘러보고 마침내 한 곳을 택해 계약을 했다. 그런데 며칠 뒤 생각해보니 다른 집이 더 괜찮은 것 같아 계약을 취소하고 싶어졌다. 이때 내가 이미 선택한 것을 취소하면 선택 이전의 상황으로 돌아갈 수 있을까? 현실은 그렇지 않다. 부동산계약법에 따라 계약금을 잃거나 그 이상의 비용을 치러야 할 것이다.

이처럼 어떤 선택을 할 땐 자원의 배분이 수반된다. 그로 인해 선택하기 이전의 상황으로 돌아가는 것이 불가능하거나 혹여 되돌릴 수 있다 해도 매우 큰 비용을 감수해야 한다. 선택이 중요한 이유가 여기에 있다.

여럿 가운데 하나를 고르는 개념으로서의 선택이 후속적인 행동과 자원 배분을 수반하는 경우, 이를 의사결정decision making 이라 한다. 일상에서 우리는 의사결정이라는 말을 선택choice, 판단judgment 등의 동의어로 사용하지만, 의사결정이란 단순한 선택이나 판단의 범주를 넘어서는 개념이다. 의사결정은 '이것을 고르겠다', '이렇게 행동하겠다'라는 정신적인 의지에 그치는 것이 아니다. 이러한 의지에 따라 자원을 돌이킬 수 없게 실제로 배분하는 일까지 포함한다. 그런 의미에서 의사결정은 '루비콘 강을 건너는 것'과 같다고 할 수 있다.

의사결정이란 어떤 일을 하겠다는 추상적인 의지라기보다는 자원의 배분을 통한 실질적인 행동의 추구이며, 개인과 조직의 자원 배분 활동을 필연적으로 수반하는 행동 지향적 사고다.

무엇이 우리의 선택과 행동을 지배하는가

우리 인생은 의사결정의 연속이다. 현재 내가 사는 삶은 내 삶에 영향을 끼친 사람들이 행한 수많은 의사결정의 결과이고, 앞으로 살게 될 삶의 질도 내가 행하게 되는 수많은 의사결정에 따라 달라질 수 있다. 자신이 내린 결정에 흡족해하는 사람이 있는가 하면 '나는 왜 그때 다른 선택을 하지 않았을까?' 하고 후회하는 사람도 있게 마련이다.

우리는 과연 후회하지 않는 선택을 할 수 있을까? 우리는 올바른 선택을 하기 위해 얼마나 노력하는가? 첫 번째 질문에 대한 답은 우리의 선택이 우리가 바라던 바를 얼마나 만족시켰느냐에 따라 결정되고, 두 번째 질문의 답은 우리가 올바른 선택을 위해 얼마나 체계적이고 과학적인 방법을 사용했느냐에 따라 결정된다. 하지만 의사결정을 할 때 언제나 체계적인 방법을 사용해야 하는 것은 아니다. 중요한 의사결정도 있고 덜 중요한 의사결정도 있기 때문이다.

그렇다면 무엇이 의사결정의 중요도를 좌우하는가? 의사결정의 중요도는 해당 의사결정에 영향을 받는 대상이 얼마나 많으냐와 그 파급효과가 얼마나 크냐에 따라 결정된다. 예를 들어 '올여름 휴가는 어디로 갈까?'와 '차세대 전투기 구입은 어디서 할까?'는 전혀 다른 차원의 문제다.

선택에는 사적인 선택도 있고 공적인 선택도 있다. 사적인 선택이란 나 자신을 위한 선택이고 공적인 선택이란 그 선택에 영향받는 다양한 사람들, 즉 이해관계자들을 대신해 행하는 선택을 말한다. 사적인 선택이 잘못됐을 때 피해의 범위는 나 또는 내 가족 정도로 한정된다. 하지만 공적인 선택의 경우, 신중하지 못한 판단이 초래하는 부정적 파급효과는 매우 크다. 사적인 선택보다 공적인 선택을 할 때 더욱 신중해야 하는 건 이 때문이다. 기업이나 국가가 잘못된 결정을 내리면 그로 인한 정치적, 경제적, 사회적 손실은 실로 막대하다.

그런데도 많은 조직에서 이뤄지는 의사결정 행태를 들여다보면 특정한 몇 사람의 제한된 경험과 직관에 의지해 공적인 선택이 사적인 선택처럼 행해지는 경우가 비일비재하다. 점심 메뉴를 선택하는 것과 별반 다르지 않은 것이다. 또한 조직의 중요한 문제를 다룰 때 자신의 경험이나 직관에 깊은 믿음을 가지고 이에 따라 의사결정을 하는 사람들이 의외로 많다. 자신의 선택과 판단, 의사결정에 지나칠 정도로 확신을 갖는 리더도 적지 않다. 개인의 경험과 직관에만 의존한 의사결정은 신속하다는 장점은 있지만 많은 이들을 판단의 덫에 걸려들게끔 한다. 이러한 판단의 덫은 당사자인 의사결정자뿐만 아니라 해당 조직의 수많은 이해관계자와 그 가족, 나아가 국가의 존망까지 위협할 수 있다.

물론 개인의 경험이나 직관도 훌륭한 의사결정 도구가 될 수 있다. 하지만 우리는 모든 것이 너무 빨리 변하고 이해관계가 매우 복잡하게 얽혀 있는 세상에 살고 있다. 거대해진 조직과 그들 간의 수많은 네트워크, 시장 환경의 불확실성, 하루가 다르게 진보하는 과학기술, 더욱 첨예해지는 이해관계자들의 욕구 충돌 등 지금의 세상은 과거와는 비교할 수 없을 정도로 복잡해졌다. 이러한 오늘날의 문제를 올바르게 해결하기 위해서는 사실과 정보에 근거한 분석적이며 체계적인 의사결정 방법의 학습이 매우 중요하다. 최근 들어 우리 사회에서도 빅데이터big data, 데이터사이언스data science, 비즈니스 애널리틱스business analytics 등 과학적 의사결정의 중요성이 부각되는 이유가 바로 여기에 있다.

체계적인 의사결정 방법이 어려운 문제를 쉽게 바꿔주지는 않는다. 하지만 현명한 판단을 이끄는 과정을 학습함으로써 우리가 내린 판단에 대한 후회를 최소화하고, 우리가 바라는 결과를 이끌어낼 가능성을 최대화할 수 있다. 그리고 이러한 학습을 통해 우리가 해야 하는 의사결정의 질을 높일 수 있다. 이 책에서는 과학적인 의사결정에 관한 이야기는 다루지 않는다. 우리의 머릿속에서 이뤄지는 의사결정, 즉 인간의 직관과 경험에 의존해 행하는 판단에 대한 이야기에 초점을 두고 있다. 신이 만든 최고의 창조물인 우리의 두뇌가 어떠한 엉뚱한 판단과 행동을 초래하는지, 그 원인은 무엇이고 어떻게 하면 그것을 바로잡을 수 있는지, 궁극적으로 어떻게 더 똑똑한 결정을 내릴 수 있는지에 대해 이야기하고자 한다.

왜 판단은 습관인가

대학에서 의사결정에 대해 가르친 지도 어느덧 사반세기가 흘렀다. 나는 공부란 더 나은 세상을 만들기 위해 우리 이웃과 세상에 조금이라도 도움이 되는 것이어야 한다고 믿는다. 내가 후학들에게 전하는 한마디 한마디가 그들의 판단 능력을 향상시키고 그로 인해 세상이 좀 더 스마트해지기를 바라왔다.

이렇게 말하면 독자들은 내가 의사결정이라는 분야를 그만큼 공부하고 가르쳤으니 판단에서만큼은 신의 경지에 이르렀으리라고 생각할지도 모르겠다. 하지만 천만의 말씀이다. 나는 실수도 많고 후회도 많은 사람이다. 남에게는 이렇게 해야 한다고 말하지만 실제 내 일에 대해서는 내가 가르치는 내용도 제대로 실천하지 못할 때가 있다. 일상에서 크고 작은 결정을 할 때 이전에 한 것과 똑같은 실수를 저지르기도 한다. 인간이기 때문에 그런 것이다.

우리는 익숙한 것을 좋아한다. 편하기 때문이다. 판단도 마찬가지다. 익숙해진 사고방식이 우리의 판단을 지배할 때가 많다. 늘 해오던 방식대로 판단하는 것이다. 그래서 판단은 습관이다. 익숙함은 편하지만 종종 우리를 함정에 빠뜨린다. 후회 없는 판단을 하려면 익숙한 것, 편한 것, 상식적이라고 믿는 것, 알고 있다고 확신하는 것과 결별해야 한다. 하지만 이는 말처럼 쉽지 않다. 그것은 곧 다르게 생각하기, 새롭게 생각하기를 습관으로 체화하는 자기 혁명이기 때문이다.

이 책은 우리를 함정에 빠뜨리는 길들여진 생각들과 결별하기 위한 지침을 담고 있다. 우리의 익숙해진 사고방식이 어떻게 잘못된 판단을 일으킬 수 있는지, 그리고 거기서 벗어나려면 어떻게 해야 하는지 다양한 사례와 연구 결과를 통해 밝히고자 했다. 우리가 편견의 색안경을 벗고 새로운 눈으로 세상을 바라보는 데 이 책이 좋은 길잡이가 되었으면 한다. 이전과 다르게 주변 현상을 판단하고 올바른 결정을 내릴 수 있도록 보탬이 된다면 저자로서 더없는 보람이자 영광일 것이다.

민재형

차 례

chapter1

우리는
왜 가끔
헛똑똑이가
되는가

의사결정보다 더 어려운,
그래서 더 가치 있는 일은 없다.
―나폴레옹 보나파르트Napoléon Bonaparte, 프랑스 황제

다음 문제를 암산으로 풀어보자. 머릿속에서 숫자들을 하나씩
더해본다.

$$
\begin{array}{r}
1000 \\
20 \\
30 \\
1000 \\
1030 \\
1000 \\
+ \quad 20 \\
\hline
? \\
\end{array}
$$

혹시 5,000이 나왔는가? 잘못된 답이다. 수학자들도 틀리기
쉬운 문제다. 많은 사람이 틀린 답을 말하는 건 직관적이고 자
연 반사적인 사고체계를 가동한 결과다.

인간이 사고하는 방식은 감성적인 사고체계인 시스템 1과 이
성적인 사고체계인 시스템 2로 나눌 수 있다. 시스템 1은 신속하

고 무의적이며 별다른 노력을 필요로 하지 않는다. 생각을 동반하기보다는 반사적인 행동을 순간적으로 유도한다. 이와는 반대로 시스템 2는 속도는 느리지만 의식적이고 논리적이며 노력이 필요한 사고체계다.

당신은 직관에 기대는 편인가, 아니면 매사 이성적인가? 영화 〈살인의 추억〉을 보면 서로 다른 성향의 두 형사가 나온다. '무당 눈깔'이라는 별명을 갖고 있는 시골 형사 박두만(송강호 분)은 직관과 경험에 의존하는 감성적 사고의 소유자다. 사람 얼굴을 보면 죄가 있는지 없는지 답이 나온다면서 용의자들의 사진을 열심히 들여다본다. 반면에 서울에서 자원해 내려온 서태윤(김상경 분)은 '서류는 거짓말을 안 한다'는 신조로 과학 수사를 강조하는 인물이다. 자료를 꼼꼼하게 검토하면서 논리적으로 사건의 실마리를 찾아가기 때문에 육감 수사를 벌이는 박두만과 팽팽하게 대립한다. 박두만은 시스템 1의 아이콘이고, 서태윤은 시스템 2의 아이콘이라 할 수 있다.

우리가 모국어를 자유자재로 구사할 때는 직관적 사고체계인 시스템 1을 사용하게 된다. 하지만 익숙하지 않은 외국어를 쓸 땐 일단 머릿속에서 번역한 다음 말로 표현하게 되는데, 이는 생각을 동반하는 시스템 2를 사용한 결과다. 인간의 사고체계는 시스템 1이 머릿속에 자리 잡은 후 시스템 2가 만들어진다고 한다. 그래서 어릴 때는 자신의 현재 감정에 충실한 판단과 행동을 하다가 나이를 먹고 교육을 받으면서 점차 이성적이고 사려 깊게 변하게 된다. 그러나 나이가 많이 들어 노년이 되면 우리 머릿속에서 시스템 2는 서서히 붕괴하고 시스템 1이 사고를 지배하면서 다시 어린아이와 같은 행태를 보인다. 감정에 치우치고 고집이 세지며 객관적인 사실보다는 자신의 경험이 모든 판단의 올바른 잣대인 양 착각하기도 한다. 노인이 되면 아이 같아진다고 하는 건 이 때문이다.

인간은 시스템 1 사고체계를 우선적으로 가동한다. 그게 편하기 때문이다. 그러면서 자신의 판단이 자연스럽고 상식적이라고 생각한다. 하지만 인간은 생각처럼 그렇게 합리적이지도 이성적이지도 않기에 경험이나 직관에만 의존하는 판단은 위험하다.

경험칙의 함정

"코너에 위치한 상점 하나의 가치는 인접한 두 상점의 가치와 같다."
"새로운 식품을 시장에 내다 팔려면 소비자가 그 제품의 맛을 주요 경쟁 제품의 맛보다 2배 선호해야 한다."
"식당에서 음식의 가격은 원재료 가격의 3배 정도로 책정하면 된다."
"광고 카피를 작성할 때 12단어 이상 쓰지 마라."
"집을 팔고 싶으면 봄에 내놓아라. 집 매매의 71퍼센트는 4월에서 7월 사이에 거래된다."

비즈니스 세계에선 이와 같은 경험에 의한 법칙rules of thumb이 존재한다.[1] 많은 사람이 이러한 이야기를 과신한다. 다른 합리적인 방법을 적용할 수 있는데도 기존의 법칙들을 반드시 지켜야 할 표준처럼 맹신하는 경우가 있다. 왜 그럴까?

인간은 태생적으로 불완전한 정보처리 능력으로 인해 처리해야 할 정보량이 방대하고 신속한 의사결정을 해야 할 때 이른바 '휴리스틱heuristics'이라는 판단의 지름길을 택하게 된다. 휴리스틱이란 우리의 판단을 암묵적으로 조종하는 경험이 만들어낸 나름의 규칙으로 '경험에 의한 법칙', '신속 추론법' 또는 '자기 발견적 판단 방법' 등으로 불리기도 한다. 휴리스틱은 인간의 직관적 사고체계(시스템 1)에서 사용하는 판단 방법으로 일상생활에서부터 조직의 중요한 의사결정 문제에 이르기까지 광범위하게 사용된다.

하지만 우리는 휴리스틱을 사용하면서도 그것을 인식하지 못한다. 휴리스틱이라는 이름은 인간의 판단 행태를 연구하고 관찰한 학자들이 붙인 것이다. 휴리스틱과 판단착오에 관한 발상의 전환을 가져온 연구[2]는 이스라엘 출신 심리학자인 대니얼 카너먼Daniel Kahneman과 에이머스 트버스키Amos Tversky[3]에 의해 시작되었다. 전통적인 경제학에서는 인간을 매우 합리적이고도 이성적인 존재로 보고 규범적normative 의사결정이 이루어지는 논리를 제시했다. 이에 반해 카너먼과 트버스키는 인간의 행태를 관찰하고 판단 과정을 추적함으로써 인간이 실제로 어떻게 의사결정을 하는지를 설명하는 기술적descriptive 의사결정의 논리를 제시했다.[4] 이들의 연구는 이후 심리학자, 경제학자, 경영학자, 통계학자들의 인간 사고에 대한 생각을 바꾸게 만드는 계기가 되었으며, 행동경제학 또는 실험경제학이라는 새로운 학문 분야를 탄생시키는 단초가 되었다.

휴리스틱은 때로는 놀랄 만큼 정확한 판단을 이끄는 유용한 도구가 되기도 한다. 복잡한 문제 상황을 단순화해 인간의 정신적 부담을 덜어주고, 제한된 시간 안에 신속한 판단을 할 수 있게 해주는 경제적 장점이 있다. 그렇지만 휴리스틱에는 인간의 판단을 잘못되게 이끄는 많은 함정이 도사리고 있다. 잘못 사용될 경우, 예측 가능하고도 체계적인 판단착오predictable and systematic biases를 일으킬 수 있다.

선택적 지각

인간의 직관적 판단은 인간의 마음속에서 처리되고 변환되는 정보에 기초한다. 따라서 큰 틀에서 인간의 판단 과정도 입력, 변환, 산출이라는 과정을 거치는 하나의 정보처리시스템이라고 볼 수 있다. 하지만 인간의 정보처리시스템은 컴퓨터의 정보처리시스템과는 성격이 확연히 다르다. 인간은 창조적이고 사상과 감정을 가지고 있으며 환경의 변화에 적응할 수 있는 장점이 있지만 정보처리에 관해서는 여러 가지 한계를 보인다. 인간이 가진 정보처리의 한계는 크게 정보의 지각, 정보처리 속성, 정보처리 능력, 기억 재생 과정의 네 가지로 설명할 수 있다.

첫째로 인간은 정보를 종합적으로 지각하지 못하고 선택적으로 받아들인다. 이러한 특성을 '선택적 지각selective perception'이라 한다. 이는 주어진 정보나 메시지를 자신에게 유리한 방향으로 인식하고 해석하는 경향을 말하는데 정보를 인식하는 사람의 성장 배경이나 흥미, 경험, 태도 등이 여기에 영향을 미치게 된다. 다시 말해 우리는 정보의 홍수 속에서 정보를 선택적으로 받아들일 수밖에 없는데, 이때 자신이 갖고 있는 선입관이나 기대감이 개입되어 문제해결을 위한 정보 수집에 큰 영향을 끼칠 수 있다. '사람은 자기가 보고 싶은 것만 보고, 듣고 싶은 것만 듣는다'는 말은 틀리지 않다.

우리는 자신이 갖고 있는 믿음이나 논리를 지원하는 정보는 그것이 중복된 것이든 동일한 출처에서 나온 것이든 상관없이 "그럼 그렇지" 하고 애착을 갖는다. 이와는 반대로 자신의 머릿속 믿음에 반하는 증거에 대해서는 의식적으로든 무의식적으로든 그것을 폄하하거나 무시하는 행태를 보인다. 이를 가리켜 '정보 편향의 함정confirmation trap'이라 한다. 이것은 인간의 선택적 지각으로 인해 일으키는 판단착오의 주요 원인이 된다.

순차적 사고

둘째로 인간의 정보처리는 순차적으로 이뤄지는 특성이 있다. 인간은 많은 양의 정보를 동시에 처리할 수 있는 능력(정보의 병

럴처리 능력)이 부족하므로 정보처리가 점진적이며 순차적으로 이뤄진다. 따라서 최근에 수행한 정보처리 결과가 앞으로의 정보처리에 영향을 미치는 특성(축차처리 속성)이 있다. 이러한 순차적 정보처리 방식은 상황이 안정적일 때는 미래 예측에 효과적일 수 있으나 환경이 급변하는 상황에서는 큰 판단착오를 일으키는 원인이 된다. 예상치 못한 변수의 등장으로 인해 지금까지와는 매우 다른 국면으로 상황이 전환될 위험이 따르기 때문이다.

금융위기나 경제위기가 발생한 주요 원인 중 하나는 과거의 패턴대로 상황이 진행되지 않았기 때문이다. 이러한 인간의 정보처리 속성으로 인해 환경이 급변하는 현대사회를 살면서 미래를 내다보고 판단하는 데 점점 더 어려움을 겪고 있다. 모든 것이 빨리 변하는 시대이다 보니 과거는 더 이상 미래의 거울이 될 수 없다.

기술 진보의 속도가 빨랐던 컴퓨터 산업 분야에서 다음과 같은 예측이 있었다.

"세계 시장에서 필요한 컴퓨터는 아마 5대 정도일 것이다."

- 토머스 왓슨Thomas Watson, IBM 회장, 1943.

"집집마다 컴퓨터가 필요하다는 것은 당치도 않은 말이다."

- 켄 올슨Ken Olson, DEC의 설립자이자 회장, 1977.

"640킬로바이트면 모든 사람에게 충분한 메모리 용량이다."

– 빌 게이츠Bill Gates, 마이크로소프트 창업자, 1981.

지금 보면 실소를 자아내는 주장들이다. 훌륭한 사람도 때로는 이렇게 잘못된 예측을 한다. 미래를 내다보기란 쉬운 일이 아니다. 그래서 피터 드러커Peter Drucker, 앨런 케이Alan kay, 데니스 가보르Dennis Gabor 같은 세계적인 석학들은 공통적으로 이런 말을 했다. "미래를 예측하는 가장 좋은 방법은 당신이 원하는 그 미래를 만드는 것이다."

정보처리 능력의 한계

셋째로 인간의 정보처리 능력은 컴퓨터에 비해 매우 미약하다. 머릿속으로 모든 정보를 종합적으로 고려해 최적해(가장 좋은 해) optimal solution를 구할 수 있는 능력을 가지고 있지 않다.

다음의 간단한 문제를 살펴보자.

대한상회는 여유자금 1억 원의 투자 대상을 찾고 있다. 이 회사의 재무책임자는 현 시장 상황을 고려해 이 자금으로 정유회사, 철강회사, 그리고 국채에 투자할 것을 제안했다. 그는 다섯 곳의 투자 대상을 선별한 후, 각 투자 대상의 연간 예상 수익률을 분석해 다음의 표와 같이 제시했다.

투자 대상	연간 예상 수익률(%)
H 정유	7.3
S 정유	10.3
P 철강	6.4
Y 철강	7.5
국 채	4.5

재무책임자의 보고를 받은 경영진은 기업 안팎의 상황을 고려해 다음과 같은 투자 지침을 만들었다.

① 총 신규 투자액의 50퍼센트 이상을 동일 산업에 투자하지 말 것.

② 국채에 투자하는 금액은 철강산업 투자액의 25퍼센트 이상은 되어야 함.

③ S정유의 예상 수익률은 높으나 투자 위험 또한 높으므로 정유산업 투자액의 60퍼센트 이상을 S정유에 투입해서는 안 됨.

이러한 투자 지침을 만족시키면서 연간 예상 수익을 최대화하기 위해서는 각 투자 대상에 얼마씩 투자하는 것이 바람직하겠는가?

1억 원을 가지고 다섯 곳에 얼마씩 배분해 투자하는 것이 연간 예상 수익을 가장 크게 할 수 있느냐는 문제다. 단순히 수익률만을 고려한 간단한 문제다. 만일 문제에서 별도의 투자 지침이 없다면 답은 무엇일까? 여유자금 1억 원을 연간 예상 수익률이 가장 높은 S정유에 모두 투자하는 것이다.

하지만 투자 지침이 몇 가지 붙으면 상황은 달라진다. 머릿속으로 가장 좋은 투자 방법을 찾아내기가 쉽지 않다. 우리 인간에겐 세 가지 정도의 조건을 고려해 가장 좋은 방안을 찾는 것도 불가능에 가까운 일이다. 내가 수업 시간에 학생들에게 5분이나 10분 정도의 시간을 주고 가장 좋은 투자 방법을 제안해보라고 하면 보통 학생들이 내놓은 답은 최적해와는 거리가 멀다. 컴퓨터라면 어떨까? 컴퓨터는 이 정도의 문제는 100분의 1초 만에 최적해를 내놓는다.

기억의 한계

마지막으로 우리 인간은 스스로 생각하는 것보다 훨씬 기억력이 좋지 못할 뿐만 아니라 선별적으로 기억하는 특성이 있다. 최근의 일은 잘 기억해도 시간이 오래 지난 사건일수록 기억에서 희미해진다. 영화나 뉴스를 보면 사고 목격자의 증언이 결국은 잘못된 것이었다고 밝혀진 경우가 종종 있지 않은가?

'매직 넘버 7, 플러스 마이너스 2'라는 말이 있다.[5] 인간의 기억 능력과 변별력의 한계를 지칭하는 말이다. 일반적으로 인간은 어떤 한계 이상의 개체들을 한꺼번에 다루는 데 어려움을 느낀다. 사람에 따라 조금씩 차이가 있기는 하지만 사람들 대부분이 7개 이상의 개체를 단기간 머릿속에 담아두고 이를 기억하는 데 한계를 보인다고 한다.

실험을 해보자. 한 자리 숫자 7개를 천천히 사람들에게 불러준 다음, 방금 들은 숫자를 기억해 종이에 써보라고 한다. 사람들 대부분이 7개의 숫자를 기억해낼 것이다. 하지만 7개가 아니라 9개, 11개로 숫자의 개수를 늘려보면, 그것들을 기억해내는 사람들은 급격히 감소할 것이다.

인간은 7개 이상의 개체를 한꺼번에 비교할 때도 변별력이 떨어지는 인지적 한계를 보인다. 이 때문에 제품 종류가 너무 많은 매장보다는 종류가 적절하게 갖추어진 매장의 매출이 더 높다고 한다. 너무 다양한 종류를 판매하는 매장에서는 손님들이 물건 고르기가 힘들어 구경만 하는 데 그치고, 적절한 몇 종류의 제품이 있는 곳에서 오히려 실제 구매가 잘 이뤄진다.

이러한 현상을 '선택 대안의 과잉'이라고 하는데, 이 현상에 관한 증거는 다양한 연구에 의해 제시되고 있다. 미국 컬럼비아대학의 시나 아이엔가Sheena Iyengar와 스탠퍼드대학의 마크 레퍼Mark Lepper는 대안이 많을 때보다 적을 때 실제로 선택이 더 잘 이뤄지고, 선택 후의 만족도도 높다는 연구 결과를 내놓았다.[6]

그들은 6종류의 초콜릿과 30종류의 초콜릿을 두 집단에게 제공하고, 각 집단의 실험 참가자들에게 그중 하나의 초콜릿을 선택하게 했다. 처음에는 30종류의 초콜릿이 제공된 집단이 6종류의 초콜릿이 제공된 집단보다 더 많은 초콜릿 중에서 하나를 고른다는 선택 과정 자체에 즐거움을 느꼈다. 하지만 초콜릿을 선택한 다음 자신의 선택에 대한 만족도가 더 높은 건 6종류의 초콜릿이 제공된 집단이었다. 또한 참가자들에게 실험에 참가한 대가로 5달러를 받거나 5달러어치의 초콜릿을 받는 것 중 선택하

라고 했을 때, 6종류의 초콜릿이 제공된 집단이 실험의 대가로
초콜릿을 선택한 비율이 훨씬 높았다.

잼을 이용한 다른 실험에서도 동일한 결과를 확인할 수 있었
다. 6종류의 잼과 24종류의 잼을 진열한 시식 부스를 각각 설치
했을 때 어떤 일이 벌어졌을까? 24종류의 잼이 진열된 부스에는
잼을 시식하기 위해 지나가던 사람 242명 중 60퍼센트(145명)가
들렀고, 6종류의 잼이 진열된 부스에는 지나가던 사람 260명 중
40퍼센트(104명)만이 방문했다. 하지만 24종류의 잼이 진열된 부
스에서는 방문객 중 3퍼센트(4명)만이 실제로 잼을 구입한 반면,
6종류의 잼이 진열된 부스에서는 방문객 중 30퍼센트(31명)나 실
제로 잼을 구입했다. 선택 안이 많을수록 인지적 과부하로 인해
변별력이 떨어져 선택을 미루거나 또는 선택하더라도 자신의 선
택에 대한 만족도가 떨어짐을 보여주는 실험 결과다.

지금은 고인이 된 스티브 잡스Steve Jobs가 1997년 7월 애플
Apple의 CEO로 복귀했을 때 애플이 팔고 있던 컴퓨터 모델
은 1400, 2400, 3400, 4400, 5400, 5500, 6500, 7300, 7600,
8600, 9600, 창사 20주년 맥Mac, 이메이트e-Mate, 뉴턴Newton, 피
핀Pippin 등 그야말로 가지각색이었다. 3주에 걸쳐 제품 구성에 대
한 설명을 들은 잡스는 도무지 이해할 수 없었다. 친구들에게조
차 어떤 컴퓨터를 사라고 이야기할 수 없을 만큼 제품 구성이
복잡했기 때문이다. 고객만 혼란스러웠던 게 아니다. 애플도 연
구개발과 마케팅 초점을 어느 제품에 맞춰야 할지 혼란스러운

상황이었다.

잡스는 사무용 데스크톱, 사무용 노트북, 개인용 데스크톱, 개인용 노트북 등 종류별로 하나씩 골라 제품을 네 가지로 줄이고, 나머지는 시장에서 모두 철수했다. 이러한 단순함을 추구한 결과 2년 후 애플은 아이맥iMac이라는, 미국에서 가장 잘 팔리는 컴퓨터를 만들게 되었고, 다시금 흑자를 내는 회사로 변모할 수 있었다.[7] 과유불급過猶不及이라고 지나침은 모자람과 같다. 인간의 인지능력은 복잡성보다는 적절한 단순함을 선호한다.

오래전 이런 일이 있었다. 수원 모처에서 외부 강의를 하기로 했는데, 당일 오전에 확인차 연락을 받았다. 수원 지리를 잘 몰라 대중교통을 이용하기로 하고 가장 빨리 갈 수 있는 방법을 물었더니, 사당역에서 777번 버스를 타면 된다고 했다. 2시간 후 어떤 일이 벌어졌을까? 766번 버스를 30분 이상 기다리다 강의시간에 늦을 뻔했다. 고작 2시간 전에 들은 정보조차 제대로 기억해내지 못해 그런 실수를 한 것이다.

인간의 기억 재생 과정은 컴퓨터의 그것과는 매우 다르다. 우리가 마우스나 키보드를 사용해 컴퓨터에 입력한 자료는 기억 장치에 차분히 자리 잡게 된다. 그리고 시간이 얼마나 지나든 상관없이 우리가 그 자료를 필요로 할 때마다 입력될 당시와 다름없는 동일한 자료를 기억 장치에서 그대로 꺼내 다시 사용할 수 있다.

하지만 인간의 기억 재생 과정은 소위 능동적 재구성 과정이라는 특징이 있다. 다시 말해 인간은 무엇을 머릿속에 받아들이게 되면 그 정보는 머릿속에 입력됨과 동시에 머릿속에서 산산조각으로 흩어진다. 이후에 무엇을 기억하려 할 때는 머릿속에 흩어져 있는 해당 정보의 수많은 정보 조각을 연결시켜 재구성하는 과정이 필요하다.

이러한 특징으로 인해 다양한 종류의 수많은 정보 조각이 머릿속에 혼재하는 상황에서 개인의 연상 작용 또는 의미 부여 패턴에 따라 정보 조각의 연결 내용, 즉 기억하는 내용이 달라질수 있다. 동일한 강의를 들은 학생들이 다음 수업 시간에 서로 다르게 기억하거나 전혀 기억하지 못하는 것은 바로 이 때문이다.

그렇다면 나는 왜 그때 버스 번호를 777번이 아닌 766번으로 착각했을까? 2시간 전 777이라는 버스 번호를 들었을 때 참 좋은 숫자라고 생각했다. 그와 동시에 나는 행운의 숫자 777과 대비되는 숫자로 기독교에서 소위 악마의 숫자라고 칭하는 666을 순간적으로 떠올렸다. 그러면서 777이라는 숫자와 666이라는 숫자가 내 머릿속에 들어와서 조각나 흩어졌다. 그러고 나서 2시간 후 버스 번호를 기억해내기 위해 머릿속에 있는 번호 조각을 꿰맞출 때 7이라는 숫자와 6이라는 숫자가 잘못 연결되고 말았던 것이다.

허점투성이
인간의
진짜 모습

18세기 프랑스에서 시작된 카지노 전략으로 마틴게일martingale 전략이라는 것이 있다. 처음에 일정 금액을 걸어서 이기면 동일한 금액을 계속 베팅하고, 지면 잃은 금액의 2배를 베팅하는 것이다. 이 전략은 일단 한 번만 이기면 잃은 금액을 모두 만회하고 처음 베팅한 금액만큼 딸 수 있다는 장점이 있다. 이 때문에 많은 사람이 현혹된다. 실제로 투자 전략으로도 사용하고 내기 골프에도 사용하는 사람이 있다고 한다.

하지만 이 전략은 패가망신의 지름길이다. 카지노에서 가장 높은 승률을 갖는 게임도 그 승률이 50퍼센트가 안 된다. 실제로 마틴게일 전략의 결과를 시뮬레이션해보면 손실은 기하급수적으로 늘지만 손실에 비해 따는 금액은 매우 미미할 뿐이다. 이 전략으로 기대할 수 있는 이윤은 물론 마이너스다. 헛똑똑이들이 사용하는 전략인 셈이다. 인간의 비합리적인 사고 때문에 카지노 산업은 오늘날 황금알을 낳는 거위가 되었다. "인간은 합리적인 동물"이라는 아리스토텔레스의 말에 고개를 갸웃하게 되지 않는가.

　인간은 원래 악하고 이기적이라는 주장에는 동의하는가? 중국의 순자荀子, 이탈리아의 마키아벨리Machiavelli, 영국의 토머스 홉스Thomas Hobbes는 성악설을 주장한 바 있다. 특히 홉스는 자기 보존을 위해 자연권을 마음대로 행사하는 인간의 이기적인 본성 때문에 인간은 야수적인 존재로 머무르며 사회는 '만인의 만인에 대한 투쟁' 상태가 된다고 했다. 하지만 지금 우리가 사는 사회는 홉스의 우려와는 달리 나의 몫뿐만 아니라 남의 몫도 함께 생각하는 사회로 발전했다. 세상에는 수많은 봉사단체, 자선단체, 기부단체 등이 존재하며, 놀랍고 감동적인 살신성인 사례도 뉴스에서 심심치 않게 접할 수 있다.

　인간은 정말 알다가도 모를 존재다. 뭐라고 딱 잘라 정의하기 어려운 인간의 본성, 알 수 없는 행태를 보이는 우리의 진짜 모습을 들여다보자.

인간의 제한된 합리성

인간은 엉뚱한 판단과 비이성적 행동도 서슴지 않는 자연인일 뿐이라는 사실은 많은 연구에서 밝혀진 바 있다. 시스템 1을 이용한 직관적 판단이 오류를 범하게 되는 주된 이유를 예전에는 인간의 제한된 합리성 때문이라고 생각했다. 인간은 시간과 비용의 제약으로 합리적인 판단을 하기 위해 필요한 질과 양을 갖춘 정보를 얻기가 어렵고, 또한 인간이 가진 정보처리 능력의 한계로 인해 최적해보다는 '이 정도면 됐다'는 수준에서 해의 탐색을 마치고 그러한 해에 만족한다는 논리다.

이러한 해를 만족해satisficing solution[8]라 한다. 더 나은 해를 탐색해 얻는 추가적인 혜택보다 추가적인 정보를 탐색함으로써 지불해야 하는 비용이 더 커진다고 생각하는 시점에서 우리가 받아들이는 해다. 이는 20세기까지 인간의 비합리적 판단 행태를 설명해준 주된 논리로, 허버트 사이먼Herbert Simon이 주장한 제한된 합리성bounded rationality의 개념이다.[9]

그런데 이러한 제한된 합리성 개념이 설명하지 못하는 인간의 비합리적 선택도 종종 발생한다. 21세기 들어 제한된 합리성 이외에 인간의 판단을 잘못되게 이끌 수 있는 추가적인 인지적 제한성[10]이 제시되었다. 제한된 의지력bounded willpower, 제한된 인지bounded awareness, 제한된 이기심bounded self-interest, 제한된 행동의지bounded will to commit, 제한된 윤리성bounded ethicality 등이 그것인데, 이들 제한성은 제한된 합리성과는 다른 각도에서 인간의 판단과 행동을 잘못된 방향으로 이끄는 원인으로 작용한다.

이러한 제한성은 인간이 올바르게 판단하는 데 장애가 될 뿐만 아니라 많은 사회적 비용을 발생시킨다. 이러한 사회적 비용은 누가 대신 지불해주는 것이 아니라 궁극적으로 우리 개인의 호주머니에서 나오게 된다.

제한된 이기심과 이타적 행동

어떤 사람이 내게 100만 원을 주면서 친구와 나눠 가지라고 한다. 내 친구는 내가 제안한 분배안을 받아들일 수도 있고 거절할 수도 있다. 친구가 내가 제시한 분배안을 받아들이면 그에 따라 돈을 나눠 가질 수 있다. 하지만 내 분배안을 받아들이지 않으면 100만 원은 원래의 주인에게 돌아가며, 나와 친구는 한 푼도 건질 수 없다. 나는 내 몫으로 99만 원, 친구에게는 1만 원을 분배하자고 제안했다. 당신이 내 친구라면 이러한 분배안을 받아들이겠는가?

전통적인 경제학의 기본 가정은 인간은 자신의 효용을 극대화하기 위해 판단하고 행동한다는 것이다. 이러한 인간을 '경제인'이라 한다. 경제인이 되기 위한 전제 조건은 인간은 이기적이라는 것이다. 하지만 실제로는 인간은 자신의 효용뿐만 아니라 남이 얼마나 취하는지에 대해서도 상당한 관심을 갖는다. 게다가 그 때문에 자신의 효용을 극대화하는 것을 포기하거나 심지어는 손해를 감수하기도 한다. 이것이 바로 '제한된 이기심'이다.

제한된 이기심을 증명하기 위해 최후통첩 게임ultimatum game이 많이 사용된다. 위에서 제시한 문제가 최후통첩 게임이다. 한쪽 (A)은 제3자가 기부한 돈을 분배하고, 다른 한쪽(B)은 이러한 분배안을 받아들일지를 결정한다. 만일 B가 A의 분배 제안을 받아들이면 양측은 A가 제안한 대로 돈을 분배받고, B가 이를 받아들이지 않으면 돈은 A와 B에게 분배되지 않고 제3자에게 다시 돌아가게 된다. 만일 인간이 자신의 효용을 극대화하려고 행동한다면, A가 B에게 얼마를 분배하든 그 분배 금액이 '0'이 아닌 이상 B는 그 제안을 받아들여야 할 것이다. 왜냐하면 그것이 아무것도 얻지 못하는 것보다는 낫기 때문이다.

하지만 많은 실험 결과에 의하면 A가 B에게 분배하는 몫이 전체의 20퍼센트가 안 되면 B는 아무것도 얻지 못하더라도 그 제안을 보통 받아들이지 않는다는 것이다.[11] 이는 경제인이라는 전통적 경제학의 기본 가정과는 맞지 않지만 실제로 사람들의 행태는 그러하다. 심지어 최후통첩 게임에서 A측의 입장을 강화한 독재자 게임dictator game에서도 그러한 행태는 일어난다.

독재자 게임이란 A가 분배한 대로 B가 받아들여야 하는 게임이다. 즉 100이라는 전체 금액을 A가 모두 갖고 B는 한 푼도 받지 못하는 분배라도 B는 승낙해야 하는 게임이다. 이 게임의 경우, 사람들은 A측의 입장에 있으면 모든 것을 혼자 다 가질 것이라고 생각하지만 이 게임에서도 A가 전부를 갖지는 않는다. 상대방을 의식해 모두 다 갖지는 않는다는 것이다. 제한된 이기심은 이처럼 의사결정의 공정성을 어느 정도 유인하기도 한다.

스위스 취리히대학의 에른스트 페르Ernst Fehr와 우르스 피슈바허Urs Fischbacher는 독재자 게임을 확장해 플레이어 A, B와 함께 다른 플레이어 C를 포함시켜 다음과 같은 게임을 진행했다. C는 A가 제안하는 돈의 분배안을 보고 이것이 공정하지 않다고 생각하면, A를 벌주기 위해 자신의 돈을 내놓게 된다. 그러면 A는 C가 내놓은 돈의 3배만큼을 자신의 몫에서 감하고 받게 된다. 이때 C는 아무런 직접적 이득을 취하지 못함에도 A의 분배안이 불공정하다고 생각하면 자신의 돈을 지불하면서까지 A를 벌주려 한다. 이를 '이타적 처벌altruistic punishment'이라 한다. 에른스트 페르와 우르스 피슈바허의 실험에 따르면 독재자 A가 전체의 반도 안 되는 돈을 B에게 배분하고자 하면 관찰자인 제3자(C)의 55퍼센트 정도가 A를 처벌하려 했다고 한다.[12]

이처럼 사람들은 자신에게 이득이 전혀 없더라도 불공정한 상황이라고 생각하면 희생을 무릅쓰고 불공정한 상황을 초래한 주체를 벌하려는 행태를 보인다. 전형적인 백기사white knight의 모습이다. 이타적 처벌은 공정성이라는 사회적 규범을 유지하는 도구로서 유용하기도 하다. 하지만 현명한 의사결정을 위해서는 자신이 생각하기에 불공정한 것을 응징하려는 욕망 자아want-self와 '꼭 그렇게 해야만 하는가, 그렇게 하는 것이 나 개인이나 우리 조직에 이득이 되는 것일까' 하는 당위 자아should-self 사이의 절충을 시도하려는 노력이 필요하다.

백기사는 때로 자신의 관점이 항상 옳고 표준이라는, 자아중심적인 착각에 빠지기도 한다. 자신이 도움을 준 상대방에게 자신에 대한 무조건적인 호의를 요구하고, 상대방을 자신의 뜻대로 좌지우지하려는 이면적 속성도 있다.

그러한 이유로 타인을 구원하려는 성향이 강한 사람들은 자신이 도움을 준 상대방에 대한 믿음이 지나쳐 오히려 인간관계를 망치고 스스로 상처받는 '백기사 신드롬'의 제물이 되기도 한다. 이런 종류의 백기사는 자신이 준 도움에 대한 확인, 칭찬, 신뢰, 보상 등을 받길 원하지만 때로는 사회의 보편적 가치와 상반된 태도와 행동을 취함으로써 자신을 속이게 된다. '나는 왜 늘 베푸는데 상대방은 왜 내 마음 같지 않을까' 하는 배신감에 사로잡히기도 한다. 결국에는 상대와 건강한 관계를 유지하기 힘들 수 있다.

현재에
안주하는
사람들

오늘의 1만 원은 한 달 후의 1만 원보다 선호된다. 이는 두 가지로 설명할 수 있다. 첫째는 인간은 참을성이 없어 미래의 이득보다는 현재의 이득을 더욱 중시하기 때문이다. 미래 가치의 할인율이 매우 큼을 나타낸다. 둘째는 회계적인 관점에서 오늘 1만 원이라는 돈의 기회비용, 즉 이자율 때문이다.

인간이 눈앞의 이해에 좀 더 민감하게 반응하는 것을 우리 주위에서 흔히 관찰할 수 있다. 건강을 유지하려면 매일 일정 시간 꾸준히 운동하는 것이 중요하다 말하고, 또 그래야 한다고 남에게 권장하기까지 하면서 정작 본인은 하루하루 생기는 여러 가지 핑곗거리, 예컨대 급히 처리해야 할 일, 친구와의 약속, 쉬고 싶은 욕망 때문에 막상 실천하지 못한다. 그런 이유로 시간 날 때 운동하겠다는 자신과의 약속은 지켜지기 힘들다.

웬만한 의지 없이는 가치 있다고 믿는 일을 행동으로 옮기기가 쉽지 않다. 사람들은 미래가 중요하다는 걸 인식하면서도 근시안적인 행태를 보이는가 하면 현재 상태에서 변화하기를 싫어하기도 한다. 되도록이면 현상 유지를 선호하는데, 그 이유에 대해서도 살펴보기로 한다.

근시안적 결정을 부추기는 미루기 습성

종이컵보다 머그컵을 사용하는 것이 바람직하다는 건 누구나 다 안다. 하지만 편리성 때문에 머그컵이 아닌 종이컵을 쉽게 사용하곤 한다. 우리가 지향하는 미래의 가치가 중요하다는 것을 알면서도 실제로는 현재의 관심사에 더 큰 비중을 두고 판단하고 행동할 때가 많지 않은가. 이를 '제한된 의지력'이라고 한다. 한마디로 미루기 습성이 있는 것이다. 즉각적인 만족감을 주는 다른 대안적 활동이 있으면 우리는 눈앞에 보이는 이익을 취하기 위해, 또는 지금 당장 비용이 나가는 것을 회피하기 위해 그것을 택하곤 한다.

금융기관이나 기업의 신용카드 사업은 사람들의 미루기 습성을 이용한다. 구매한 것의 값을 즉각적으로 지불하지 않고 나중에 지불할 수 있도록 해준다. 이로 인해 과소비가 일어나기도 하고, 쓴 것을 제때 갚지 못해 이자를 많이 부담하는 일도 발생한다. 실제로 다양한 종류의 신용카드가 등장하면서 저축이 감소하고 채무가 증가하는 현상이 세계 여러 나라에서 일어나고 있다.[13] 내가 아는 한 사람은 친구들에게 저녁식사를 살 때 신용카드를 절대 가져오지 않는다. 그는 항상 현금을 챙겨 와 지갑에 들어 있는 돈만큼만 대접한다. 카드 사용이 과소비를 조장할 수 있음을 잘 알고 있는 것이다.

인간의 미루기 습성은 근시안적인 의사결정을 부추기고, 미래의 가치를 평가절하하는 잘못을 저지르게 한다. 예를 들어 최근 화두로 대두되고 있는 녹색경영을 생각해보자. 후손에게 아름다운 자연을 물려주고 희소 자원을 보존하기 위해 탄소 배출을 줄이는 등 여러 가지 방법을 강구하자는 목소리가 높다. 그러한 미래 가치가 중요하다는 것을 인식하고 있지만 막상 지금 내가 내린 판단이나 행동이 녹색경영과 부합되는지 돌이켜보자.

건축물의 열효율을 높이기 위해서는 비용이 좀 더 드는 자재를 사용해야 한다. 하지만 지금 당장은 건축 원가를 줄이기 위해 근시안적인 관점에서 행동하게 된다. 머지않아 유지 보수에 드는 비용이 증가해 그런 식으로 건축비를 절감한 것이 오히려 손해가 될 것을 알면서도 말이다. 탄소 배출을 줄이기 위해 태양열 사용이 장려되지만 설치 비용이나 편의성을 이유로 화석연료를 계속 사용하고 있지 않은가? 하이브리드 차가 장려되고 있지만 아직까지는 높은 구입 비용이나 주행 성능의 차이 때문에 휘발유 차를 구입하는 경우가 훨씬 더 많다.

노후 준비가 중요하다는 걸 잘 알면서도 현재의 생활이 빠듯하다는 이유로 적절한 연금 가입이나 꾸준한 저축 등의 대책 마련에 소홀한 것도 제한된 의지력으로 설명되는 현상이다. 이와 같이 우리는 자신이 추구하는 미래 가치와 현재 행동이 불일치하거나 합리성이 결여된 잘못된 판단을 할 수 있다.

이러한 미루기 현상이 누적되면 사람들의 의식도 바뀔 수 있다. 인지부조화cognitive dissonance[14]로 인한 불편함을 해소하기 위해 원래 가지고 있던 가치를 포기하고, 현재의 잘못된 행동을 정당화할 위험이 있다.

고친 답이 틀렸을 때 더 기분 나쁜 이유

태풍 하이옌에 의한 재해로 고통받는 필리핀 수재민을 돕기 위해 우리나라에서도 수재의연금을 모으는 기업이 많았다. 한 회사에서는 이런 공지를 통해 모금을 했다.

"필리핀에서 일어난 수재로 고통받는 이들을 돕기 위해 이번 달 임직원들의 기본급에서 1퍼센트씩 갹출해 성금을 모으고자 합니다. 혹시 다른 의견이 있거나 이에 반대하시는 분은 총무과로 알려주십시오."

이 방법에 반대하거나 다른 의견을 내는 사람이 얼마나 될까? 내 생각에는 거의 없을 것 같다. 얼마 안 되는 돈을 가지고 이러한 모금 안에 반대한다고 의견을 내는 게 겸연쩍기도 하고 또 귀찮기 때문이다. 총무과에 연락하지 않은 사람들 대부분은 모두 인류애가 충만한 사람들일까? 그렇지는 않을 것이다. 만일 모금 문구가 다음과 같다고 가정해보자.

"필리핀에서 수재로 고통받는 사람들을 위해 성금을 모으고자 합니다. 일괄적으로 기본급의 1퍼센트를 성금으로 갹출하고

자 하오니 모금에 참여하고자 하시는 분은 총무과로 연락주시기 바랍니다."

아마도 전자의 경우보다 모금액이 훨씬 줄어들 것이다. 왜 그럴까? 인간은 현재의 상태에 머무는 것을 선호하는 경향이 있다. 현 상태에서 벗어나는 것을 불안해하거나 불편해한다. "1개월간 부가서비스를 무료로 이용해보시고, 이후에 원치 않으시면 해지하실 수 있습니다." 휴대전화를 개통할 때 한 번쯤은 이런 얘기를 들어봤을 것이다. 한 달 뒤에 불필요한 부가서비스를 해지했는가? 필요성을 못 느끼는 서비스를 해지하지 않은 채 계속 요금을 지불하는 일이 다반사다. 가입자의 현상 유지 행태 덕분에 통신회사들이 부가적인 소득을 올리는 셈이다.

이러한 현상 유지 습성에서 파생된 것이 '제한된 행동의지'다. 사람들은 어떤 일을 해서 발생하는 피해보다는 어떤 일을 하지 않음으로써 발생하는 피해를 비이성적으로 선호하는 특징이 있다. 시험에서 사지선다형 문제가 나왔는데 답을 몰라 감으로 맞혀야 하는 상황이라고 생각해보자. 보통 한번 찍은 것은 고치지 않는 게 좋다고 이야기한다. 이유가 뭘까? 고치면 틀릴 가능성이 많기 때문일까? 그렇지 않다. 4개의 보기 중 어느 하나가 정답일 가능성은 4분의 1로 동일하다. 찍은 것을 고치든 고치지 않든 그것이 맞거나 틀릴 확률은 똑같다.

그렇다면 왜 이런 이야기가 하나의 원칙처럼 전해지는 것일까. 바로 사람들의 인지 편향cognitive biases 때문이다. 즉 그냥 찍어서 틀렸을 때보다 일부러 고쳐서 틀렸을 때 기분이 더 나쁘다. 이를 부작위 편향omission bias이라고도 한다. '괜히 긁어 부스럼 만들지 말라'는 것이다. 하지만 어떤 일을 해서 발생하는 피해는 보통 개인이나 해당 조직의 피해로 국한되는 반면에 어떤 일을 하지 않아서 발생하는 피해는 사회 구성원 모두의 것이 되는 경우가 많다. 따라서 이러한 인간의 행태는 많은 사회적 비용을 초래한다.

예를 들어보자. 만일 제약회사가 신약이 가져올 수 있는 부작용에 대한 소송이 두려워 신약 개발을 포기한다면 이는 인류의 건강과 관련해서는 큰 손실이 아닐 수 없다. 그런데 현실적으로 약의 부작용에 대한 처벌은 존재하지만, 신약을 개발하지 않아 수많은 사람을 병마의 위험에 노출시킨 데 대한 책임을 묻고 처벌하는 경우는 없다.

괜히 긁어 부스럼 만들지 말자는 인식은 우리 사회 곳곳에 퍼져 있다. 하지만 궁극적으로 방관자가 많은 세상이 사회적 비용을 더 많이 치르게 된다는 건 자명한 사실이다. 우리나라에서는 아직 입법화하지 않았지만 프랑스, 독일, 일본 등 많은 나라에서는 이러한 사회적 비용을 방지하기 위해 착한 사마리안법Good Samaritan Law 또는 방관자처벌법Bystander Laws을 시행하고 있다. 남을 도울 상황에 있었음에도 이를 못 본체 지나친 행위에 대해 처벌하는 법이다.

1997년 프랑스 파리에서 다이애나 전 영국 왕세자비와 그녀의 연인인 도디 알 파예드를 태운 승용차가 파파라치들의 추격을 따돌리기 위해 과속으로 달리다 지하 터널 기둥에 충돌해 탑승자들이 사망하는 사건이 있었다. 이때 사고 차량에 탑승한 이들을 구조할 수 있는 상황이었음에도 구조하지 않고 죽어가는 모습을 촬영만 한 파파라치들이 후일 방관자처벌법으로 기소되어 법정에 세워졌다.

이러한 인간의 부작위 편향은 정책 결정에도 영향을 미친다. 2011년 8월 24일에 실시한 초·중등학생 무상급식 지원 범위에 관한 서울특별시 주민투표는 최종 투표율 25.7퍼센트를 기록해 투표함을 개봉해보지도 못하고 파기되었다. 투표율이 33.3퍼센트에 미치지 못하면 투표함을 개봉하지 않고 무상급식을 전면 시행한다는 규정 때문이었다.

이 결과에 대해 여당과 야당은 당리당략 차원에서 서로 다르게 해석했지만 나는 어느 정도 예상된 결과였다고 생각했다. 무상급식 자체가 사회적 선에 반하는 행위가 아니므로 무상급식 문제와 별 관계가 없는 시민들은 투표에 참여해 치러야 하는 시간적 손해보다는 투표를 하지 않아 자신의 권리를 포기하는 손해를 훨씬 적게 여겼을 것이다. 결과적으로 투표율은 저조할 수밖에 없었다.

만일 '투표율이 33.3퍼센트에 미치지 못하면 전면적 무상급식을 실시하지 않는다'라고 기본 룰default이 바뀌었다면 투표율은 어땠을까? 아마도 2011년의 25.7퍼센트보다 높았을 것이고, 어쩌면 투표 결과도 달라졌을지 모른다.

한편 인간의 부작위 편향을 잘 활용하면 정책 시행에 큰 효과를 볼 수 있다. 장기 기증률이 저조한 나라를 보면 보통 그 제도가 선택 가입 프로그램opt-in program인 경우가 많다. 장기를 기증하지 않는 것이 기본 룰이고, 장기 기증을 원하면 장기 기증을 하겠다고 신청하는 시스템이다. 이와는 달리 선택 탈퇴 프로그램opt-out program, 즉 태어나면서부터 장기를 기증하는 것이 기본 룰이고, 장기 기증을 원하지 않으면 장기 기증을 하지 않겠다고 신청하는 프로그램을 시행하는 나라는 장기를 기증받기가 훨씬 수월하다. 이 또한 사람들이 기본 룰을 그대로 유지하고자 하는 습성에서 비롯된다.[15] 우리나라도 장기 기증률을 높이려면 장기 기증 제도를 선택 가입에서 선택 탈퇴 프로그램으로 변경하는 것이 한 방안이 될 수 있다.

일단 선택한 후에는 이를 변경하기 싫어하는 인간의 부작위 편향은 모든 정책 입안에서 기본 룰의 중요성을 상기시킨다. 현재 가입해 있는 복지 제도, 금융 상품 등을 살펴보자. 과거 자신이 선택한 그 옵션이 아직도 가장 좋은 선택인지 확인해보면 어떨까.

보고 싶은
것만 보고
듣고 싶은 것만
듣는다?

어떤 문제를 합리적으로 해결하는 데 필요한 유용한 정보들이 갖춰져 있어도 우리는 그중 일부만을 사용한다. 이는 인간의 선택적 지각에 기인하는 것으로, 머릿속에서 특정 정보를 무의식적으로 무시하거나 배제하는 선별 활동이 일어나기 때문이다. 이러한 현상을 '제한된 인지'라고 한다. 제한된 인지를 초래하는 원인으로는 우리가 가지고 있는 고정관념, 주의 부족, 변화에 대한 둔감, 특정 정보에 대한 편향[16] 등을 들 수 있다.

고정관념

사람은 자신이 만든 사고의 틀 안에 자신을 가두곤 한다. 그 틀을 벗어나 생각하고 행동하기란 쉽지 않다. 달걀 세우기 논쟁이 붙었을 때 사람들은 타원형의 달걀을 테이블 위에 그대로 세워야 한다는 사고의 제약을 스스로에게 가했다. 하지만 콜럼버스는 달걀 한쪽을 깨서 테이블 위에 세워놓았다. 고정관념이 있느냐 없느냐의 차이다.

고정관념에 사로잡혀 있으면 창의성이 사라진다. 아래의 그림을 보자. 9개의 원이 있다. 종이에서 펜을 떼지 않고 4개의 직선을 한 번에 이어서 그어 9개의 원을 모두 관통시켜보라.

많은 사람이 몇 번 시도하다 결국 실패하고 만다. 그 이유는 아래와 같이 9개의 원 주위에 자신도 모르게 보이지 않는 외곽선을 그리기 때문이다.

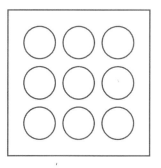

이러한 테두리 안에서는 누구도 4개의 직선으로 9개의 원을 모두 관통시키지 못한다. 자신이 만든 사고의 불필요한 틀을 깨

보자. 이 외곽선을 마음속에서 지워보면 4개의 직선으로 9개의 원을 지나기란 그리 어려운 일이 아니다. 불가능하다고 생각했던 일이 틀 하나를 깸으로써 가능해진다.

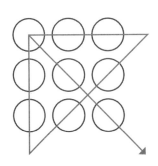

자, 이제 3개의 직선을 한 번에 이어 그려서 9개의 원을 관통 해볼까? 그러기 위해서는 우리 마음속에 있는 또 하나의 고정 관념을 깨야 한다. 직선이 원의 가운데를 지나야 한다는 고정관 념을 버리면 왼쪽에서 오른쪽으로, 그리고 오른쪽에서 왼쪽으로 긴 사선을 이어서 그을 수 있다. 그러면 아래의 그림과 같이 3개 의 직선으로 9개의 원을 관통시킬 수 있다.

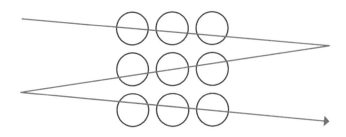

이처럼 고정된 사고의 틀은 창의성을 저해할 뿐만 아니라 모든 일을 과거의 관행대로 유지하도록 암묵적으로 요구한다.

[그림 1]을 보면 두 가지 모양의 토마토케첩 제품이 있다. 우리가 과거에 보아온 제품은 왼쪽의 그림처럼 주둥이가 위로 향한 모양이다. 케첩이 얼마 남아 있지 않은 상태에선 케첩을 거꾸로 들고 흔들거나 바닥을 손으로 쳐야 하는 번거로움이 있었다. 케첩을 끝까지 다 먹으려면 으레 그렇게 하는 것이려니 생각하고 그런 불편함을 감수하며 지냈다.

하지만 요즘 나오는 케첩 용기의 모양은 오른쪽과 같다. 무엇이 달라졌을까. 단지 상표를 거꾸로 붙였을 뿐이다. 그리고 주둥이를 조금 넓게 만들어 아래로 향하게 한 것뿐이다. 이런 간단한 생각의 전환 덕분에 우리는 번거로움을 덜게 됐다. 케첩 용기를 마구 흔들거나 손으로 쳐야 하는 불편함이 사라지게 된 것이다.

[그림 1] **생각을 바꾸면 번거로움이 줄어든다**[17]

[그림 2]는 또 다른 예를 보여준다. 왼쪽에는 3개의 고리로 이루어진 체인 4개가 있다. 이제 이 체인 4개를 오른쪽 그림처럼 하나의 체인으로 엮어보자. 단, 고리 하나를 푸는 데는 1만 원이 들고, 고리 하나를 다시 닫는 데는 1만 5,000원이 든다. 최소의 비용으로 왼쪽의 체인 4개를 오른쪽과 같이 하나로 이어보자. 얼마의 비용이 들겠는가?

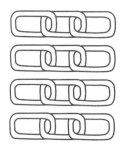 

[그림 2] 생각을 바꾸면 비용을 줄일 수 있다[18]

대다수의 사람은 10만 원이 든다고 답한다. 왼쪽에 있는 체인 하나를 다른 체인과 차례로 연결시키고자 하는 것이다. 제일 위에 있는 체인을 아래의 체인과 연결하고, 그것을 다시 아래의 체인과 연결하는 식으로 하면 10만 원이라는 비용이 든다.

하지만 7만 5,000원으로도 가능하다. 왼쪽 그림에서 제일 위에 있는 3개의 고리로 이루어진 체인(사실 어느 체인이라도 상관없다)의 고리 3개를 모두 푼다. 그러면 3만 원이 들 것이다. 그런 다음이 풀린 3개의 고리를 이용해 나머지 3개의 체인을 2개씩 연결해 달아보자. 그러면 닫는 데 4만 5,000원이 든다. 결국 모두 합쳐서 7만 5,000원이면 오른쪽 그림처럼 만들 수 있다.

고정된 사고의 틀에서 벗어나 자유로워져야 한다. 생각을 달리해 비용을 절감하는 방법은 우리 주위에서도 찾아볼 수 있을지 모른다.

주의 부족

한꺼번에 여러 가지 일을 처리하는 사람을 '멀티플레이어'라고 한다. 여러 가지 일을 동시에 하려면 그 각각의 일들을 어떻게 처리하라는 판단이 머릿속에서 한꺼번에 일어나야 한다. 대부분의 사람에게 이는 매우 어려운 일이다. 우리는 여러 개의 정보를 동시에 처리하는 능력이 부족하다. 운전 중 휴대전화 사용이나 방송 시청을 금지하는 것은 이 때문이다.

집중력이 분산되면 판단이 늦어지고 현명한 결정을 하기 어려워진다. 이에 대한 인지적 실험은 여러 차례 수행된 바 있다.[19] 유튜브YouTube에서 'The Colour Changing Card Trick'이라는 제목의 동영상[20]을 확인해보라. 남성과 여성이 뒷면이 파란색인 카드를 가지고 놀이를 하는데, 여성이 무작위로 뽑은 한 장의 카드 뒷면 색깔만 파란색으로 남아 있고 다른 카드의 뒷면 색은 모두 붉은색으로 바뀌는 것을 보여준다. 하지만 이 동영상에서는 카드 색깔만이 아니라 다른 것들도 달라진다. 처음에는 사람들 대부분이 이를 눈치채지 못한다. 동영상의 제목도 그렇거니와 앞부분에서 남성 출연자가 카드 색깔이 바뀌는 놀라운 트릭을 보여주겠다고 말했기 때문에 동영상을 처음 보는 사람들은 카드 색깔에만 주의를 기울이고 다른 것에는 신경을 쓰지 않는 것이다.

이처럼 어느 한 곳에 주의를 빼앗기게 되면 동일한 강도, 동일한 빈도로 정보가 주어져도 이를 잘 알아채지 못한다. 자동차 운전 중에 오토바이와 부딪친 사람들은 하나같이 "오토바이가 어디선가 갑자기 튀어나왔다"고 말한다. 오토바이 천국이라는 베트남에선 오히려 오토바이 사고가 자주 일어나지 않는다. 운전자들이 늘 오토바이를 인식하기 때문이다. 우리 속담에 "쇠귀에 경 읽기"라는 말이 있다. 주의를 기울이지 않으면 어떠한 유용한 정보도 제대로 인식되지 않는다.

이러한 주의 부족으로 인한 판단착오의 예로 '승자의 저주 winner's curse'를 들 수 있다. 경매에서 낙찰받은 사람의 기분은 어떨까? 혹시 외국 재래시장에서 귀한 물건을 헐값에 산 적이 있다면 당시 어떤 기분이었나? 처음에는 원하는 것을 손에 넣었다는 자족감에 기분이 좋았지만 시간이 지남에 따라 뭔가 잘못되었다는 느낌을 받지 않았는가? 이것이 승자의 저주다. 경매시장에서 불확실한 물건에 대한 낙찰가는 대부분 그 제품의 원래 가치보다 높다고 보는 것이 맞다. 입찰에 많은 사람이 몰릴 경우엔 더욱 그렇다.

귀한 물건을 헐값에 샀다면 그 물건은 미국의 경제학자 조지

애컬로프George Akerlof가 말한 레몬lemon일 가능성이 많다.[21] 레몬이란 겉은 멀쩡해 보이지만 속은 불량품인 제품을 말하는데[22] 애컬로프는 중고차 시장을 예로 들어 레몬 시장을 설명했다. 판매자와 구매자가 가지고 있는 정보의 질과 양의 차이, 즉 정보의 불균형으로 인해 중고차 시장에 나와 있는 차들은 대부분 리스트에 적힌 가격에 못 미치는 가치를 가지고 있다. 이러한 이유로 중고차 시장에서 불량 제품이 우량 제품을 몰아내는 현상이 발생해 결국 중고차 시장은 저질 차량으로만 가득 차게 된다는 논리다. 판매자는 중고차의 실제 가치를 알지만 구매자는 그 차의 내력을 판매자만큼 모르기 때문에 번지르르한 겉모습에 속아 덜컥 구입했다가 낭패를 보는 일이 많다.

변화에 대한 둔감

요리할 때 소금이나 간장을 조금씩 넣어가며 간을 맞추다 계속 맛의 차이가 없다고 느껴지면 한 번에 간을 많이 한다. 그러면 음식이 너무 짜게 된다. 조금씩 조절하면서 간을 볼 땐 맛의 변화를 못 느끼다가 짠 음식이 되고 나서야 간을 많이 했다는 걸 깨닫는 것이다. 큰 변화는 금세 알아차릴 수 있다. 하지만 미세한 변화는 그것이 누적되어 우리의 목을 죄어오기 전까지는 잘 인식하지 못한다.

변화에 대한 둔감을 설명할 때 흔히 언급되는 이야기가 개구리 우화boiling frog다. 개구리는 원래 온도 변화에 둔감하다고 한다. 그러나 온도 변화에 아무리 둔감한 개구리라도 펄펄 끓는 물 속에 던져 넣으면 즉시 그 물에서 뛰쳐나온다. 물이 뜨겁다는 것을 곧바로 감지하기 때문이다. 하지만 미지근한 물이 들어 있는 통에 개구리를 넣고 서서히 불을 지피면 개구리는 온도 변화를 감지하지 못한 채 기분 좋게 그 안에서 삶아지고 만다.

비즈니스에서도 시장 환경의 변화를 파악하지 못해 실패한 사례를 찾아볼 수 있다. 인터넷에 기반을 둔 냅스터Napster[23]서비스의 위협을 예상하지 못한 음반 시장의 급격한 침체, 대기업의 무차별한 시장 진입에 대한 비판 여론을 감지하지 못한 대형 마트의 지역 시장 진출 등이 대표적인 사례다.

과거의 성공 방식에 안주해 변화에 대해 안이한 자세를 보인 한 기업이 있다. 코닥Kodak이다. 코닥은 1884년 롤필름을 생산한 이후 1888년에는 누구나 쉽게 사용할 수 있는 단순하고 휴대하기 편한 카메라를, 1975년에는 세계 최초로 디지털카메라를 개발했다. 코닥은 1990년대까지 세계에서 가치가 가장 높은 5대 브랜드 중 하나였다. 이런 코닥이 2012년 1월 19일 뉴욕 남부 법원에 파산보호신청을 하고, 2013년 4월 29에는 영국 연기금펀드에 카메라 필름사업 등의 회사 자산을 28억 달러에 매각하기로 합의했다.[24]

어쩌다 이 거대 기업이 몰락하고 말았을까. 자만심에 취해 변화에 대한 늑장 대응이 주된 요인이었다. 코닥은 시장에 변화가 일어나고 있다는 사실은 알고 있었다. 하지만 자신들의 성공 방정식인 '면도기-면도날 전략'에 함몰되어 낮은 가격에 카메라를 보급하면 필름 수요가 증가하고 그러면 당연히 이윤이 창출되리라는 옛 사업 모델에 안주했다. 브랜드의 힘과 성공 공식을 과신한 나머지 필름에서 디지털로 급격하게 변화하는 상황에 부응하지 못했고, 결국 기존 필름 사업의 수익 악화로 쇠락의 길을 걷게 되었다.

이에 반해 후지Fuji는 변화에 대한 시급한 대응이 필요함을 인지했다. 2000년부터 과감한 구조조정을 단행하고 그에 따른 새로운 비즈니스 모델을 만들었다. 2000년에 매출의 60퍼센트를 차지하던 필름 관련 매출은 2012년 현재 전체의 1퍼센트에 불과하고, 나머지 99퍼센트의 매출은 필름 이외의 사업에서 발생하고 있다.[25]

성공의 적은 성공이라는 말이 있다. 넘버원No.1의 가장 큰 적은 자신의 과거 성공 방식에 대한 과도한 자신감이다. 지나친 자신감은 타성을 불러일으켜 변화를 적시에 감지하지 못하게 하고, 결국 나락으로 떨어지게 만든다. "10억 분의 1초 동안만 축배를 들고, 계속 전진하라"는 델Dell의 창업자 마이클 델Michael Dell의 말은 이런 점에서 의미심장하다.

변화에 대한 둔감은 비윤리적 행위를 불러오기도 한다. 엔론Enron의 회계 부정 사례가 대표적이다. 많은 사람은 엔론 사태에 대해 부도덕한 몇 명의 최고경영자에게 그 책임을 전가하고, 외부 감사업체인 아더앤더슨Arthur Andersen이 고객사인 엔론과 결탁

해 회계부정을 저질렀다고 이야기하고 있다.

하지만 이 회계부정 사건은 다음과 같이 생각해볼 수 있다. 아더앤더슨은 큰 고객인 엔론과의 관계를 계속 유지하고 싶은 마음에 논란의 여지가 있을 수 있는 조그마한 회계 사안을 엔론에 유리하게 판단해주었을 수 있다. 해석하기에 따라 법에 저촉되는 일이 아닐 수도 있기 때문이다. 하지만 첫 단추를 잘못 끼우면 나중에 셔츠를 다시 입어야 하듯이 이러한 해석에 따른 작은 잘못이 계속 누적되어 큰 부정으로 이어지게 된 것이다.

두 사람이 처음 만난 건 2005년이었다. 미국 로스앤젤레스LA 인근 골프클럽에서 만난 두 사람은 자주 골프를 즐기며 친구가 됐다. 한 사람은 세계적인 회계법인 KPMG의 파트너였고, 다른 한 명은 LA에서 작은 보석상을 운영했다. 친구 사이가 거래 관계로 바뀐 건 2009년. KPMG 파트너는 보석상 경영이 어려워진 친구를 돕기 위해 고객사의 비밀 정보를 알려주기로 마음먹었다. 처음에는 콘서트 티켓이나 작은 보석 등을 정보의 대가로 받았지만 시간이 지나면서 현금 뭉치, 롤렉스 시계 등으로 덩치가 커졌다.[26]

뉴스에서 심심찮게 접하는 부정 사건을 보면 그 발단은 이렇게 작은 것에서 시작된 경우가 많다. 이 기사에 따르면 29년 경력의 베테랑 회계사는 자신이 회계 감사를 맡은 고객사의 비밀 정보를 친구에게 수차례 제공하고 그 대가로 현금 5만 달러와

고가의 시계 등을 받다가 검찰에 덜미를 잡혔다.

미끄러운 경사slippery slope라는 말이 있다. 경사면에서 미끄러지지 않으려고 애쓰다가 한번 조금씩 미끄러지기 시작하면 나중에는 걷잡을 수 없이 저 아래로 떨어지게 된다는 것이다.[27] 표준에서 한 발짝 벗어나게 되면 처음에는 그에 대해 심각하게 생각하지 않고 이를 정당화하려 한다. 그러나 표준에서 벗어나는 이러한 조그마한 편차들이 누적되면 결국 돌이킬 수 없는 나락으로 떨어지고 만다.

조직을 이끄는 리더라면 이를 특히 유념해야 한다. 리더의 가장 중요한 덕목은 미래에 대한 혜안, 그리고 미세한 변화라도 놓치지 않고 포착해 그에 걸맞게 조직을 부단히 변화시키려는 민첩함이다. 현재 주위에서 어떤 변화가 진행되고 있는지 주의를 기울이고 있는가. 지금까지 지구상에 존재한 기업 중에서 100년 이상 살아남은 큰 기업이 40개 정도밖에 안 된다는 사실[28]은 변화에 대한 둔감과 현실에 안주하는 것이 얼마만큼 무서운 결과를 초래하는지 귀띔해준다. 세상에 살아남은 종種은 가장 힘센 종이 아니라 변신에 가장 능한 종이다.

무의식적으로
벌어지는
우리의
비윤리적 행동

"어떻게 그럴 수가 있지?", "인간으로서 너무 뻔뻔하잖아!" 우리는 다른 사람의 행동에 대해 윤리적 잣대를 들이대며 이러쿵저러쿵 이야기하기를 좋아한다. 자기 자신에 대해선 어떤가? 당신이 한 행동과 결정은 항상 윤리적인가? 미국 방위산업체인 록히드마틴Lockheed Martin의 CEO였던 노먼 어거스틴Norman Augustine은 다음의 네 가지 질문에 자문자답함으로써 자신의 행동이 윤리적인지 아닌지를 파악할 수 있다고 했다.

첫째, 이 일이 법에 저촉되지 않는가?
둘째, 만일 다른 사람이 당신에게 이것을 똑같이 행할 경우, 당신은 그때도 이 일이 정당하다고 생각하는가?
셋째, 내일 조간신문 1면에 이 일이 기사화되어도 괜찮은가?
넷째, 당신 어머니가 당신이 이 일을 한 것을 알아도 괜찮은가?

이 네 가지 질문에 모두 "예"라고 대답할 수 있다면 당신의 행위는 윤리적이라고 할 수 있다.[29] 어찌 보면 이 질문들이 우스갯소리로 들릴 수도 있다. 하지만 역설적으로 우리의 판단이나 행동이 윤리적인지를 판별하는 기준이 매우 모호하다는 것을 지적하는 말이기도 하다.

의사결정은 사려 깊고, 법적으로 타당하며, 윤리적이어야 한다. 사려 깊은 의사결정이란 체계적이고 논리적인 의사결정을 말한다. 이는 교육과 훈련으로 가능해질 수 있다. 법적으로 타당한 의사결정이란 현실 세계의 법과 규칙을 벗어나지 않는 의사결정으로, 의사결정이 법적으로 타당한지는 법과 규칙에 명시된 바에 의해 비교적 쉽게 구분할 수 있다.

이에 반해 윤리적인 의사결정은 그 기준이 매우 불분명하다. 게다가 윤리적인 의사결정을 한다는 게 생각처럼 쉬운 일이 아니다. 자신이 비윤리적으로 행동한다고 인식하지 못한 채 비윤리적인 행동을 하는 경우가 종종 있기 때문이다. 이를 '제한된 윤리성'이라 한다. 무엇이 제한된 윤리성을 초래하는가? 그 원인을 다음과 같이 여섯 가지로 정리해볼 수 있다.

자기 업적의 과대평가

인간은 자신이 이룬 업적의 크기를 객관적으로 바라보기보다는 과대평가하는 습성이 있다. 이러한 습성은 여러 가지 실험을 통해 밝혀지고 있는데[30] 특히 공동으로 이룬 업적에 대한 자기 기여도의 과대평가는 상대방의 관점에서는 비윤리적인 행동이 될 수 있다.

예컨대 부부간의 가사 분담률이라든지 수업 시간의 팀 프로젝트에 대한 팀원들의 기여도 등을 조사해보면 전체의 합이 100퍼센트를 넘는 경우가 흔하다. 한편 기업에서 합작 프로젝트를 진행할 때 자사가 100퍼센트 투자해 수행하는 프로젝트에는 회사에서 능력이 가장 뛰어난 직원들을 선발해 투입하는 반면, 다른 회사와 공동으로 수행하는 프로젝트에는 그저 그런 직원을 보내는 경우가 많다. 왜냐고? 프로젝트 완료 후 이익 분배 시 일어날 수 있는 기여도 분쟁을 예상했을 때 혹시라도 원하는 만큼의 이익을 가져오지 못할 바에는 굳이 전력을 다할 필요가 없다는 심리 때문이다.

공동으로 이룬 일에 대한 기여도는 자신이 아닌 남이 평가하는 것이 좀 더 객관적이다. 나는 학생들의 팀 프로젝트를 평가할 때 해당 프로젝트에 자신이 얼마만큼 기여했느냐고 묻기보다는 다른 팀원들과 비교해 어느 정도 기여했다고 생각하는지 상대적인 기여도를 물어본다. 이는 팀원들의 기여도를 객관적으로 평가할 수 있는 하나의 방법이다. 또 다른 방법으로는 팀원들 각자에게 자신의 기여도는 평가하지 않고 동료 팀원들의 기여도만을 평가하게 한 후 팀원들의 평가 결과를 평균화해 팀원 각자의 기여도를 평가할 수 있다.

연고주의

어느 사회를 막론하고 혈연, 지연, 학연 등이 미치는 영향력은 무시할 수 없을 정도로 크다. K대 교우회, 모 지역 향우회, 해병대 전우회는 우리나라에서 영원히 없어지지 않을 거라는 우스갯소리도 있지 않은가.

한정된 자원을 배분해야 할 땐 객관적인 평가 기준도 중요한 문제지만 연고주의가 미치는 영향을 배제할 수 없다. 혹자는 이왕이면 아는 사람에게 호의를 베풀 수도 있는 일이지, 그게 그렇게 큰 잘못이냐고 항변할지도 모르겠다. 하지만 희소 자원을 배분할 때 어느 특정 그룹에 대한 호의는 다른 그룹에는 차별로 인식될 수 있다. 다시 말해 연고 중시 행태는 한정된 자원의 잘못된 배분을 초래할 수 있다. 미국 사회에서는 유색 인종보다는 백인에게 은행 대출이 수월한 경향이 있다. 이는 은행 대출을 맡고 있는 직원이 백인인 경우가 많기 때문이다.[31]

우리 사회에도 '우리가 남이가~'라는 마인드가 강하게 자리 잡고 있다. 특정 배경을 공유한 집단 구성원들이 서로 밀고 끌어주는 일이 흔하게 일어난다. 그런 모습을 볼 때면 객관적 기준보다는 다른 그 어떤 것이 더욱 중요하게 작용한다는 것을 쉽게 짐작할 수 있다.

엘리트 카르텔형은 사회 상층부 구성원들이 광범위한 네트워크를 구축하여 부패의 전리품을 나누어 가지며 현 질서의 유지를 통해 기득권을 지키죠. 족벌체제형과 달리 복수가 아닌 단일한 엘리트 카르텔이 시스템을 지배하죠. (……) 카르텔을 구성하는 엘리트는 주로 정치인, 고위 관료, 언론 소유주, 군부 지도자, 그리고 대기업가 등이에요. (……) 존스턴 교수는 한국을 대표적인 엘리트 카르텔 유형으로 분류했어요. 우리나라의 엘리트 카르텔을 유지·강화하는 기제는 다름 아닌 '청탁 문화'죠. 엘리트 사이의 상호 청탁이 금품 수수가 없다는 이유로, 또는 금품 수수라 하더라도 대가성이 없다는 이유로 처벌 대상에서 제외되어온 거죠.[32]

어떤 사회든지 특정 연고에 의해 암묵적으로 묶인 비공식적 조직inner circles의 존재는 조직의 화합과 희소 자원의 배분에 걸림돌이 된다.

숨겨진 태도

종교 편향이 없다고 말하면서도 자신도 모르게 특정 종교에 대한 반감을 드러내는 사람이 있는가 하면, 겉으로는 유색인종 차별에 반대하는 말과 행동을 하지만 속으로는 특정 인종에 대한 혐오감을 갖고 있는 사람이 있다. 실로 많은 사람이 겉으로 주장하는 바와 상반되는 태도를 마음속에 감추어두고 살아간다. 겉과 속이 다른 게 아니라 자신도 의식하지 못하는 특정 집단에 대한 내재적 태도implicit attitude가 마음 깊숙한 곳에 숨어 있는 것이다.[33] 인종, 성별, 종교, 피부색, 나이 등에 대한 내재적 태도는

특정 집단을 평가하는 데 객관성을 떨어뜨리고 잘못된 영향을 끼칠 수 있다.[34]

이러한 내재적 태도는 대부분 과거에 가졌던 특정 경험이나 기억, 다른 사람에게 전해 들은 이야기, 그리고 그로 인해 생긴 고정관념이 마음속에 자리 잡아 체화된 것이다. 이는 뒤에서 언급할 대표성 또는 회상용이성 휴리스틱을 이용한 판단착오의 원인이 된다.

이해관계의 충돌

의사라면 의술로 환자를 정확히 진단해 적절한 처방을 해야 한다. 만약 병증이 경미해 하루나 이틀분의 약만 먹고 더 이상 병원에 오지 않아도 되는 상태라면 환자에게 그렇게 사실대로 일러줘야 한다. 하지만 계속 내원할 필요가 없는 환자에게 매일 병원에 오라고 하는 의사들이 있다. 장삿속 때문인데, 의사 개인의 이득이 사회적 선을 넘어선 것이라고 볼 수 있다.

어떠한 유혹이나 인센티브로 말미암아 자신이 마땅히 해야 하는 것과는 다르게 판단하고 행동할 때가 있다. 이해관계의 충돌 때문이다. 이해관계의 충돌이란 개인적 이득과 사회적 선, 즉 사익과 공익의 충돌을 말하는데, 이것은 동기적 판단착오 motivational biases[35]를 유도한다. 한마디로 사람들은 인센티브 때문에 자신이 따르는 가치관과는 다른 판단을 내리곤 한다.

2005년 MBC 〈PD수첩〉에 의해 촉발된 황우석 전 서울대 교수 논문 조작 사건도 마찬가지다. 결과적으로 보면 세계적인 연구자로 촉망받았지만 연구 성과와 연구비의 유혹에서 벗어나지 못한 황우석 전 교수, 연구 결과에 의문을 품고 국민의 알 권리를 충족시키겠다는 명분은 있었지만 특종이라는 유혹에 취재 윤리를 위반하면서까지 무리한 취재를 감행한 프로그램 제작진[36] 모두 개인이나 자신이 몸담고 있는 조직의 이익을 사회적 가치보다 우선시한 사건이라고 볼 수 있다.

미 법무부가 스탠더드앤드푸어스S&P를 상대로 제기한 50억 달러 소송에서 미 연방법원이 법무부의 손을 들어준 것도 이해관계의 충돌로 인해 발생한 사회적 비용이 얼마나 심각한 상황을 초래하는지 경종을 울린 사례다. 2013년 7월 17일 미 연방법원은 S&P가 2007년 금융위기 직전 부채담보부증권CDO: Collateralized Debt Obligation의 담보물인 주택 모기지증권의 신용등급을 잘못 평가해 투자자들을 기만했다는 법무부의 주장이 타당하다는 최종 판결을 내렸다. 미 법무부는 S&P가 이해관계의 충돌로 인해 내부 경고에도 불구하고 고의로 잘못된 신용평가 정보를 제공해 투자자들을 기만했다고 주장했으며, 미 법원은 S&P의 신용평가가 독립성과 객관성을 보증한다는 기업 강령에 위배된다고 판결했다.[37]

이해관계의 충돌로 인한 잘못된 판단 사례는 우리 주위에서 얼마든지 찾아볼 수 있다. 특히 평가자와 피평가자, 감사인과 피감사인, 재판관과 피의자 관계에서 이해관계의 충돌로 인해 발생하는 비윤리적 행동의 폐해는 매우 심각하다. 이해관계의 충돌로 인한 비윤리적 행동을 방지하기 위해서는 평가자, 감사인, 재판관 등이 피평가자, 피감사인, 피의자 등과 아무런 사적 이해관계가 없어야 함은 기본적인 조건이다.

최근 공정거래위원회가 법에 위배되는 전관예우 사례에 대한 신고를 의무화하고, 공무원의 퇴직 심사 절차를 도입해 옮겨간 직장이 직무와 이해관계가 있는지 퇴직 전에 자체적으로 심사하기로 했다. 이해관계의 충돌이 가져올 수 있는 유혹을 사전에 방지하기 위한 방편인 셈이다.

간접적으로 행하는 비윤리적 행동들

조직폭력배가 등장하는 영화들을 보면 두목이 성실한 사업가 행세를 하면서 온갖 나쁜 일을 아랫사람에게 시키고 그 책임까지 뒤집어쓰도록 하는 이야기가 나온다. 여기서 누가 더 나쁜 사람일까? 직접 행동을 하는 하수인도 나쁘지만 자기 손을 더럽히지 않고 나쁜 일을 사주하는 두목이 더 비난받아 마땅할 것이다.

이는 영화 속에서만 일어나는 일이 아니다. 실제로 이러한 비윤리적인 행위는 우리 사회 도처에서 일어나고 있다. 하지만 사람들 대부분은 이를 잘 인식하지 못한다. 때론 비난받아야 할 사람이 감추어지거나 심지어는 좋은 사람으로 둔갑하기도 한다.[38]

남을 통해 간접적으로 행해지는 비윤리적인 행동은 가장 교묘하다고 할 수 있다. 자신이 비윤리적인 행동을 하는 것이 부담스러울 때 이를 다른 사람에게 떠넘기는 것이다. 자신은 비윤리적인 행동에 직접 가담하지 않으니 사회적 비난을 비켜갈 수 있다. 하지만 남의 손을 빌려 비난받을 행동을 하는 것은 결국 안 좋은 결과를 초래하고 큰 사회적 비용까지 발생시킨다.

이에 관한 사례가 있다. 다국적 제약회사인 머크Merck가 개발해 판매하는 항암 치료제 머스타젠Murstagen은 그 대상이 특정 암(피부림프종양) 환자에게 국한돼 시장이 작았다. 원가보다 판매가가 낮게 책정돼 이익도 전혀 나지 않는 제품이었다. 판매가를 올리자니 대기업으로서 이윤만 생각한다는 비난을 피하기 어려웠고, 약의 생산을 중단하자니 제약회사로서의 사회적 책임을 외면한다는 여론의 집중포화를 맞을 수밖에 없는 상황이었다.

이런 상황에서 오베이션Ovation Pharmaceuticals이라는 작은 제약회사가 머스타젠의 제조 및 판권을 인수하겠다고 제의했다. 오베이션은 연구개발을 하지 않고 대형 제약회사에서 인기가 시들한 제품의 판권을 사들여 사업을 해온 작은 회사였다. 대중적인 인지도도 낮았다. 결국 머크는 머스타젠의 제조 및 판권을 오베이션에 넘겼고, 이를 넘겨받은 이 회사는 머스타젠의 도매가격을 단번에 10배로 올려놓았다.[39]

이러한 가격 인상은 해당 암 환자에게는 치명타였다. 하지만 이 회사는 규모가 워낙 작아 여론의 비난을 피해갈 수 있었다. 물론 머크는 머스타젠 가격을 대폭 인상하는 비윤리적인 행위를 직접 수행한 것은 아니다. 하지만 결과적으로 이런 행동을 다른 회사가 대신하도록 유도함으로써 해당 암 환자뿐 아니라 사회 전체적으로도 막대한 추가 비용을 초래하고, 결과적으로 비윤리적인 행동을 했다는 비난을 피하기 어려웠다.

비윤리적 행동은 의식적으로 행해지기보다는 인간의 인지 편향에 의해 부지불식간에 우리 사회 도처에서 발생할 수 있다. 하지만 지금까지의 윤리 교육은 의식적인 비윤리적 행동에 국한되어왔다. 다 큰 성인들에게 윤리적으로 행동하라는 가르침은 별 효과가 없다. 성인을 대상으로 하는 윤리 교육은 인간의 인지적 한계로 의도치 않게 발생하는 비윤리적인 행동에 초점을 맞추는 것이 효과적일 것이다.

의사결정이 가져올 파급효과의 몰이해

우리가 어떤 판단을 하게 되면 그 판단에 영향을 받는 개체들, 즉 이해관계자stakeholders가 있게 마련이다. 이해관계자들이 원하는 바는 제각각이다. 그렇기 때문에 해당 의사결정과 관련된 여러 이해관계자의 다양한 욕구를 종합적으로 고려하지 못하면 의도와 상관없는 예기치 못한 결과를 가져올 수 있다. 사회적으로 집단 간의 갈등이 빚어지는 경우도 있다.

예를 들어 정부가 가난한 사람들에게 식량을 무료로 지원하는 행위는 인도주의적 차원에서 장려할 만하다. 하지만 이러한 정책은 농부들의 이윤 창출에는 역효과를 낼 수 있다. 또한 자유무역협정FTA에 의해 외국에서 쇠고기를 값싸게 들여오면 일반 소비자들은 저렴한 가격으로 쇠고기를 구입할 수 있게 되지만 한우 축산 농가들은 가격 경쟁에 따른 수요 감소로 안정적인 소득을 유지하기 어렵게 된다. 이렇듯 이해관계자들의 상충된 이해를 고려하지 못하고 어느 한쪽에 유리한 결정을 내리면 다른 쪽에는 그에 상응하는 반작용이나 비용을 초래할 수 있다.

의사결정이 어려운 것은 그것에 영향을 받는 개체들이 다양하고 그들의 욕구가 상충되기 때문이다. 이해관계자들의 욕구가 상충될 경우, 그들 모두의 욕구를 만족시킬 수 있는 방법은 실제로 존재하지 않는다. 일부의 욕구는 충족되지만 나머지 이해관계자들의 욕구는 불가피하게 희생될 수밖에 없는 것이다. 이럴 땐 전체적인 관점에서 희생의 폭을 최소화할 수 있는 만족해(이때의 만족해는 'satisfy'와 'sacrifice'의 합성어 개념임)[40]를 추구해야 한다.

또한 특정한 시점에서 윤리적이라고 생각해 내린 의사결정이 다른 시점에서는 원래의 취지와는 다른, 의도하지 않은 결과를 가져오는 경우도 있다. 개발도상국에 진출한 어느 다국적기업의 공장에서 어린 소년을 노동자로 고용했다고 하자. 이는 분명 청소년 보호 차원에서 법적으로 타당하지 않을 뿐만 아니라 많은 사람의 눈에 윤리적인 경영 행위가 될 수 없다. 결국 여론의 비난을 받은 이 회사의 경영진은 윤리적인 차원에서 이 소년을 해고하기로 했다. 그렇다면 해고된 이 소년은 많은 사람이 기대하듯이 가정으로 돌아가 여느 어린이처럼 학교에 다닐 수 있을까? 어쩌면 이 소년 가장은 직장을 잃고 가족을 부양할 길이 없어 범죄에 가담하거나 거리의 부랑아가 될지도 모른다. 경영진이 윤리적 차원에서 내린 결정이 윤리적인 결과를 가져오지 않을 수도 있다.

다른 예로 우리나라의 비정규직보호법을 이야기해보자. 2006년 11월 30일, 비정규직 보호 관련 3개 법안이 국회에서 통과되었다. 이 법은 근로자 100인 이상 기업에서 계약직으로 2년간 근무한 직원을 정규직으로 전환하도록 한다는 좋은 취지를 가지고 있다.

하지만 실제로는 오히려 비정규직에게 불리한 결과를 만들어내고 있다. 계약직으로 2년을 근무한 직원을 정규직으로 전환해야 하는 법적 부담과 노조의 반발 등으로 인해 2년이 되면 해고하고, 해고 후 일정 기간이 지나면 이전 업무와는 전혀 다른 업무의 계약직으로 다시 2년 동안 고용하는 기이한 현상이 많은 기업과 조직에서 반복되고 있다. 고용주 입장에서도 직원이 업무를 어느 정도 익히면 해고해야 하니 업무 연속성이 떨어지게 되고, 피고용인 쪽도 직장이 안정되지 않아 비정규직을 전전하는 일이 되풀이된다. 비정규직을 보호한다는 법안의 본래 취지가 무색하게 된 것이다.

어떤 의사결정이 윤리적이기 위해서는 그것이 가져오는 파급 효과까지 고려할 수 있어야 한다. 한 집단에 유리한 의사결정이

다른 집단에는 불리한 의사결정이 될 수 있듯이 어느 한 시점에서 윤리적인 의사결정이 다른 시점에서도 윤리적인 것은 아니기 때문이다.

chapter 2

우리의 판단에
개입하는
보이지 않는 손

복잡한 문제를 구조화하고 해결하는
인간의 능력은 객관적이고도 이성적인
해결책이 요구되는 현실 문제의 크기와
비교하면 새 발의 피 정도다.
—허버트 사이먼Herbert Simon, 노벨 경제학상 수상자

다음의 두 질문[1]에 각각 답해보자.

1. 약 2,000개의 단어로 이루어진 4쪽 분량의 단편소설에서 'ing'로 끝나는 7개의 철자로 구성된 단어(_ _ _ _ ing)는 몇 개쯤 될까?

① 0개 ② 1~2개 ③ 3~4개 ④ 5~7개 ⑤ 8~10개 ⑥ 11~15개 ⑦ 16개 이상

2. 약 2,000개의 단어로 이루어진 4쪽 분량의 단편소설에서 'n'이 여섯 번째로 들어가는 7개의 철자로 구성된 단어(_ _ _ _ _ n _)는 몇 개쯤 될까?

① 0개 ② 1~2개 ③ 3~4개 ④ 5~7개 ⑤ 8~10개 ⑥ 11~15개 ⑦ 16개 이상

위 질문의 의도는 정확한 단어 수를 추정하는 것이 아니다. 혹시 1번 대답이 2번 질문에서 답한 단어 수보다 많은가? 그렇다면 당신은 소위 회상용이성availability 휴리스틱을 사용해 잘못된 판단을 한 것이다.

잠시 생각해보자. 2번 질문에서 제시한 조건의 단어는 1번 질문의 단어를 포함하고 있다. 따라서 당연히 2번 질문에 대한 답이 1번에서 추정한 단어 수보다 많아야 한다. 하지만 많은 사람이 반대로 대답을 한다. 그 이유는 'ing'로 끝나는 단어가 'n'이 여섯 번째 철자로 끝나는 단어보다 머릿속에서 쉽게 떠오르기 때문은 아닐까? 영어 단어 중에 'r'로 시작하는 단어가 더 많을까, 'r'이 세 번째 철자로 들어가는 단어가 더 많을까? 'r'로 시작하는 단어가 머릿속에서 빨리 떠올라 'r'로 시작하는 단어가 더 많을 것같이 생각되지만, 실제로는 'r'이 세 번째 철자로 들어간 단어가 더 많다.[2]

회상용이성이란 우리가 쉽고, 신속하고, 생생하게 기억을 떠올릴 수 있는 정보에 더 큰 비중을 두고 판단하는 휴리스틱이다. 회상용이성은 때로는 정확한 판단을 이끌기도 하지만, 현재 가장 쉽게 이용할 수 있는 정보가 가장 관련성 있는 정보라는 편견은 특정 사건이 일어날 빈도 또는 확률에 잘못된 영향을 미칠 수 있다.

회상용이성이 정확한 판단을 이끌 때도 있다. 이를테면 상사와 지리적으로 가까이 위치한 부하직원은 성과 평가 시 좀 더 신랄한 평가를 받곤 하는데, 이는 상사가 그 부하직원의 일거수일투족을 누구보다 잘 알고 있기 때문이다. 조직에서 부서원들의 인사고과 시 1차 평가는 바로 위의 상사가, 2차 평가는 부서장이 하는 것이 일반적이다. 이때 바로 위의 상사가 내린 판단에 더 많은 가중치를 두어 최종 점수를 산출하는 이유가 바로 여기에 있다.

하지만 회상용이성은 판단착오를 일으킬 때가 많다. 왜냐하면 인간은 기억으로부터 쉽고 신속히 떠올릴 수 있는 정보를 판단의 주요 기준으로 삼는 경향이 있기 때문이다. 예를 들어 광고에서 자주 접하거나 최근 접한 제품은 실제로 그 제품이 다른 제품보다 열등하더라도 기억의 생생함으로 인해 구매로 이어지게 된다. 그래서 기업들은 많은 광고비를 써가며 황금시간대에 광고를 한다.

회상용이성과 판단착오

2002년 한일월드컵의 공식 후원사는 KTF였다. 그러나 그 당시 일반인들에게 한일월드컵의 공식 후원사가 어느 기업이냐고 물어보았더니 30퍼센트는 SK텔레콤, 20퍼센트가 KTF라고 답했다고 한다. 당시 거리 응원을 이끈 붉은악마를 앞세운 SK텔레콤의 'Be the Reds'라는 마케팅 전략[3]에 의해 사람들이 머리에 쉽게 떠올린 SK텔레콤이 한일월드컵의 공식 후원사일 것이라고 판단한 것이다. SK텔레콤은 실제로 이러한 일반인들의 회상용이성 휴리스틱을 이용해 공식 후원사인 KTF보다 훨씬 많은 3000억 원 이상의 홍보 효과를 이끌어냈다고 한다. 671억 원에 그친 공식 후원사 KTF의 홍보 효과와 비교하면 실로 대단한 것이다.[4]

다른 예로, 우리가 언론매체를 통해 접하는 흉악 사건이나 특정 질병에 의한 사망 소식은 그러한 원인으로 인한 사망 빈도수를 과대 추정하게 하는 반면, 상대적으로 기사화가 덜 되는 사건의 발생 확률은 과소평가하게 된다. 예컨대 자동차 왕국인 미국에서 위암과 자동차 사고 중 어떤 게 사망 원인으로 빈도수가 높을 것 같으냐고 질문해보면 자동차 사고라고 대답하는 사람이 더 많다. 하지만 실제로 자료를 조사해보면 위암으로 사망하는 경우가 자동차 사고로 인한 사망보다 2배 정도 더 많다. 질병에 의한 사망 보도는 사회적으로 영향력 있는 인물이 사망했을 때처럼 특별한 경우 외에는 미디어에서 거의 다루지 않는 반면에 대형 안전사고로 인한 사망 소식은 크게 보도되기 때문이다.

언론이 공정해야 하는 이유는 대중의 지각을 교란시킬 수 있기 때문이다. 매체를 통한 차별적이고 형평성 없는 기사화는 대중의 지각에 영향을 미쳐 판단착오를 일으키게 하는 원인이 된다. 다음은 한 일간지에 난 기사다.

비브리오 패혈증의 여파로 매출이 급감한 인천 지역 활어유통업계 상인들이 정부를 상대로 대책 마련을 촉구했다. (……) 조합은 건의문에서 "인천에서 한 시민이 비브리오 패혈증으로 사망했다는 소식이 언론을 통해 알려지면서 활어유통업계 및 횟집이 직격탄을 맞았다"며 "사망자는 활어를 먹지도 않았는데, 뉴스 보도에 활어회, 활어수족관 영상이 함께 나가 회를 취급하는 곳의 영업매출이 반토막났다"고 호소했다.[5]

사실 비브리오 패혈증은 알려진 바와 같이 치사율이 매우 높은 위험한 질병임은 분명한 사실이지만 누구나 쉽게 걸릴 수 있는 질병은 아니다. 건강한 성인에게서는 발병률이 매우 낮으며 감염되더라도 특별한 증상 없이 회복되기도 한다. 또한 비브리오 패혈증은 생선회 자체에 균이 발생하는 것이 아니라 횟집의 위생 상태, 즉 식기나 도마, 칼, 행주, 수조 등이 불결한 경우 비브리오균이 생선회로 옮겨지는 것으로, 위생 상태가 좋은 곳에서 생선회를 먹는다면 감염의 위험이 거의 없다고 할 수 있다.

　비브리오 패혈증의 발병률이 극히 낮더라도 여름에 누군가가 생선회를 먹고 이 질병에 걸렸다는 보도가 미디어를 통해 방송되고 나면 그 보도를 접한 사람들은 생선회를 먹고 이 질병에 걸릴 확률이 매우 높다고 생각하게 된다. 그러한 보도 영상에는 통상 병원에 있는 환자의 모습이 비친다. 시청자에게 그 환자의 모습은 비브리오 패혈증에 걸린 환자의 대표적인 예로 머릿속에 각인되게 마련이다.

맨 처음 떠오른 생각은 버려라

회상용이성 휴리스틱의 단점을 해결할 수 있는 방법은 판단을 위한 정보의 폭을 넓히는 것이다. 좀 더 많은 사람의 다양한 의견, 특히 해당 문제와 이해관계가 없는 사람들의 의견을 경청하고 이를 종합해 판단에 반영하려는 자세가 필요하다. 처음 머릿속에 떠오른 정보는 잘못된 판단을 유도하는 정보일 가능성이 높다. 맨 처음 든 생각은 버리는 게 좋다.

우리는 종종 우리가 내리고자 하는 결정이 마땅하다는 것을 확인해줄 수 있는 과거의 유사한 사건만을 무의식적으로 회상하곤 하는데, 이렇게 우리 머릿속에 자리 잡은 생각들은 이를 반박하는 모든 논리를 잠재우는 경향이 있다. 우리 머릿속에 우선적으로 자리 잡은 생각들은 최근에 경험한 사건인 경우가 많다.

어떤 난관에 부닥쳤을 때 흔히 '이건 예전에 우리가 해결했던 그 문제와 같은 문제야'라고 생각하지 않는가? 하지만 우리가 유사하다고 생각하는 과거의 그 문제는 현재 우리가 해결해야 할 문제와는 전혀 다른 경우가 대부분이다. 그때와 지금은 처해 있는 위치, 주변 상황, 이해관계자의 요구 등 모든 것이 다르기 때문이다.

미국의 대표적 식품회사인 퀘이커오츠Quaker Oats의 CEO 윌리엄 스미스버그William Smithburg는 1994년 월스트리트의 경고에도 불구하고 17억 달러라는 엄청난 가격으로 아이스티와 과일음료를 전문 생산하는 스내플Snapples을 인수했다. 그러고는 27개월 만에 인수 가격의 6분의 1에 지나지 않은 3억 달러에 재매각하기까지 하루 평균 160만 달러의 손해를 봤다.[6] 스미스버그는 1983년 게토레이 인수를 통해 거뒀던 과거의 성공 경험에 매몰되어 금융권 전문가들의 경고에도 불구하고 스내플 인수를 결정했다가 화를 당한 것이다. 결국 2000년 퀘이커오츠는 펩시에 인수되었다.

'선례의 함정'이라는 말이 있다. 선례에 얽매여 문제를 해결하다 보면 선례 이상의 결과는 얻을 수 없다는 것이다. "내가 해봤는데 그건 이렇게 하면 돼"라고 말하는 사람이 많은 조직도 문제다. 자신의 과거 경험이 모든 사안의 판단 기준이 되기 쉽다. 그런 조직은 새로운 경험을 만들 수 없는 과거에 머물러 있게 된다. 기억을 너무 믿는 건 위험하다. 기억나는 내용의 정확성도 문제지만, 과거에 매몰되어 새로운 시도를 방해하기 때문이다.

5명이 실험해 4명이 효과를 입증했다면?

어느 지역에 큰 병원과 작은 병원이 있다. 큰 병원에서는 하루 평균 45명의 신생아가 태어나고, 작은 병원에서는 하루 평균 15명의 신생아가 태어난다. 하루에 태어나는 신생아의 남녀 비율은 날마다 차이를 보인다. 하지만 전체적으로 남녀의 출산 비율은 50:50이라고 한다. 이제 앞으로 1년 동안 남아의 출산 비율이 70퍼센트 이상이 되는 날을 각 병원에서 표시해두기로 하자. 1년 동안 남아의 출산 비율이 70퍼센트 이상이 되는 날은 어느 병원이 더 많을까?[7]
① 큰 병원   ② 작은 병원   ③ 둘 다 비슷하다

답은 작은 병원이다. 왜 그럴까? 큰 병원에서 하루에 태어나는 신생아의 수는 45명으로 통계학에서 말하는 충분히 큰 표본의 크기가 된다. 따라서 큰 병원에서 태어나는 신생아의 남녀 비율은 날마다 다르겠지만 전체적인 남녀 출산 비율인 50:50에 가까울 것이다. 하지만 작은 병원의 경우, 하루에 태어나는 평균

신생아의 수가 15명으로 표본의 크기가 작으므로 통계학의 논리에 따르면 전체적인 남녀 출산 비율과는 거리가 먼 결과가 나타날 가능성이 더 많다. 따라서 남아의 출산 비율이 70퍼센트 이상이 되는 특이한 날은 작은 병원에서 더 많이 나타난다.

통계학에서 대수의 법칙law of large numbers이라는 것이 있다. 표본의 크기가 크면 클수록 표본의 결과는 모집단(연구 대상 전체 집단)의 특성에 접근한다는 기본 법칙으로 표본조사에 대한 정당성을 부여한다. 예컨대 일부 유권자를 대상으로 수행한 출구조사 결과를 통해 선거 결과를 예측하는 것을 말한다.

소수의 법칙law of small numbers이란 이에 반하는 휴리스틱으로 사람들이 작은 표본의 결과를 근거로 마치 그것이 전체 집단의 특성을 대변하는 것인 양 오해하는 것을 말한다. 그러나 작은 크기의 표본에서 나온 결과는 전체 집단의 특성과는 오히려 거리가 먼, 신뢰성이 떨어지는 정보라는 점을 유의해야 한다.

소수의 법칙과 과장 광고

소수의 법칙은 광고에 이용되어 사람들의 판단을 오도하기도 한다. 제약회사의 광고를 보면 다음과 같은 문안이 종종 눈에 띈다.

"5명의 의사가 이 약을 임상 실험한 결과, 그중 4명의 의사에 의해 약효가 입증되었습니다."

이 또한 소수의 법칙이 적용된 과장 광고라 할 수 있다. 마치 전체 의사 중 80퍼센트의 의사가 이 약의 효과를 증명하는 것같이 보이지만 이 경우 표본의 크기는 5명에 불과하다. 약효를 일반화하기에는 표본의 크기가 너무 작은 것이다.

1994년 성수대교의 상판이 붕괴되었을 때 다리에서 떨어진 차들 중 A사에서 만든 차가 세 대 있었다. 당시 그 세 대의 차에 타고 있던 사람들과 차의 상태가 비교적 양호했다. 특히 승합차에 타고 있다 떨어진 사람들은 전경들이었는데 다리에서 떨어진 후에도 다른 사람들을 구조하는 데 힘을 보태어 화제가 되었다. 그 일을 통해 A사에서 만든 자동차 전체의 안전성이나 내구성에 대해 좋은 인식을 가진 사람들은 소수의 법칙에 따라 섣부른 판단을 했다고 볼 수 있다. 실제로 A사에서 이를 이용해 홍보 활동을 하려고도 했으나 최고경영자 결재 단계에서 기업 윤리 차원의 문제로 기각되었다는 소문도 있다.

표본조사로 포장한 숨은 의도

소수의 법칙은 어떤 목적이나 의도를 가지고 이용될 수도 있다.

서울 강남구와 송파구에 거주하는, 올해 고교에 입학하는 딸을 둔 어머니 15명을 대상으로 입학 준비 비용을 물었다. 평균 비용은 220여만 원. 교복이 보통 50만 원을 넘고 체육복은 평균 7만 원선. 여기에 점퍼 가방 신발 화장품을 합치면 200만 원이 훌쩍 넘었다. 특히 패딩점퍼, 가방, 신발은 '등골브레이커 3종 세트'로 꼽혔다. (……) 중학생 딸을 둔 주부 A씨는 "아이들이 결국 명품에 집착하는

부모 행태를 따라 하는 것"이라면서 "내 아이만큼은 다르게 포장하고 싶다는 욕망도 문제"라고 말했다.[8]

위 기사는 우리나라 10대 여학생들의 사치 풍조를 사회적으로 이슈화한 것으로, 주장하고자 하는 논리를 객관화하기 위해 설문조사를 실시해 그 결과를 제시했다. 그런데 15명의 학부모에게, 그것도 강남구와 송파구에 거주하는 학부모에 한정된 표본조사를 근거로 10대의 소비 행태를 일반화해 지적하고 있다.

표본의 크기가 작은 것도 문제지만 응답자가 일정 지역에 치우쳐 있어 표본의 대표성도 문제가 된다. 물론 기사에서 말하고자 하는 바가 있을 것이다. 그러나 그러한 주장을 일반화하고 정당화하기에는 응답자 표본에 문제가 너무 많다. 다분히 의도를 가지고 소수의 법칙을 적용한 예라 할 수 있다. 전화번호부에 있는 명단으로 표본을 구성해 여론조사를 하는 것이 왜 잘못인지 아는가? 전화번호부에는 보통 세대주의 이름이 기재되어 있어 배우자나 자녀, 노부모 등은 표본에서 제외되기 때문이다.

소수의 법칙이라는 덫에 걸리지 않으려면 주장을 하는 주체가 누구이며 어떤 성향이 있는지 살펴야 한다. 근거로 내세우는 수치가 어떤 표본에서 어떻게 계산된 것인지도 확인할 필요가 있다. 앞서 예시로 든 약의 효과에 대한 광고처럼 표본의 비율을 가지고 근거를 제시하려면 표본의 크기는 최소한 100 이상은 되어야 한다.

예상보다
건물 준공일이
늦어지는 이유

다음의 질문[9]에 답해보자.

박영희 씨는 현재 32세로 미혼이고 활달하며 매우 똑똑하다. 그녀
는 대학에서 철학을 전공했는데, 학생 시절 차별과 사회적 정의라는
이슈에 깊은 관심을 보였고, 비핵화운동에도 참여했다.

다음 8개의 문장은 현재의 박영희 씨를 표현한 것이다. 당신이 생각
하기에 박영희 씨의 현재를 나타낸 문장으로 가장 가능성이 많은
것부터 우선순위를 매겨보시오.

(　) A. 박영희 씨는 초등학교 교사다.

(　) B. 박영희 씨는 서점에서 일하며 요가를 배우고 있다.

(　) C. 박영희 씨는 여권신장운동을 열심히 하고 있다.

(　) D. 박영희 씨는 정신과 의사로 사회봉사자다.

(　) E. 박영희 씨는 여성유권자연맹의 회원이다.

(　) F. 박영희 씨는 은행원이다.

(　　) G. 박영희 씨는 보험설계사다.

(　　) H. 박영희 씨는 여권신장운동을 열심히 하는 은행원이다.

각 문장 앞에 1부터 8까지의 우선순위를 다 매겨보았는가? C, F, H 세 문항에 대한 당신의 우선순위는 어떠한가? 많은 사람이 C, H, F 순으로 우선순위를 매겼을 것이다. 그러나 곰곰이 생각해보자. 문장 H는 문장 C와 문장 F를 동시에 충족한다. 따라서 문장 H의 우선순위는 세 문장 중에서 가장 낮아야 할 것이다. 그럼에도 많은 사람이 박영희 씨가 그냥 은행원일 가능성(문장 F의 가능성)보다는 여권신장운동을 열심히 하는 은행원일 가능성(문장 H의 가능성)을 더 높게 본다.

이것이 바로 '곱사건의 착각conjunction fallacy'이다. 곱사건이란 두 사건이 동시에 일어나는 일을 말한다. 사건 A와 사건 B가 있을 때 사건 A와 B가 동시에 일어나는 사건 A∩B를 사건 A와 B의 곱사건이라고 한다. 곱사건의 착각이란 곱사건이 발생할 가능성을 곱사건을 구성한 개별 사건 A와 B의 발생 가능성보다 높게 평가하는 것이다.

사건 가능성을 과대평가하는 곱사건의 착각

그림을 그려보면 그것이 잘못된 것임을 알 수 있다. [그림 3]을 보자. 사건 A와 B가 겹친 부분은 당연히 사건 A나 사건 B의 면적보다는 작을 수밖에 없다.

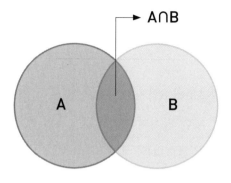

[그림 3] A와 B가 동시에 일어나는 곱사건, A∩B

    미래의 여러 가지 불확실한 사건이 동시에 일어날 확률은 각 사건이 개별적으로 일어날 확률보다는 항상 낮다. 여러 가지 독립적 사건independent events이 동시에 일어날 확률은 각 개별 사건이 일어날 확률들을 곱한 값인데, 개별 사건의 발생 확률은 항상 1보다 작아 그것들을 곱하면 수치는 점점 더 작아질 수밖에 없기 때문이다. 하지만 많은 사람이 어떤 사건들이 동시에 일어나야 달성할 수 있는 사건의 확률을 과대평가하는 인지 편향conjunctive events bias을 보이곤 한다.

    예를 들어 어떤 프로젝트가 성공적으로 마무리되기 위해서는 사건 A, B, C, D의 네 가지 사건이 성공적으로 이루어져야 하고, 각 사건의 성공 여부는 다른 사건의 성공 여부에는 영향을 미치지 않는, 독립적인 사건이라고 하자. 그리고 각 사건의 성공 가능성은 각각 70퍼센트, 50퍼센트, 60퍼센트, 40퍼센트라고 하자.

그러면 이 프로젝트가 성공할 가능성은 어떻게 될까? 고작 8.4퍼센트(70퍼센트×50퍼센트×60퍼센트×40퍼센트)밖에 되지 않는다.

여러 가지 활동이 끝나야 완성되는 프로젝트가 항상 예상보다 늦어지는 이유가 바로 여기에 있다. 건물의 예상 준공 날짜가 제대로 지켜지는 않는 경우가 많은 것도 같은 이유에서다. 대학원에서 박사학위를 받으려면 여러 관문을 통과해야 한다. 우선 2년에 걸쳐 커리큘럼에 의거한 과목들을 수강해야 하고, 입학 1년 후 박사 예비시험에 합격해야 하며, 코스워크coursework를 마친 후 종합시험을 보아야 하고, 종합시험에 합격하면 논문 아이디어를 구상하고, 논문 제안서 심사, 논문 작성, 최종 논문 심사 등 일련의 과정을 거쳐야 한다. 많은 학생이 생각보다 더 긴 시간을 박사학위 과정에 보내는 건 바로 이런 여러 단계의 과정이 애초 예상한 대로 진행되지 않기 때문이다. 학위를 받으려면 이 모든 과정이 연속해서 성공적으로 달성되어야 한다.

세계적인 렌터카 회사인 에이비스AVIS의 CEO였던 로버트 타운센드Robert Townsend는 이런 말을 남겼다.

"모든 기대치에서 20퍼센트는 비관적인 몫으로 남겨두어라. 어떤 계획을 수행하는 데 드는 시간은 20퍼센트 과대평가하라. 그리고 기대하는 결과는 20퍼센트 과소평가하라."

사건 가능성을 과소평가하는 인지 편향

그런가 하면 이와는 반대로 사람들이 여러 가지 사건 중에 하나만 일어나도 되는 사건의 가능성은 평가절하하는 인지 편향 disjunctive events bias을 보이기도 한다. 다음 질문[10]에 답해보자.

일요일에 집에서 쉬고 있는데, 상사가 전화를 해 내일 아침 9시 30분까지 중국 난징 사무실에 가야 한다고 지시했다. 다급한 마음에 내일 아침 9시까지 난징에 도착하는 항공편을 운항하는 다섯 곳의 항공사에 전화를 걸어 표가 있는지 알아보았다. 그런데 각 항공사가 내일 아침 9시까지 난징에 도착하는 항공편이 있긴 하지만 모든 좌석이 이미 예약되어 있다고 했다.

대기자 명단에 이름을 올려서라도 비행기를 타기 위해 각 항공사에 내일 아침 공항에서 기다리면 항공편에 탑승할 수 있는 가능성이 얼마나 되느냐고 물어보았다. 그 가능성은 각각 30퍼센트, 25퍼센트, 15퍼센트, 20퍼센트, 25퍼센트였다.

이에 크게 실망한 당신은 내일 아침 제시간에 난징에 도착하는 것이 불가능하다고 생각하고 있다. 이러한 생각은 옳은 것인가?

많은 사람이 이러한 문제에 부딪히면 제시간에 도착하는 것이 어렵다고 판단한다. 그러나 실제로 9시까지 난징에 도착할 수 있는 가능성은 결코 낮지 않다. 적어도 한 항공사에서 빈자리가 생기면 탑승할 수 있기 때문이다.

적어도 한 항공사에서 빈자리가 생겨 비행기를 탈 수 있는 확률

=1-(5개 모든 항공사에서 빈자리가 생기지 않을 확률)

=1-(0.70×0.75×0.85×0.80×0.75)

=0.73225

계산을 해보면 이렇게 73퍼센트가 넘는다. 그럼에도 많은 사람은 각 항공편의 대기자 탑승 가능성이 낮은 것만 생각하고 최악의 상황을 고려한 채 지레 걱정하고 포기하려 한다.

블랙 스완에
대비하라

2010년 남아공월드컵 당시 독일 오버하우젠의 해양생물박물관 수족관에 사는 '파울'이라는 문어가 먹이통 2개 중 어느 것을 선택하느냐를 놓고 경기 승리 국가를 점친 것이 화제가 되었다. 문어는 승리를 정확히 예측했고, 이 신기한 소식은 전 세계 토픽으로 회자되었다.

신통한 건 문어만이 아니다. 투자 수익률 게임에서 원숭이, 침팬지, 앵무새가 투자 전문가들을 이긴 적도 있다. 그렇다면 이 동물들이 인간보다 예지력이 뛰어난 걸까? 그렇지 않을 것이다. 우연이 사실처럼 포장된 것이다. 느릿느릿한 소가 재빠른 쥐를 잡을 순 없지만 뒷걸음질 치다 쥐를 밟을 수는 있다. 세상에는 우연이 필연처럼 포장되는 경우가 많다. 그리고 우연이 필연이 되면, 우연을 필연으로 포장한 사람은 대우를 받는다. 족집게 점쟁이처럼 말이다. 국내 한 경제신문의 증권부 기자가 쓴 다음 기사를 살펴보자.

수족관에서 노년을 보내던 문어 도사 '파울' 덕에 월드컵 보는 재미가 조금은 더 보태졌다. 번번이 빗나간 축구 황제 펠레의 예측과 대비되면서 문어의 지능이 강아지와 비슷한 수준이라는 것도 알게 됐다. 그렇다고 문어가 무슨 예지력이 있겠느냐마는 결과가 그리 나왔으니 그 자체가 신기한 일이기도 하다.

사실 증권시장에서는 동물들에게 전문가들의 권위가 여지없이 잠식당한 지 오래다. 원숭이 침팬지 앵무새가 사람과 한판 붙은 수익률 게임에서 보기 좋게 이겼으니 말이다. 무작위로 뽑아낸 투자 종목의 수익률이 펀드매니저를 포함한 전문투자자 그룹을 누른다는 것은 어느 모로 보나 뜻밖이다. 재미 반, 궁금증 해소용 반으로 국내외에서 기획된 이벤트 성격이었지만 월드컵 문어 도사와 마찬가지로 씁쓸한 뒷맛을 남긴다.[11]

아직도 많은 사람이 답답한 마음에 역학자나 점술가를 찾아가 자신이 해야 할 선택을 대신 해달라고 한다. 용한 점쟁이가 되려면 불확실성이 없는 확실한 선택을 해줘야 한다. 만약 예상한 대로 선택이 들어맞으면 그 점쟁이는 용하다는 말을 듣게 된다. 그러나 이 세상에 신과 같은 예지력을 가진 사람은 존재하지 않는다.

미래가 불확실하다는 말은 앞으로 발생할 사건이 둘 이상임을 의미한다. 미래가 불확실할 땐 그러한 상황을 확률적으로 다각화하지 못하고 한 가지 상황의 발생에만 집착하는 점쟁이 휴리스틱fortuneteller strategy에 빠질 수 있다. 불확실성을 무시하거나 평가절하해 발생 가능성이 가장 높다고 생각되는 상황만을 고려해 판단을 내리는 것이다.

점쟁이 전략과 불확실성

어떠한 조직이든 우발사태에 대한 계획을 수립하는 것이 중요한 것은 이 때문이다. 우발사태 계획은 위기관리를 위한 것이다.[12] 현실적 위기 상황에 대한 신속한 초기 대응을 통해 피해 확산을 차단하고 조직을 정상 상태로 되돌리기 위함이다. 다음 기사는 도요타Toyota의 신속한 위기관리의 예를 보여주고 있다.

> 2011년 3월 11일 일본 도호쿠 지방에서 발생한 대지진 당시 도요타 자동차는 지진 발생 2시간 만에 생산·조달·판매·인사·총무 5개 부문의 비상대책팀을 구성했다. 이튿날에는 최고경영회의를 잠정 중단하고 현장 대응을 위한 의사결정 권한을 실무진에 대폭 위임한 '선先행동 후後보고 체계'로 전환했다. 또한 조달 전문 인력 500명을 파견해 지진 현장의 부품 상황을 파악하고 태국 등 대체 공급처 확보에 총력을 기울였다. 그 결과 도요타자동차는 지진 발생 17일 만인 3월 28일 인기 모델인 프리우스 등 3개 차종의 생산을 재개할 수 있었다. 이러한 일련의 대책은 미리 준비된 컨틴전시Contingency 대응 매뉴얼에 따라 진행됐으며, 도요타는 이를 통해 대지진의 피해를 최소화할 수 있었다.[13]

우리나라는 2003년 카드대란, 2008년 금융위기 등을 겪으며 우발사태 대처 계획의 중요성이 강조되었다. 최근에는 북한 리스크에 따른 외국 기업의 공장 이전 계획이나 주한 외국 대사관의 자국민 비상 안전 대책 등도 우발사태 계획의 예다.[14]

점쟁이 휴리스틱은 불확실성을 무시하고 문제를 단순화함으로써 가능성이 가장 많은 미래 상황에 대해 조직의 역량을 집중한다는 '선택과 집중'이라는 그럴듯한 말로 포장될 수 있다. 하지만 이것은 우발적인 상황이나 내 생각과 반대되는 상황에 대한 대책 마련을 어렵게 한다.

어떤 사건의 발생 가능성이 매우 크다는 것이 그 사건이 확실하게 일어난다는 말이 아닌 것처럼, 어떤 사건의 발생 가능성이 희박하다는 것도 그 사건이 일어나지 않는다는 말은 아니다. 가능성은 희박하지만 발생했을 경우 큰 반향을 일으킬 수 있는 사건을 무시하는 것은 준비되지 않은 자에겐 위험이 될 수 있다.

칠면조의 착각

블랙 스완black swan이라는 말이 있다. 나타날 가능성은 거의 없지만 발생하면 큰 파급효과를 미칠 수 있는 사건을 말한다. 17세기 말까지 유럽인들은 모든 백조가 당연히 희다고 생각해왔으나 네덜란드의 탐험가가 호주에서 검은 고니를 발견한 후 일반적인 통념이 깨지는 충격을 받은 데서 유래한 말이다. 과거의 경험과 관행에 의존한 예측에서 벗어나 예기치 못한 극단적 상황이 발생함을 일컫는다. 미국의 투자분석가 나심 니콜라스 탈레브_{Nassim} Nicholas Taleb가 2007년 월스트리트의 허상을 파헤친 책 《블랙 스완*The Black Swan*》에서 증시 대폭락 가능성과 이로 인한 글로벌 금융위기를 예측하면서 이 말이 널리 사용되었다. 실제로 그의 예측은 2008년에 현실로 나타났다.

블랙 스완은 과거의 경험으로는 예상할 수 없는 상황으로 가능성이 희박하기 때문에 이에 대한 준비가 소홀하기 쉽다. 우리는 과거의 경험을 근거로 안일하고도 낙관적인 예측을 하는 경우가 많다. 탈레브는 《블랙 스완》에서 이러한 상황을 칠면조 우화를 통해 이야기한다. 칠면조가 한 마리 있었다. 매우 행복한 칠면조다. 때가 되면 주인이 어김없이 나타나 맛있는 먹이를 주고 무척 아껴주기 때문이다. 칠면조는 이렇게 생각했다.

'우리 주인님은 나를 예뻐하시는 게 틀림없어. 그렇지 않고서야 하루이틀도 아니고, 한두 달도 아니고 1,000일이라는 긴 세월 동안 나를 이렇게 정성껏 돌봐주실 수가 없지.'

하지만 이 칠면조의 철석같은 믿음은 1,000일이 지난 다음 날 무참히 깨지고 말았다. 자신의 목이 날아가는 순간 '아차, 속았구나!' 했지만 이미 때는 늦었다.

과거에 안주한 준비 없는 조직에 블랙 스완은 재앙으로 다가올 수밖에 없다.

무엇이
무사안일을
부추기는가

올해 국내 리콜·무상수리, 기아차 최다

기아자동차가 올 한 해 국내에서 리콜·무상수리가 가장 많았던 것으로 집계됐다. (······) 27일 국토해양부·한국소비자원·교통안전공단에 따르면 기아차는 올 들어 현재까지 13건에 총 68만 8,409대의 리콜·무상수리를 실시했다. 국산차·수입차를 통틀어 안전·품질 문제로 올 한 해 자사 차량의 결함 시정 조치가 제일 많았다는 뜻이다. 제조사별로 판매 대수에 차이가 크기 때문에 이 점을 감안해 해석할 필요가 있다. (······) 한국GM은 11건에 총 24만 4,974대의 리콜·무상수리를 실시했다. (······) 현대자동차는 7건에 12만 9,829대가 해당됐다. (······) BMW는 1만 2,910대 7건으로 전체 4위, 수입차 1위를 기록했다. 5위는 메르세데스벤츠였다. 6~10위는 쌍용차·포드·르노삼성·포르셰·크라이슬러 순이었다.[15]

이 기사의 내용은 과연 공정한가? 기사를 보면 기아차가 안전

품질에 문제가 가장 많은 것으로 생각된다. 과연 그럴까? 위의 기사는 일정 기간에 제조사의 리콜과 무상수리 건수를 집계해 이를 비교하고 있다. 그러나 공정한 비교를 위해서는 제조사별 동일한 기간의 판매 대수 자료가 필요하고, 판매 대수 대비 리콜 및 무상수리 건수의 비율을 살펴봐야 하는데 이는 나와 있지 않다.

기사에서도 슬쩍 이야기했듯이 제조사별로 판매 대수에 차이가 크기 때문에 이를 감안해 해석할 필요가 있다고는 하지만 해당 자료가 제공되지 않은 기사에서, 그리고 기사 제목을 이와 같이 뽑은 경우 일반인들의 기아차에 대한 인식은 부정적일 수밖에 없다. 횟수주의frequency counting의 한 예라고 할 수 있다. 횟수주의란 조직이나 개인의 성과를 비교할 때 성공(또는 실패)의 절대적 횟수에만 집착하고 상대빈도relative frequency, 즉 시행 횟수에 대한 성공 또는 실패 횟수의 비율은 무시하는 휴리스틱을 말한다.

횟수주의 성과 제도의 문제점

기업들 대부분이 매년 감사를 시행해 잘못된 업무 처리에 대해 주의, 경고, 감봉, 정직 등 징계권을 행사하고 있다. 그런데 징계를 받은 직원들을 잘 살펴보면, 상당수 직원의 업무량이 다른 직원에 비해 무척 많거나 비일상적인 특이 업무에 배치된 것을 알 수 있다. 일을 잘한다고 소문이 나면 업무량이 많은 바쁜 부서 또는 새로운 사업을 담당하는 부서로 배치되는 경우가 많아, 일을 하다 보면 실수도 많이 일어나기 때문이다.

S사의 영업담당부사장 K씨는 서울을 강남, 강북, 강동, 강서 지역으로 분류하고 각 지역에 영업책임자를 배정해 서울 지역 영업을 총지휘하고 있다. 최근 S사의 사장은 불량채권을 최소화하라는 지침을 시달했다. 그런데 오늘 강남 지역에서 또 하나의 불량채권이 발생했다. K씨는 강남 지역 영업책임자에게 "이번 달에만 벌써 네 번째니 어찌된 일이냐"고 질책했다. 하지만 총 계약 건수에 대한 불량채권의 비율로 보면 실은 강남 지역이 가장 우수했다. 과연 누가 질책을 받아야 하는가?

이처럼 시행 횟수는 무시하고 실패의 절대적 횟수에만 집착해 성과를 평가한다면, 이는 발전적 시행착오의 걸림돌이 될 수 있으며 복지부동의 원인이 될 수 있다. 일을 하면 실수도 따르는 법이다. 이러한 횟수주의를 이용해 성과를 평가할 때 실수를 하지 않는 확실한 방법은 일을 하지 않는 것이다. 우리 사회에서 보신주의, 무사안일, 복지안동伏地眼動 문화가 팽배한 조직을 보면 이러한 횟수주의 성과 제도가 시행되고 있음을 관찰할 수 있다.

"실패로부터 배운다"는 말이 있다. 조직에서 실패가 발생하는 이유는 여러 가지가 있다. 개인의 이상행동이나 부주의, 능력 부족 등에 의한 실패는 비난받아야 할 것이다. 그러나 불확실성으로 인한 예기치 못한 변수의 출현, 이전에 시도되지 않았던 새로운 과제나 도전적인 업무의 수행 등으로 발생하는 실패는 조직의 일 처리 과정의 개선이나 새로운 세계를 개척하기 위해서는 오히려 바람직할 수도 있다.

건강한 실패를 경험하라

하버드경영대학원의 에이미 에드먼슨Amy Edmonson이 기업 임원들과 인터뷰한 결과에 의하면 "조직에서 일어나는 실패 중 정말 비난받아야 할 것은 2퍼센트 내지 5퍼센트에 불과하지만, 실제로는 70퍼센트에서 90퍼센트의 실패가 비난받아야 하는 것으로 간주되고 있다"고 한다.[16]

덮어놓고 실패를 비난하는 조직에선 수많은 실패가 보고되지 않은 채 조용히 묻혀버리면서 실패로부터 배울 수 있다는 교훈을 잊게 된다. 실패가 알려지는 것을 꺼리는 이유는 실패는 해서는 안 되는 나쁜 것이라는 믿음이 어릴 적부터 우리 머릿속에 굳어졌기 때문인지도 모른다. 실패는 이미 발생한 이상 돌이킬 수 없다. 만약 실패를 쉬쉬한다면 그 실패를 넘어서기 위해 필요한 것을 배울 수 있는 소중한 기회까지도 놓치고 만다.

세계적인 디자인 기업인 아이디오IDEO의 슬로건은 "보다 빨리 성공하려면 자주 실패하라Fail often in order to succeed"이다. 혁신적인 제품을 많이 만들기로 유명한 3M의 경우도 그렇다. 우리가 자주 사용하는 포스트잇이 3M의 연구원이던 스펜서 실버Spencer Sliver가 강력접착제를 개발하려다 실패해 만들어진 아이디어 상품임은 잘 알려진 사실이다.

포도를 포기한
여우의 합리화

이솝우화에 '여우와 신 포도' 이야기가 있다. 높은 가지에 달려 있는 포도를 발견한 배고픈 여우는 포도에 손이 닿지 않자 "저 포도는 아직 덜 익어서 엄청 시고 맛없을 거야"라고 중얼거리며 포기해버린다. 여우는 갈등 끝에 '저 포도는 익지 않았을 것'이라 자위함으로써 포도를 포기하는 결정을 정당화한 것이다.

포도를 먹고 싶어도 자신의 능력으로 포도를 딸 수 없어 여우가 느끼는 심적인 불편함처럼 행동과 생각(태도, 믿음)이 따로 놀아 느끼게 되는 불편함을 '인지부조화'라 한다. 사람들은 보통 이러한 인지부조화를 줄이기 위해 자신들의 행동이나 생각을 변화시킨다. 만약 그러한 변화가 힘들 경우엔 인지부조화를 정당화하려는 강한 욕구가 일어난다.

담배가 몸에 해롭다는 것은 널리 알려지고 확인된 사실이다. 그런데도 담배를 끊지 못하는 사람들이 흔히 하는 말이 있다. "하루에 몇 대 피우는 것은 그리 해가 되지 않는데", "담배를 끊으려고 몇 번 시도해보았는데 잘 안 되더라고. 담배 끊으려고 스트레스 받는 것보다 오히려 조금 피우는 게 건강에 훨씬 좋대", "정신의학자들은 담배를 피우는 게 오히려 정신건강에는 도움이 된다고 하던데?" 등 여러 가지 핑계로 자신의 흡연을 정당화한다.

'학력위조 의혹'을 둘러싼 가수 타블로(본명 이선웅)와 '타블로에게 진실을 요구합니다(타진요)' 회원들 간의 2년에 걸친 법정 공방이 결국 타블로 측의 승소로 마무리됐다. (……) 검찰은 타블로가 2011년 1월 자신에 대한 학력위조 의혹을 제기하고 가족을 비방한 '타진요' 회원 12명을 고소한 것과 관련해 9명을 기소했다. 지난해 7월 서울 중앙지법은 이 가운데 3명에게 "반성의 기미가 없다"며 징역 10개월의 실형을 선고하고 법정 구속했지만 반성 의사를 보인 김씨 등 6명에 대해서는 집행유예를 선고했다.[17]

위 기사의 타블로 학력위조 파문 사건은 인간의 인지부조화 현상을 잘 보여주는 사례다. 확실한 증거가 제시되었음에도 여전히 자신들의 주장을 굽히지 않는 일부 네티즌의 행태는 인지부조화로 인한 불편함을 느끼지 않으려는 강박관념이 상승작용을 일으켜 자신만의 성 안에 스스로를 가두는 결과를 초래한 것이다.

일본의 극우 세력이 일본 제국주의의 만행을 인정하지 않고 그것을 정당화하고자 궤변을 늘어놓는 행위 또한 인지부조화의 전형적인 사례다.

> "일본은 세계에서 특별한 국가다. 전 세계가 존경하고 의지할 수 있는 나라, 도의대국道義大國을 지향하는 세계 유일의 나라라고 확신한다." 일본군 강제 동원 위안부 등과 관련한 망언을 했던 일본 이나다 도모미(53)稻田朋美 행정개혁상이 30일 한 강연회에서 한 말이다. (……) 그는 지난 4월 야스쿠니 신사를 참배했으며, 최근 일본군 강제 동원위안부와 관련해 "위안부 제도라는 것 자체는 슬픈 일이지만 전시 상황 당시에는 합법이었던 것은 사실"이라고 주장했다. (……) 변호사 출신인 이나다는 난징 대학살, 오키나와 주민 집단 자결 등과 관련해 일본 제국주의 만행을 고발한 일본 언론을 상대로 한 소송을 주도해 대표적인 극우 인사로 꼽힌다.[18]

일본이 독일과는 달리 질타를 받는 건 바로 이러한 극우 세력들의 인지부조화 해소 노력 때문이다. 나치 만행에 대한 국가 차원의 철저한 반성과 배상을 통해 세계인의 신뢰를 받게 된 독일과 국격이 다른 이유다.

극단적인 자기합리화의 한 예

인지부조화의 이유를 논리적으로 제시하기 어려워 이를 정당화하기 힘들 경우, 사람들은 자신의 행동, 태도, 믿음을 바꿈으로써 부조화(불일치)를 줄이고자 한다. 일반적으로 일단 저지른 행동은 되돌리기 어려우므로 자신의 태도나 믿음을 행동에 맞춰 바꾸곤 한다. 극단적인 자기합리화의 예다. 알고 싶지 않은 정보는 스스로 차단해버리고 알고 싶은 것만 바라보는 것이다. 자신의 잘못된 행동을 정당화하고자 온갖 논리를 갖다 붙이는 궤변가들이야말로 인지부조화로 인한 불편함을 가장 크게 느끼는 사람들이다.

인지부조화 이론이 성립하기 위해서는 우선 자신이 한 행동을 되돌릴 수 없고 취소할 수 없어야 하며, 자신의 행동을 합리화할 수 있는 외부적인 요인이 불충분해야 한다. 만약 행동을 합리화할 수 있는 강한 외부적 요인이 있으면 자기합리화를 통해 자신의 태도를 변화시키기보다는 자신의 잘못된 행동을 외부 상황 탓으로 돌릴 수 있기 때문이다.

미국 아우구스부르크대학의 심리학과 교수인 데이비드 마츠 David Matz 등은 205명의 학생을 대상으로 한 실험에서 사람의 성격에 따라 인지부조화에 대한 반응이 다르다는 것을 보여줬다. 외향적인 사람은 인지부조화의 불편함을 덜 느끼고 따라서 자신들의 태도를 잘 바꾸려 하지 않는 반면, 내향적인 사람들은 인지부조화로 인한 불편함을 상대적으로 더 심각하게 생각하고 이를 줄이고자 자신의 태도를 대다수 사람이 생각하는 것과 일치하도록 바꾸려 한다는 것이다.[19]

인지부조화는 개인에게든 사회에서든 자주 발생하는 것으로,

때로는 '타진요'의 경우처럼 사회 전체에 불신 풍조를 일으키는 원인이 되기도 한다. 하지만 인지부조화가 항상 부정적인 결과를 가져오는 것만은 아니다. 인지부조화 현상을 잘 이용하면 사람들의 잘못된 행동이나 태도를 변화시킬 수 있다. 예를 들어 체중 조절에 관심을 갖고 몸무게를 줄여야 한다는 생각은 가지고 있으면서도 실제로 식생활 습관을 관찰해보면 그렇지 못한 사람들이 많이 있다. 이런 경우 인지부조화는 식생활을 조절하도록 하는 유인책이 될 수 있다.

인지부조화는 자신의 선택에 대한 긍정적 충성심을 유도할 수도 있다. 당신이 취직하고 싶어 하는 A사와 B사 두 곳에 모두 취업이 되어 한 곳을 선택해야 하는 상황이라고 가정해보자. 당신은 두 회사의 장단점을 살피고 고민하다 결국 B사를 선택하기로 결정했다. 이제 A사와 B사 중 어느 곳이 더 나은지 평가해보라. 어디로 갈 것인지 결정하기 전까지는 A사가 더 낫지 않을까 생각했어도 결정 후에는 십중팔구 B사를 더 높게 평가할 것이다. 그러지 않으면 당신의 선택을 후회하기 때문이다. 이 경우 인지부조화 현상은 자신이 선택한 대안의 가치를 좀 더 공고히 하도록 함으로써 조직에 대한 자긍심과 충성도를 높이는 계기가 될 수 있다.

인지부조화의 자각증상을 느낀다면

한편 제품이나 서비스 구매와 같은 어떤 선택을 한 후에 그 선택이 잘못되었다는 정보를 얻게 되면 인지부조화를 느껴 자신의 선택이 옳았음을 입증할 수 있는 정보를 찾게 된다. 만일 자신의 선택이 옳았음을 지원하는 정보를 찾을 수 없으면, 이는 향후 선택에 부정적 영향을 주게 되어 이전 선택과 관련된 브랜드를 회피하게 된다. 인지부조화로 인한 소비자의 브랜드 회피 현상을 막기 위해 광고회사들은 각별하게 신경을 쓴다.

가령 어떤 사람이 자동차를 구입했다고 하자. 자동차를 구입한 후 자신의 선택이 옳았다는 정보를 찾을 수 없다면 그 사람은 이제 그 브랜드를 다시 찾지 않을 것임은 물론이고 입소문을 통해 해당 브랜드에 대한 부정적인 메신저가 될 가능성이 높다. 이러한 이유로 광고 전문가들은 고가의 내구재에 관한 광고를 만들 때 소비자들에게 자신의 선택이 옳은 결정이었음을 확신시켜줄 수 있는 카피를 뽑기 위해 주의를 기울인다.

그렇다면 인지부조화를 어떻게 발견하고, 그로 인한 부정적인 결과는 어떻게 예방할 수 있을까? 우리는 때로 큰 확신 없이 저지른 행동이나 판단에 대해 애써 정당화하려고 노력할 때가 있다. 이러한 경우 자신에게 인지부조화가 발생한 것으로 보면 된다.

어떤 일을 왜 그렇게 하느냐고 남이 물어볼 때 "그게 지금까지 내가 해온 방식이야, 내 생각은 그래"라고밖에 대답할 수 없다면 이미 인지부조화가 당신의 머릿속에서 진행됐다고 보면 된다.

이러한 자각증상이야말로 자신의 행동이나 판단을 고칠 수 좋은 계기가 된다. 현명한 사람은 이러한 자각증상이 일어날 때 자신의 행동과 판단에 대해 다시 생각할 기회를 갖는다. 자신의 잘못을 지금 인정하고 수정 조치를 취한다면 그렇게 하지 않아서 나중에 발생할 수 있는 분쟁으로 치러야 할 많은 시간, 정신적 에너지, 상실감 등을 아낄 수 있다.

욱하는 마음이
판단을 흐린다

운전 중에 갑자기 다른 차가 앞에 끼어들면 화가 난다. 그리고 빠른 속도로 그 차를 쫓아가 추월하고픈 '보복 운전' 욕구가 일어난다. 조금만 생각해보면 별일도 아닌데, 내 앞에 끼어든 그 차가 못마땅해 실속도 없이 위험한 행동을 하게 된다. 이렇게 자극에 대한 감정에 휘둘려 판단이 이루어지는 것이 감정 휴리스틱 affect heuristic이다.

어떤 자극stimulus에 대한 개인의 감정은 부정적일 수도 있고 긍정적일 수도 있다. 제품 광고를 보면 소비자의 감정 휴리스틱을 가동시키기 위해 여러 가지 표현을 사용한다. 새로움을 강조하는 '뉴new', 자연친화적인 느낌을 주는 '내추럴natural', 순한 맛을 표현하는 '마일드mild', 고급스러움을 나타내는 '프리미엄premium', 특별함을 강조하는 '창사 특집', 무결점을 나타내는 '0퍼센트', 완전함을 표현하는 '100퍼센트' 등이 그 예다. 이런 표현들은 소비자로 하여금 제품이나 서비스가 가지고 있는 본원적 가치에 긍정적인 가치를 부가하는 조미료 역할을 한다. 보건복지부에서 담배 이름에 '마일드'나 '저低타르', '순한 맛' 등의 표현을 쓰지 못하게 하는 것은 바로 이러한 감성적 표현이 소비자에게 '몸에 별로 해롭지 않은 담배구나'라는 판단을 하도록 유도하기 때문이다.

왜 '정지훈'이 아닌 '비'인가

시카고대학의 크리스토퍼 시Christopher Hsee와 펜실베이니아대학의 하워드 쿤로이더Howard Kunreuther는 사람들이 배송 과정에서 발생할 수 있는 손실에 대한 보험에 가입할 때 대단히 아끼는 골동품 시계의 경우, 특별한 애착을 갖고 있지 않은 유사한 시계보다 2배의 보험료를 흔쾌히 지불하려 한다는 사실을 발견했다.[20] 손실 발생 시 두 시계 모두 보험금으로는 100달러가 지급되는 보험인데도 말이다. 동일한 보험금이 지급되는데도 골동품 시계에 대한 특별한 애착 때문에 기꺼이 2배의 보험료를 내려고 하는 것은 이성적인 행태라기보다는 다분히 감정에 치우친 결과다.

우리 주변에서 감정 휴리스틱은 다양하게 이용되어 대중의 판단에 영향을 미친다. 연예인들은 왜 실제 이름이 아닌 예명을 쓸까? '비'라는 예명이 아닌 '정지훈'이란 실명을 사용했더라도 비의 인기는 지금과 같았을까? 트로트 가수의 이름으로 '이영춘'이라는 실명보다 '설운도'라는 예명이 대중에게 더 친근하게 느껴지는 것도 바로 감정 휴리스틱 때문이다. 미국의 한 연구 결과에 따르면 대통령 후보자들의 이름이 갖는 특징을 통해서도 그 후

보자가 당선될 가능성을 예측할 수 있다고 한다.[21]

유전자 변형 식품의 반대자들은 이 식품을 프랑켄푸드Franken-food라 부른다. 흉측한 인조인간인 프랑켄슈타인Frankenstein을 떠올리게 함으로써 유전자를 인위적으로 결합시켜 만든 먹거리의 위험성을 강조하기 위함이다. 왜 홈쇼핑 광고 모델은 항상 웃는 모습일까? 그 제품을 사용하면 행복하다는 감정을 잠재적 소비자에게 전달함으로써 해당 제품의 매출을 증진시키기 위함이다.

감정 휴리스틱은 종종 평가에 사용되어 잘못된 판단을 유도할 수도 있다. 감정 휴리스틱은 동시평가joint evaluation보다는 개별평가separate evaluation에서 큰 힘을 발휘한다. 개별평가란 대안 하나하나를 개별적으로 평가하는 것을 말하고, 동시평가란 대안들을 함께 놓고 동시에 평가하는 것을 말한다.

가령 어느 지역 국회의원 선거에 갑과 을이라는 두 후보가 출마했다고 하자. 갑이라는 후보는 일자리 1만 개를 만들겠다고 공약을 내걸었으나, 과거 탈세 혐의가 있는 사람이다. 을의 경우, 일자리는 5,000개만 늘릴 수 있다고 하지만 도덕적으로는 아무런 문제가 없는 깨끗한 후보다. 유권자로 하여금 갑과 을 두 후보를 개별적으로 평가해 후보별로 선호도를 조사하면 어떤 결과가 나올까? 대부분의 경우 일자리의 수보다는 과거 탈세 혐의의 유무 사실에 먼저 주목하면서 감정적으로 부도덕한 후보인 갑의 선호도가 을보다 떨어진다.

그러나 갑과 을을 동시에 비교하는 동시평가에서는 감정적인 면보다는 일자리 창출이라는 현실적 사안에 더 큰 관심을 보이면서 갑이 선택되는 반대의 결과가 나올 수 있다. 개별평가에서는 일자리의 수가 1만 개라는 것이 많은 것인지 적은 것인지 판단하기 어려워 감정적인 측면에 의해 판단이 이루어지지만, 동시평가에서는 개별평가 때 판단하기 어려웠던 속성, 즉 일자리 수가 비교 가능해짐으로써 선호 결과가 바뀔 수 있다는 말이다.

감정 휴리스틱과 왕연구소의 패착

왕연구소Wang Laboratories를 기억하는가. 1980년대 세계 워드프로세서 시장을 석권했던 컴퓨터 회사다. 이 회사 창업자인 왕안王安은 당시 IBM이 시장의 표준으로 자리 잡고 있던 PC 시장에 진출하고자 했다. 그런데 왕안은 IBM에 대한 감정이 매우 좋지 않았다. 자신이 과거에 개발한 기술을 IBM이 가로챘다고 생각했기 때문이다. 그때 왕연구소는 PC의 운영체제를 마이크로소프트Microsoft로부터 제공받기로 했는데, 그 운영체제가 IBM PC에서 사용된다는 사실을 알게 되자 마이크로소프트의 운영체제를 거부했다. 당시 PC 시장은 IBM 호환 기종을 대세로 받아들였다. 하지만 왕안은 시장의 대세를 무시한 채 자체적으로 운영체제를 개발하려다 사업 전체를 망치게 되었다.[22] 기업의 미래가 달린 일에 개인의 감정이 개입되어 경솔한 의사결정이 일어났고, 이는 왕연구소에 치명적인 영향을 끼쳐 이후 몰락의 길을 재촉했다. 결국 왕연구소는 1992년 8월 법원에 파산보호신청을 했다.

법은 멀고 주먹은 가깝다는 말이 있다. 하지만 감정에 치우친 반사적 행동은 후회를 불러일으키는 경우가 다반사다. 욱하는 감정 휴리스틱에서 벗어날 수 있는 방법은 무엇일까? 화나는 일이 생기면 일단 잠깐 멈추고, 숨을 깊게 들이마시라. 그리고 시간을 갖고 상황을 찬찬히 되짚어보라. 나중에 생각하면 별일 아닐 수 있다. 참을 인忍자를 10번 정도 써보는 것도 도움이 될 것이다.

인간은 태생적으로 감정에 매우 민감하게 반응한다. 문제는 감정적 반응이 특정 목적을 위해 타인에 의해 교묘하게 조종되거나 이용될 수 있고, 이로 인해 잘못된 판단이 내려질 수 있다는 것이다. 문제를 대할 땐 나의 감정을 자극하는 문구, 표현, 표정, 그림 등을 모두 배제하고 바라보자. 그래도 같은 결정을 내린다면 감정 휴리스틱의 함정에서 어느 정도 벗어나 있다고 볼 수 있다.

왜
첫 제안은
위력적인가

경매 현장에 가본 적 있는가? 잘 알려지지 않은 예술가가 그린 그림의 적정 가격은 얼마일까? 경매 진행자가 초깃값을 부른다. 500만 원. 이제 이 가격은 이 그림 가격의 하한선이 된다.

배가 항구에 접안하면 닻anchor을 내린다. 닻을 내리면 바람이 불어도 배가 닻 주변에서 멀리 벗어나지 않기 때문이다. 우리의 마음속에도 배의 닻과 같은 역할을 하는 판단의 닻이 있다. 그러한 마음의 닻을 중심으로 그 주변에서 판단을 내리는 휴리스틱을 가리켜 '앵커링조정anchoring and adjustment'이라 한다. 다시 말해 임의의 초깃값을 기준점anchor point으로 놓고 그 주변에서 조정을 통해 최종 판단을 내리게 된다는 것이다.

임의의 초깃값은 과거 경험으로부터 얻은 값이나 임의로 지정한 값 또는 현재 이용할 수 있는 가용한 정보 등이 될 수 있다. 예컨대 내년도 예산을 잡을 때 금년도 예산을 닻으로 삼고 현재 예상되는 여건 변화를 고려해 조금씩 가감함으로써(예를 들어

±10퍼센트) 예산액을 예측하곤 한다.

마음속 판단의 닻

문제는 앵커링조정 휴리스틱을 통한 판단 결과는 기준점인 앵커 지점에 지나치게 의존할 수밖에 없기 때문에 기준점이 합리적으로 설정되지 않은 경우, 앵커링조정에 의한 후속적인 판단은 계속 잘못될 수밖에 없다는 것이다. 과거를 답습하거나 근본적인 개혁에 걸림돌이 될 우려가 있다.

영기준예산편성zero-base budgeting이나 영기준예산검토zero-base review 등은 이러한 앵커링조정의 문제를 방지하기 위한 예라고 할 수 있다. 11월 말쯤 되면 시내 곳곳에서 멀쩡한 보도블록을 교체하는 공사가 벌어지는 것을 심심찮게 목격할 수 있다. 해당 항목의 예산이 남았기 때문이다. 그렇게 해서라도 남은 예산을 올해에 소진해야 다음 해 해당 항목의 예산이 깎이지 않고 더 많은 예산의 배정을 요구할 수도 있다. 예산 낭비의 전형적인 예다.

1992년, 미국 뉴멕시코 주에 있는 한 맥도날드 매장의 드라이브인 창구에서 커피를 산 스텔라 라이벡Stella Leibeck이라는 79세의 할머니가 커피에 프림과 설탕을 넣으려고 뚜껑을 열다가 커피를 엎질러 화상을 입었다. 이에 대한 손해배상금으로 286만 달러라는 어마어마한 금액이 배심원단에 의해 책정된 일화는 앵커링조정 휴리스틱이 작용한 대표적인 사례다.[23]

이 사건의 잘못은 물론 맥도날드 측에 있었다. 따라서 문제는

'배상금으로 얼마 정도가 적절한지'였다. 재판정에서 피해자 측 변호인은 '맥도날드의 하루나 이틀분의 커피 판매액'이 어느 정도냐고 질문했다. 실제로 맥도날드의 하루 커피 판매액은 135만 달러나 되었는데, 당시로서는 엄청난 금액이었다. 상식적으로 생각할 때 배심원들도 고작 커피를 쏟아 입은 화상에 대한 배상금으로 이 금액은 지나치게 많은 금액이라고 판단했을 것이다.

하지만 당시 변호사의 그 질문에 대한 답을 자신들도 모르게 배상금 판단의 기준점으로 생각하게 되었고, 배상액이 자연스럽게 135만 달러에서 270만 달러라는 범위 안에 갇히게 된 것이다. 결국 배심원들은 맥도날드에 배상금으로 286만 달러를 지불하라고 결론지었다. 그러나 과다한 액수라고 판단한 판사는 64만 달러라는, 상대적으로 합리적인 액수로 배상금을 낮췄다.

앵커 지점이 아무런 의미도 없이 임의로 설정된 경우에도 그 앵커 지점이 판단에 영향을 준다는 것은 여러 가지 실험을 통해 증명된 바 있다. 외국인에게 불국사가 창건된 해를 질문해보라. 이때 앵커 지점을 임의로 서기 500년과 1000년으로 설정해 두 집단에게 각각 질문하도록 한다. 일반적으로 전자를 앵커 지점으로 제시받은 집단이 후자를 앵커 지점으로 제시받은 집단보다 불국사 설립 연도를 훨씬 더 옛날로 예측하기 마련이다.

희망소비자가격은 누가 정할까

일반인뿐만 아니라 전문가라는 사람들조차 이러한 앵커링 효과의 덫에서 자유롭지 못하다. 미국 애리조나 주 투손Tucson에서 애리조나대학의 그레고리 노스크래프트Gregory Northcraft와 마거릿 닐Margaret Neale은 대학생과 부동산 중개인을 대상으로 주택 가격을 산정하는 실험을 했다.[24] 피실험자들을 무작위로 총 4개의 그룹으로 나눈 뒤 해당 주택에 대한 상세한 정보와 최근 그 지역에서 거래된 주택들의 정보와 거래 가격을 제시했다. 이때 4개 그룹에 모두 동일한 정보를 주고 딱 한 가지만 달리 제시했다. 주택 감정가에 근거해 주택 소유주가 제시한 가격을 4개 그룹 각각에 실제 감정가보다 12퍼센트, 4퍼센트, -4퍼센트, -12퍼센트로 늘리거나 줄여 알려준 것이다.[25]

실험 결과 4개 그룹 모두 주택 가격의 추정치가 주택 소유주가 제시한 가격에 많은 영향을 받은 것으로 나타났다. 대학생들은 자신들의 추정치가 주택에 대한 다른 정보보다 주택 소유주가 제시한 감정가에 많은 영향을 받았다고 앵커링 효과를 순순히 시인한 반면, 부동산 전문가들은 자존심 때문에 자신들은 소유주가 제시한 가격에 전혀 영향받지 않고 해당 주택에 대한 다른 정보들에 근거해 독립적으로 가격을 산정했다고 주장했다. 하지만 부동산 전문가들의 응답 내용을 분석한 결과, 그들의 추정가도 주택 소유주가 제시한 가격에 크게 영향을 받은 것으로 나타났다.

때로 우리는 제품의 권장소비자가격이나 희망소비자가격에 너무 많은 권한을 주고 있는 듯하다. 제품에 표기된 희망소비자가격이나 정가라는 것은 무엇을 의미하는가? 공정한 가격을 말하는가? 이 또한 소비자를 헷갈리게 하는 표현이다. 제품의 가치에 기초한 적정 가격을 모른 채 소비자는 이러한 앵커 지점에 현혹되어 희망소비자가격이나 정가보다 낮은 가격으로 물건을 사게 되면 싼값에 샀다는 착각에 빠지곤 한다. 희망소비자가격이나 정가라는 것은 부풀려진 가격인 경우가 많다.

새로운 기준점을 제시하라

앵커링조정으로 인한 판단착오는 앵커 지점의 불합리한 설정뿐만 아니라 조정adjustment으로부터도 발생한다. 조정은 의사결정자가 갖고 있는 경험이나 기억, 또는 의사결정자의 현재 위치에 따라 앵커 지점으로부터 매우 크거나 작은 움직임을 보일 수 있다.

어떤 도시의 인구를 추정하는 실험을 한다고 치자. 현재 자신이 잘 알고 있는 숫자를 기준으로 앵커 지점을 설정하게 될 것이다. 예를 들어 전주의 인구를 추정해본다면, 부산에 사는 사람은 자신이 살고 있는 부산의 인구를 생각하고서 '전주 인구가 부산 인구의 반 정도 되지 않을까?' 하면서 앵커 지점을 설정하게 된다. 한편 문경에 사는 사람은 전주 인구가 문경 인구의 몇 배가 되겠거니 하고 앵커 지점을 생각할 것이다.

이제 전주의 인구를 추정하려면 앵커 지점에서 위아래로 조정이 필요한데, 이 또한 의사결정자의 현재 위치에 따라 달라진다. 큰 도시에 사는 사람은 앵커 지점에서 꽤 큰 폭으로 조정해

추정하는 경향을 보이고, 작은 도시에 사는 사람은 작은 폭으로 조정해 추정하는 경향을 보인다. 하지만 앵커링조정에 관한 많은 실험에 따르면 이때 조정이 불합리하게 이루어져 추정에 많은 착오(편의)가 일어난다고 한다.[26] 이는 설정한 앵커 지점의 차이와 함께 조정의 차이, 즉 큰 도시에 사는 사람은 조정이 크게 이루어지고, 작은 도시에 사는 사람은 조정도 작게 이루어지는 행태가 함께 작용하기 때문이다.

협상에서 앵커링 효과는 큰 영향을 미친다. 첫 제안의 위력이 바로 그것이다. 제품 가격의 흥정을 예로 들어보자. 상대와의 협상에서 처음 제안된 가격은 보통 앵커 지점 구실을 하게 된다. 누가 먼저 가격을 제안하느냐에 따라 최종 협상 가격은 이 앵커 지점에서 그렇게 멀리 벗어나지 않는다.

그렇지만 자신의 합의대안BATNA: Best Alternative To a Negotiated Agreement[27]을 미리 생각해온 사람은 첫 제안에 휘둘리지 않는다. 자신의 목표에 집중함으로써 첫 제안이 자신의 유보점reservation point[28]과 크게 차이가 날 경우 과감한 조정을 시도할 수 있다. 결국 그러한 조정은 상대방의 첫 제안을 무력화해 협상을 자신에게 유리하게 이끌도록 한다.

chapter3

'내 맘대로'가
만들어낸
판단의 오류

진정한 학식은 무엇이 존재하는지가 아닌
무엇을 의미하는지 아는 것에 있다.
이는 기억력이 아닌 판단력이다.
—제임스 러셀 로웰James Russell Lowell, 미국의 시인이자 외교관

"그 사람은 사기꾼같이 안 생겼어"

우리 마음속에는 어떠한 집단을 나름대로 특징지으려는 고정관념stereotype이 있다. 고정관념으로 인해 때로는 별생각 없이 특정 집단을 우수하게 생각하거나 우호적으로 평가하기도 하고, 열등하게 보거나 부정적으로 폄하하기도 한다. 다음 이야기를 보자.

첫 번째 손님으로 도착한 나는 가장자리가 벤치로 빙 둘러쳐진 아담한 유람선에 자리를 잡았다. (……) 그때 첫인상은 별로 나빠 보이지 않고, 차림새로 봐서는 딱 고등학교 물리 선생처럼 생긴 노신사가 나를 쳐다보면서 다가왔다. 그러고는 "맥주 두 잔 주세요"라고 말했다. 내가 아무런 반응을 하지 않자 그는 "맥주 두 잔 달라니까요"라고 반복했다. 그는 도대체 무슨 생각으로 내게 맥주를 주문한 것일까? 나는 웨이터 차림도 아니었고 맥주병을 들고 있지도, 또 맥주잔이나 행주도 들고 있지 않았다. 게다가 서 있지도 않았고 그와 똑같이 좌석에 앉아 있었는데 말이다.[1]

독일의 '암행 기자'인 권터 발라프Günter Wallraff는 손님으로 곤돌라를 탔다가 웨이터 취급을 당했다. 그가 흑인 분장을 하고 있었기 때문이다. 발라프는 일 년간 흑인으로 살아가면서 온몸으로 인종차별을 겪으며 갖은 고생을 했다. 전통적으로 백인 위주의 유럽 사회에서 검은색 피부는 의식적·무의식적으로 열등, 모자람, 하층민이라는 선입관과 고정관념으로 이어진다.

우리나라에서도 동일한 사람이 노숙자 복장과 장군 복장을 하고 시민들의 반응을 살피는 실험이 TV 프로그램에서 방영된 적이 있다.[2] 장군 복장을 한 채 길에 쓰러져 있을 때 길을 지나던 시민들이 119에 신고해 구급차가 출동하기까지 걸린 시간은 1분이었다. 하지만 동일한 장소, 동일한 시간대에 노숙자 차림으로 쓰러져 있을 때는 10여 분이 걸렸다. 장군 복장을 한 사람에게는 시민들이 우호적이었지만, 노숙자 복장을 한 동일인에게 보내는 시민들의 눈길은 싸늘했다. 이 또한 겉모습에 의한 고정관념이 어떠한 사회적 차별을 가져오는지를 보여주는 예다.

대표성representativeness이란 개인적 경험에 근거한 어떤 집단의 이미지나 고정관념이 집단 전체를 대표하는 전형적 특징이라고 보고, 어떤 대상이 특정 집단에 속할 가능성을 판단할 때 사용되는 휴리스틱이다. 즉 어떤 대상이 갖고 있는 정보를 그 집단의 전형적 특징과 비교해 그 둘이 얼마나 유사한지를 평가하고, 둘 사이에 유사성이 많다고 인식될 경우 그 대상이 그 집단에 속할 가능성을 높게 평가하는 것이다. 관련성이 없거나 불충분한 정보가 주어지더라도 이에 비중을 두고 판단해 사전확률base rate, prior probability을 무시하는 오류를 범할 수 있다.

지난 학기에 내 강의를 수강한 MBA 과정 학생 중에서 가장 우수한 학생은 시를 쓰는 취미를 가지고 있다. 성격은 조금 소극적이며, 체구는 자그마하다. 이 학생의 학부 전공은 무엇이었다고 생각하는가?

① 중문학   ② 전자공학

이 질문에 대해 혹시 중문학이라고 답했는가? 그렇다면 자신도 모르게 대표성 휴리스틱을 사용해 이 학생의 전공을 추정했을 것이다. 중문학을 답으로 택했다면 위 문제에 기술된 학생의 취미, 성격, 체구에 영향을 받지는 않았는가? 시를 쓰는 취미, 소극적인 성격, 자그마한 체구가 문학도의 전형적 특징이라고 생각한 것은 아닌가? 그러한 고정관념은 어떻게 생긴 것인가? 만일 질문이 다음과 같이 제시되었다 해도 같은 대답을 했을지 자문해보자.

지난 학기에 내 강의를 수강한 MBA 과정 학생 중에서 가장 우수한 학생의 학부 전공은 무엇이었다고 생각하는가?

① 중문학   ② 전자공학

사실 첫 번째 질문에 기술된 학생의 취미, 성격, 체구는 학부 전공과는 아무런 관련성이 없는 정보다. 외과의사 모두가 술을 잘 먹고, 모든 변호사가 말을 잘하는 건 아니다. 그런데도 선입관이나 고정관념에 의해 그러한 취미, 성격, 체구의 사람은 공학도이기보다는 문학도일 가능성이 높다고 판단한 것이다.

객관적으로 타당한 대답은 전자공학이다. 왜 그럴까? 어느 학교든 중문과 정원보다는 전자공학과 정원이 더 많다. 따라서 이 상대적 정원 비율에 따르면 이 학생의 학부 전공은 중문학보다는 전자공학일 가능성이 더 높다. 여기서 학부 전공의 정원 비율은 바로 사전확률의 역할을 한다.

한때 아침형 인간이 유행이었다. 일찍 자고 일찍 일어나는 아침형 인간은 부지런하고 성공한 사람인가? 아침형 인간이 되기 위해 수십 년간 유지해온 자신의 하루 일과 패턴을 바꾸려고 하다 병원 신세까지 지는 일도 있다. 밤에 늦게 자고 아침에 늦게 일어나는 올빼미형 인간이 게으르고 성공하지 못하는 것도 아니다. 사실 창조적인 일에는 올빼미형 인간이 더 적합하다는 주장도 있다.

'사기꾼'은 어떻게 생겼다고 생각하는가? 사람마다 머릿속에 그리고 있는 사기꾼의 형상과 이미지가 있다. 우리 모두 사기꾼이 어떤 모습을 하고 있는지 안다는 것이다. 그런데 지금 이 순간에도 사기당하는 사람은 무수히 많다. 사기꾼이 어떻게 생겼는지 아는데 왜 그런 걸까? 어처구니없이 사기를 당한 사람들은 흔히 이렇게 말한다.

"그 친구는 전혀 그럴 사람 같지 않았는데. 누구를 등칠 것같이 생기진 않았다고……."

노련한 사기꾼은 당신이 나름대로 가지고 있는 사기꾼의 전형적인 모습을 역이용한다.

대표성 휴리스틱의 함정에 빠지는 건 전문가들도 마찬가지다. 프랑스 보르도대학 포도주양조학과의 프레데릭 브로셰Frédéric Brochet는 와인 전문가들을 초청해 화이트와인과 레드와인을 시음하게 한 후 각각의 맛에 대해 평가하도록 했다.[3] 와인을 맛보고 평가한 전문가들은 대부분 화이트와인과 레드와인 각각에 대해 흔히 알려져 있는 전형적 특징들을 기술했다.

그런데 사실 그 전문가들이 시음한 레드와인은 화이트와인에 맛과 향이 없는 붉은색의 식용색소를 탄, 무늬만 레드와인인 화이트와인이었던 것이다. 그럼에도 그들은 붉은 색깔이 갖는 이미지에 현혹되어 자신이 마신 붉은색의 화이트와인을 레드와인으로 착각해 화이트와인이 아닌 레드와인의 전형적 특징을 기술하는 우를 범하고 말았다.

고정관념과 선입관에 도전하라

대표성 휴리스틱은 우리의 고정관념과 선입관을 이용해 사물을 신속히 전형화하는 방법이다. 고정관념과 선입관은 보통 선택적 지각으로 습득한 편향된 지식과 한정된 경험에 의해 머릿속에 굳어지게 된 것이 대부분이다.

대표성 휴리스틱은 우리 사회에 많은 문제를 일으키기도 한
다. 지역차별, 남녀차별, 학력차별 등이 대표성 휴리스틱으로 인
해 발생한 폐해라고 할 수 있다. 가령 어떤 회사에서 영업과장
자리가 하나 비었다고 치자. 경력이나 능력으로 보면 당연히 A라
는 여성 대리가 그 자리로 가야 하는 상황이다. 그런데 이에 대
해 많은 사람이 '여자가 그 직무를 감당할 수 있을까?' 하고 의
구심을 보인다. 그들의 머릿속에는 여성이 해야 하는 일과 영업
과장의 업무가 서로 연결되지 않기 때문에 여성은 영업과장이라
는 자리에 적절하지 않다는 판단을 내린 것이다. 하지만 이러한
그들의 선입관과는 달리 그 여성 대리는 누구보다도 영업과장이
라는 직책을 잘 수행할 수도 있다.

최근 들어 입사지원서에 최종 학력이나 출신 대학을 기재하지
않도록 하는 기업이 점점 늘고 있다. 대표성 휴리스틱이 가져올
수 있는 선입관에 의한 판단착오를 방지하기 위함일 것이다.

대표성 휴리스틱에 휘둘리지 않기 위해서는 객관적 사전확률
을 중시하고, 정보의 폭을 넓힐 필요가 있다. "그럴 게 뻔해", "그
러면 그렇지"라고 자신이 지금까지 당연시해왔던 것에 도전하는
것도 중요하다. 고정관념에서 벗어나면 모든 것이 새롭게 보인다.

희망사항과 실현 가능성은 별개

자기 사업을 시작하려는 사람이 이런 질문을 받았다.

"보통 그와 같은 사업의 성공 가능성은 얼마나 될까요?"

"당신이 그 사업에서 성공할 가능성은 얼마나 될까요?"

일반적으로 첫 번째 질문의 답보다 두 번째 질문에서 답한 수치가 훨씬 크게 마련이다. 애덤 스미스Adam Smith는 《국부론The Wealth of Nations》에서 이렇게 말했다.

"모든 사람은 이익을 얻을 기회는 조금이라도 과대평가하고, 사람들 대부분은 손실의 기회는 과소평가한다. 웬만큼 건강하고 기력 있는 사람치고 손실의 기회를 실제보다 과대평가하는 사람은 거의 없다."

이 말은 사람들이 자신이 기대하는 사건의 발생 가능성을 과대평가하는 성향이 있음을 나타낸다. 이러한 성향은 특히 미래의 사건이 자신의 통제하에 있다고 생각할 때 강하게 나타난다.[4] 그래서 사람들은 때로 희망사항wishful thinking과 실현 가능성을 혼동한다. 희망하는 결과에 대한 가능성을 객관화하지 못하고 실제보다 과대평가하는 것이다. 이러한 희망사항 휴리스틱은 개인의 낙관주의optimism나 자기과신overconfidence 때문에 일어난다. 어떤 사건의 발생 가능성을 논리적으로 평가하지 못하고 자신의 희망사항과 연계시키는 것이다. 하지만 기대한 대로 일이 실현되지 않으면 그만큼 좌절도 커지게 된다.

소망에 대한 집착

물론 소망의 강렬함은 행동 과정에서 원동력으로 작용할 수 있다. 다시 말해 원하는 바를 이루고자 하는 인간의 부단한 노력은 성취의 길로 이어질 수 있다. 하지만 판단 과정은 행동 과정과는 엄연히 다르다. 아래의 기사를 보자.

2010년 CIA는 6.25 관련 전문電文 수백 건을 비밀 해제하며 고개를 숙였다. "정보기관으로서 결정적 오판誤判을 내렸다." 1950년 1월 CIA 보고서는 '북한군 증강에도 남침 가능성은 없다'고 했다. 남침을 엿새 앞둔 6월 19일에도 '북한이 한국에 사보타주를 펼치고 있지만 전쟁이 임박하진 않았다'고 했다. 막상 전쟁이 터지자 CIA는 '우리 극동 요원들 얼굴이 창백해졌다'고 분위기를 전했다. (……) 남침이 없을 것이라고 우겼던 CIA는 그해 9월 "중공군이 개입할 근거는 없다. 북한의 패배가 닥쳤다"고 고집을 피웠다. 6.25 때 백악관 안보회의에 CIA 국장은 끼지 못했다.[5]

우리가 희망사항에 너무 집착하면 이는 종종 올바른 판단의 걸림돌이 된다. 도박이나 짝사랑 등이 예가 될 수 있다. 희망사항에 매달리다 보면 실패에 대비하기가 그만큼 어려워진다. 자신의 예측에 대한 지나친 낙관이나 확신으로 인해 반대 상황에 대한 적절한 대책을 세우지 못하기 때문이다.

취업포털 잡코리아가 최근 20~30대 직장인 1,656명을 대상으로 실시한 '서른, 삶의 만족'에 대한 설문조사 결과, 직장인 희망연봉은 평균 3500만~4500만 원 수준인 것으로 나타났다. 하지만 실제 30대 직장인들이 받고 있는 연봉 수준은 1500만~2500만 원 사이가 48.7퍼센트로 절반에 가까웠다. 이어 2500만~3500만 원 사이(36.3퍼센트), 3500만~4500만 원 사이(11.0퍼센트), 4500만~5500만 원 사이(3.0퍼센트), 5500만 원 이상(1.0퍼센트) 순이었다.[6]

취업 전망과 미래 소득에 대한 과대평가는 불충분한 저축과 부족한 연금 준비의 원인이 되고 있다. 또한 사람들이 곧잘 대출을 받는 것도 자신의 대출 상환 능력을 지나치게 낙관하고 과대평가하기 때문이다. 많은 은퇴자가 목돈을 가지고 나름대로 사업을 시작하지만 대부분이 실패하는 이유는 무엇일까?

영국 엑시터대학의 데이비드 드 메자David de Mesa와 캐나다 궬프대학의 클리브 사우디Clive Southy에 따르면 사람들이 실패 가능성에 대한 현실적 고려 없이 사업을 시작하기 때문이라고 한다.[7]

손실 가능성에 대한 과소평가는 위험에 대한 대책 마련(이를테면 적절한 보험 가입 등) 또한 소홀하게 한다.

희망사항에 빠져 판단을 그르치지 않기 위해서는 현실을 냉정히 바라보는 자세를 가져야 한다. 위험 요소에 관한 정보를 탐구하고, 이러한 위험 요소들이 현재 나를 어떠한 상태로 만들고 있는지 주기적으로 검토하는 것이 희망사항과 실현 가능성을 구별할 수 있는 방법이다.

냉혹한 현실을 직시하라

짐 콜린스Jim Collins는 자신의 책《좋은 기업을 넘어 위대한 기업으로Good to Great》에서 베트남전쟁 영웅인 제임스 스톡데일James Stockdale 미 해군제독과의 대화 내용을 소개하고 있다. 스톡데일은 1965년 포로가 되어 1973년 석방되기까지 8년 동안 하노이 포로수용소에서 많은 고문을 당하며 갇혀 지낸, 당시로서는 최고위 미군 장교였다. 무엇이 그 어렵고도 긴 시간을 버티게 한 것일까? 콜린스가 그런 힘든 상황을 이겨내지 못한 사람은 어떤 이들이었는지 묻자 스톡데일은 이렇게 답했다.

"상황을 너무 낙관한 사람들이었습니다. 그런 사람들은 크리스마스 전에는 나갈 수 있을 거라고 믿다가 크리스마스가 지나면 부활절이 되기 전에는 석방될 거라고 다시 믿음을 이어나가죠. 그러다 부활절이 지나면 추수감사절 이전엔 나가게 될 거라고 믿지만 그렇게 다시 크리스마스를 맞고는 반복되는 상실감에 결국 죽게 됩니다. 절대 양보할 수 없는 마지막 무언가에 대한 신념을 잃지 않고 버티는 것과 아무리 가혹한 현실이라도 그것을 직시하고 받아들이는 것은 별개입니다."[8]

이를 두고 소위 '스톡데일 패러독스Stockdale Paradox'라고 한다. 어떠한 어려움이 있더라도 전쟁은 결국 끝날 것이라는 신념을 갖고 있는 동시에 현실의 잔인함을 직시하고 지금보다 더 큰 어려움도 닥칠 수 있음을 인정했기 때문에 스톡데일은 끝까지 살아남을 수 있었다.

희망사항은 그것이 실현되지 못하면 사람들에게 상실감을 안겨준다. 조직에서 어떤 목표를 달성하고자 할 때도 마찬가지다. 목표는 현 상태보다 나은 상태를 말하는 것이므로 당연히 도전적이어야 할 것이다. 하지만 아무리 노력해도 달성할 수 없는 목표라면 구성원들을 힘 빠지게 하고, 그러한 희망사항을 이야기한 사람에 대한 불신만 키운다.

선거철이 되면 여러 가지 공약公約이 무성하다. 그 무수한 공약을 다 지키려면 도대체 얼마나 많은 재원이 필요한지 생각해보면 그것들이 과연 실행 가능한지 의문이 든다. 결국 많은 공약이 그야말로 허황된 약속인 공약空約으로 그치게 된다. 새 정부가 들어서면 여러 가지 새로운 제도를 도입하겠다고 약속하지만 실제로는 많은 것이 지켜지지 않고 있다.

현 정부도 여성의 경제활동 참가율을 끌어올리기 위해 2013년부터 '아빠의 달' 제도를 도입하겠다고 밝혔지만 여성 근로자와의 형평성 문제, 재원 조달 방법 등 풀어야 할 과제가 산적해 관련 법안이 통과되지 못한 상황이다.[9] 어느 정부든 재원을 생각하지 않는 이상적 복지 제도는 말잔치로 끝날 공산이 크다.

희망사항과 실현 가능성은 별개의 사안이다. 실현되지 않는 약속은 실망감과 불신만 키울 뿐이다. 나이가 들수록 사람은 현명해진다고 한다. 이는 인생의 많은 경험을 통해 자기 과신이 줄어들고 희망사항과 현실의 엄함을 구별하기 때문이 아닐까?

홀수가 계속
나왔다면
다음엔
짝수?

전자제품 대리점을 운영하는 김 사장은 새로운 판매 책임자를
고용하고자 한다. 올해 들어 네 명이나 책임자를 고용했지만 하
나같이 업무 성과가 형편없었다. 이제 다섯 번째로 새로운 사람
을 고용하려고 할 참인데, 김 사장은 왠지 이번만큼은 만족할
만한 사람을 만날 것 같다는 생각이 든다. '다섯 명째 아니야.
확률적으로 생각해도 다섯 중 적어도 한 명은 괜찮은 사람이지
않겠어?'라고 예상하고 있다. 이러한 그의 생각은 과연 옳을까?

 안타깝게도 옳지 않다. 이번에 고용하는 판매 책임자의 업무
성과가 좋으면 당연히 좋겠지만 또다시 형편없을 수도 있다. 지
금껏 김 사장이 원하지 않은 일이 계속 일어났으니 이제는 그
가 원하는 일이 일어날 때가 됐다? 그건 알 수 없다. 김 사장이
새로운 판매 책임자의 업무 성과를 완전히 통제할 수 있는 게
아니기 때문이다.

갬블러의 착각과 게임의 법칙

이 세상에는 인간의 의지와는 무관하게 오로지 확률과 우연에 의해 일어나는 일이 많다. 하지만 우리는 무작위적 현상을 자기 나름대로 해석하고 의미를 부여할 때가 적지 않다. 특히 자신이 바라지 않는 상황이 연속적으로 일어나면, 반대의 상황이 일어날 가능성을 과대평가하게 된다. 이렇게 강렬한 희망사항이 반영된 휴리스틱을 '갬블러의 착각gambler's fallacy'이라 한다. 동전을 던져 앞면이 나오면 돈을 따고, 뒷면이 나오면 돈을 잃는 게임을 한다고 생각해보자. 갬블러의 착각이란 동전을 던져 뒷면이 계속 나올 경우, 다음번에는 앞면이 나올 것이라고 과도하게 기대하는 것과 같다. 하지만 이 경우에도 앞면이 나올 확률은? 변함없이 50퍼센트다.

사람들은 무작위적 현상에 특별한 의미를 부여해 나름대로 그 현상을 규칙화하기도 한다. 동전을 던지면 앞면(H)과 뒷면(T)이 나올 가능성은 각각 동일하게 50퍼센트다. 이제 동전을 연속해서 7번 던졌다고 가정하자. HTHTTHT라는 결과가 나올 가능성과 HHHTTTT라는 결과가 나올 가능성 중 어느 쪽이 더 클까? 많은 사람이 전자의 가능성을 더 크게 본다. 그것이 자연스럽고 무작위하게 보이기 때문이다. 시행 횟수가 7번밖에 안 되는 경우인데도 말이다. 두 결과의 가능성은 물론 객관적으로 동일하다.

카지노 게임 중에 바카라baccarat라는 것이 있다. 간단히 말하면 매판 뱅커banker와 플레이어player 중 한쪽에 판돈을 걸고 내가 건 쪽이 카드 패를 계산해 이기면 내가 판돈을 따고 아니면 잃는 것이다. 홀짝과 같은 게임이다. 바카라의 기댓값은 뱅커에게 걸 경우 약 −1.17퍼센트, 플레이어에게 걸 경우 약 −1.37퍼센트로 계산되어 있다. 기댓값이 거의 같다는 이야기이고 승률도 반반 정도 된다는 소리다.

그런데 바카라 테이블에 가면 게임하는 사람들이 종이 위에 뱅커와 플레이어 중 지금까지 어느 쪽이 이겼는지 표시하고, 그것에 근거해 베팅하는 모습을 볼 수 있다. 과거의 무작위 패턴에 어떤 의미를 부여하고 이를 자기 나름대로 규칙화하는 것이다. 그리고 그것을 근거로 삼아 선택을 한다. 과거 패턴에 어떤 규칙이 있다기보다는 그냥 선택하기가 너무 막연하기 때문이 아닐까? 자신이 둘 중 한쪽에 베팅했다는 것에 대한 어떤 이유가 필요한 것이 아닐까? 게임에 참여한 사람들의 결과를 보면 이렇게 하는 것이 별 효과는 없는 듯하다.

나만은 예외일 거라는 착각에서 벗어나라

인생 역전을 꿈꾸며 매주 로또를 사는 사람들이 있다. 로또에 1등으로 당첨되기 위해서는 1부터 45까지의 숫자 중 내가 선택한 6개의 숫자가 모두 당첨 숫자와 일치해야 한다. 확률로 따지면 45개의 숫자에서 6개의 숫자를 고르는 경우의 수가 814만 5,060$(=_{45}C_6)$가지이므로 이번 주 로또에 참여한 사람들이 모두 다른 6개의 수를 골랐다면 1등에 당첨될 확률은 814만 5,060분의 1이 된다. 이는 벼락을 한 번 맞고 이어서 또 한 번 맞을 확률보다 낮다고 한다. 그런데도 사람들이 로토에 빠지는 이유는 무엇일까?

우선 희망사항 때문이다. 남은 안 돼도 나만은 될 것 같은 환상이다. 현실적인 당첨 확률은 남의 일인 셈이다. 앞서 이야기한 것처럼 희망사항과 실현 가능성을 혼동하기 때문이다. 그런데 더 우려스러운 건 로토 명당이니 로토 당첨 숫자 예측이니 하는 것들이다. 확률과 우연에 의해 일어나는 일에 자기 나름대로 의미를 부여하고 이를 규칙화하려는 시도 말이다.

로토 명당에서 당첨자가 자주 나오는 이유는 간단하다. 당첨 소문이 한번 나면 그곳에 로토를 사려는 사람들이 모여들고 그곳에서 로토를 많이 구입하다 보니 당첨자도 많아지고 당첨 확률도 자연히 높아지는 것이다. 과거의 당첨 숫자 패턴을 보고 당첨 숫자를 예측하는 것은 또 어떤가. 어느 숫자가 자주 나왔으니 그 숫자를 선택하면 당첨 확률이 높아질까, 아니면 어떤 숫자가 안 나왔으니 이번에는 그 숫자가 나오지는 않을까, 지난번 당첨 숫자에서 두 개를 고르고 나머지 숫자는 내가 좋아하는 숫자를 추가하면 좋지 않을까…….

이는 마치 바카라 판에서 과거의 결과들에 나름대로 의미를 부여해 패턴을 찾으려는 것과 같다. 로토 1등에 당첨되는 비결이 한 가지 있다. 로토 하나가 1,000원이니 81억 4506만 원을 투자해 814만 5,060개의 모든 숫자 조합을 사는 것이다. 하지만 모두 사더라도 당첨금으로 평균 42억 원밖에는 받지 못하니[10] 투자 손실이 50퍼센트나 되는 불리한 게임임에 틀림없다.

세상에는 노력하면 바꿀 수 있는 일이 있고, 아무리 노력해도 바꿀 수 없는 일이 있다. 내가 통제할 수 있는 일의 경우, 의지를 갖고 행동하는 것은 결실을 보는 데 도움이 된다. 하지만 신만이 알 수 있는 미래 상황이 내가 예상하는 패턴대로 움직일 거라고 생각하거나 내 의지로 모든 것을 바꿀 수 있다고 믿는 것은 인간으로서 과욕이 아닐까 싶다.

올해 매출과 내년 매출의 상관관계

프로야구 KIA 타이거즈 팬들은 김상현을 가리켜 '썩어도 곤조'라는 표현을 쓴다. 엄청난 괴력을 바탕으로 무시무시한 한 방을 장착, 부진한 가운데서도 한 방을 기대할 수 있어 붙였다고 한다. (……) 일부에서는 김상현을 2009년에만 '반짝 활약'한 선수로 평가절하하기도 한다. 2009시즌 만년 기대주로 불렸던 김상현은 KIA로 둥지를 옮기기 무섭게 장타를 펑펑 쏟아내며 홈런-타점 1위를 차지하는 괴력을 발휘했다. 믿기지 않는 늦깎이 성장 신화에 찬사가 쏟아졌고, 최우수선수MVP 영예까지 뒤따랐다.

하지만 김상현은 이듬해부터 부진을 거듭했다. 지난 시즌 0.315이던 타율이 0.215로 뚝 떨어지는 등 성적은 믿기지 않을 정도로 폭락했다. 2009년의 성적이 '플루크fluke'가 아니었느냐는 혹평이 쏟아진 것은 당연했다. 마음이 급해진 김상현은 의식적으로 장타를 처내려 노력했지만 뜻대로 되지 않았고 타격 폼까지 무너지는 이중고에 시달렸다.[11]

일련의 시행에서 극단적 결과는 중심으로 회귀하는 경향이 있다. 다시 말해 어떠한 시행에서 그 결과의 값이 크면 다음 시행에서 나오는 결과의 값은 그보다는 작으며, 반대로 어떠한 시행에서 그 결과의 값이 작으면 다음 시행에서 그 결과의 값은 그보다는 크게 되는 경향이 있다. 사람들은 이러한 '평균으로의 회귀 현상regression toward the mean'을 두고 마치 일련의 시행 결과가 서로 인과관계에 있다고 생각하는 판단착오를 일으킬 수 있다.

이를테면 시험 결과가 좋았을 때 학생에 대한 칭찬은 그다음 시험에서는 낮은 점수를 초래하고, 시험 결과가 저조할 때 학생에 대한 질책은 그다음 시험에서 높은 점수를 가져오는 경향이 있음을 발견하고는 '당근보다는 채찍이 교육 효과 면에서 더 나은 방법'이라고 결론짓는 것과 같은 판단착오다. 즉 자연스러운 현상에 굳이 어떤 의미를 부여한 뒤 이에 근거해 후속적 판단을 잘못할 수 있다는 것이다.

2년 차 징크스와 평균으로의 회귀

우리는 어떤 한 현상이 다른 현상과 매우 큰 상관관계를 갖고 있다고 믿는 경우가 많다. 예를 들어 프로야구 선수들의 올해 타율을 가지고 내년 타율을 예측해보도록 하자. 많은 사람이 올해 타율과 내년 타율과의 상관관계를 매우 높게 가정하고 내년 타율을 예측하기 쉽다. 올해 잘한 사람은 내년에도 잘하고, 올해 저조한 사람은 내년에도 역시 저조하지 않을까 예측한다. 다시 말해 올해 타율과 내년 타율의 상관계수를 1(완전한 비례의 관계)로 설정하는 경우가 대부분이다.

하지만 실제로 내년 시즌이 지난 후 타율을 조사해 비교해보면, 올해 타율과 내년 타율의 상관계수는 0.3에서 0.4 사이에 있는 것이 일반적이다. 올해 타율은 내년 타율과 특별한 관계없이 올해 월등한 타율을 자랑한 선수는 내년에는 타율이 다소 저조하고, 올해 유난히 타율 성적이 저조한 선수의 경우 내년에는 지금보다는 더 나아진다는 것이다. 우리 주변에서 많이 관찰되는 이러한 현상은 자연적인 것이다.

운동선수들 사이에 '2년 차 징크스'라는 말이 있다. 선수가 데뷔 첫해에 좋은 성적을 낸 다음 해에는 성적이 부진한 경우를 일컫는다. 많은 선수가 첫해에 좋은 성적을 보이면 다음 해에는 성적이 곤두박질치는 경우가 대부분이다. 첫해에 좋은 성적을 내는 것은 평균 성적을 기준으로 볼 때 좋은 쪽으로 시행 결과가 나온 한 번의 경우에 해당한다. 사람들은 이러한 평균으로의 회귀 현상을 무시한 채 일련의 시행 결과가 서로 인과관계에 있다고 섣불리 믿고 이번 해에 성적이 좋았으니 다음 해에도 성적이 계속 좋을 것이라고 생각한다. 그리고 다음 해에 기대한 것처럼 성적이 좋게 나오지 않으면 마치 이것이 2년 차에 특별히 나타나는 징크스인 양 이야기하는데, 사실 이것은 자연스러운 현상이다.

백화점 9개 지점의 매출액을 예측해보자. 이 백화점은 인력 배치,

광고, 정보시스템 개발, 구매, 시설 정비 등의 의사결정을 위해 미래 매출액에 대한 정확한 예측을 필요로 하고 있다. 규모와 제품 구색에 있어 9곳이 모두 비슷하다. 따라서 매출액이 차이가 나는 원인은 백화점의 위치와 우연에 의한 변동 때문이다. 백화점 9개 지점의 2012년 매출액은 다음과 같다.

(단위: 만 원)

백화점	2012년	2013년
1	12,000,000	
2	11,500,000	
3	11,000,000	
4	10,500,000	
5	10,000,000	
6	9,500,000	
7	9,000,000	
8	8,500,000	
9	8,000,000	
합계	90,000,000	99,000,000

신뢰성 있는 경제 예측 기관에 따르면 2012년에 비해 2013년에 9개 지점의 백화점 매출액 총계는 10퍼센트 증가해 9900억 원이 될 것으로 전망하고 있다. 이제 당신의 임무는 각 지점의 2013년 매출액을 예측하는 것이다. 이 백화점에서는 경제 예측 기관의 전망을 전적으로 신뢰하고 있으므로 당신이 예측하는 백화점 9곳의 매출액 합계는 9900억 원이 되어야 한다.[12]

당신의 2013년 예측치는 어떠한가? 물론 현재는 2014년이므로 2013년 자료를 찾아보면 실제 매출을 알 수 있을 것이다. 그러나 모른다고 가정하고 2012년 자료를 가지고 한번 예측해보라. 혹시 9개 지점 각각의 2012년 매출액을 10퍼센트씩 증가시켜, 즉 2012년 매출액에 1.1을 곱해 2013년 매출액을 추정하지는 않았는가?

많은 사람이 조금씩 다른 방법을 제시하곤 하지만 그들의 의견을 종합하면 대부분 그렇다. 아쉽게도 잘못된 판단이다. 당신도 그렇게 대답했다면 2012년 매출액과 2013년 매출액의 상관관계를 완전한 비례의 관계(상관계수 +1, 완전한 양의 선형관계)로 가정한 것이다. 그러나 실제 자료를 조사해보면 두 자료는 그와 같은 상관관계를 보이지 않는다.

이 경우 가장 바람직한 예측 방법은 아주 놀랄 만큼 간단하다. 2013년 매출액 총계 9900억 원을 단순히 백화점 개수 9로 나누는 것이다. 즉 모든 백화점의 매출액을 1100억 원으로 예측하는 것이 실제에 가장 가까운 결과를 내놓는다. 이것이 평균으로의 회귀 현상이다. 특정 연도에 높은 매출을 보인 곳은 다음 연도에는 그보다는 낮은 결과를 보이고, 특정 연도에 낮은 매출을 보인 곳은 다음 연도에는 그보다는 나아지는 것이다. 이러한 평균으로의 회귀 현상을 무시한 채, 사람들은 보통 한 자료와 다른 자료의 상관관계를 완전한 양(+)의 선형관계로 가정해 잘못된 예측을 한다.

예측의 정확도를 높여라

예측은 미래의 불확실성을 반영해 평균 쪽으로 조정될 필요가 있다. 만일 어떤 사람의 예측치가 실제 값과 완전한 양(+)의 상관관계를 보인다면(상관계수 +1), 그의 예측은 완전히 신뢰할 만한 것이다. 하지만 반대로 그의 예측치가 실제 값과 아무런 관련이 없다면 가장 좋은 예측 방법은 평균값을 이용하는 것이다. 따라서 예측 대상의 실제 값은 평균값과 예측치 사이일 것이고, 예측력이 뛰어난 사람일수록 그의 예측치는 실제 값과 유사해질 것이다.

카너먼과 트버스키는 예측치를 조정하는 지침을 다음의 다섯 단계로 제시했다.[13]

첫째, 준거집단reference group을 선정하라. 예측 대상과 유사한 집단을 참조 대상으로 삼아라.

둘째, 준거집단의 분포를 분석하라. 예를 들어 앞의 백화점 사례의 경우 참조 대상 백화점 매장의 매출액 분포를 분석하라. 여러 가지 통계량, 곧 평균, 범위, 표준편차, 분포의 치우침 등을 파악하라.

셋째, 전문가로 하여금 앞의 정보를 사용해 자신의 경험과 지식을 근거로 예측치를 제시하게 하라. 이 예측치는 조정의 대상이 된다.

넷째, 전문가가 제안한 예측치의 질을 평가하라. 이를테면 그의 과거 예측치와 실제치의 일치 정도를 평가하라. 둘 사이의 상관계수를 구하면 이를 평가할 수 있다.

다섯째, 전문가의 직관적 예측치를 조정하는 단계다. 즉 조정된 예측치=준거집단 평균+상관계수×(직관적 예측치−준거집단 평균)을 이용한다. 상관계수가 '1'이라면 조정된 예측치는 전문가의 직관적 예측치가 되며, 상관계수가 '0'이라면 조정된 예측치는 준거집단의 평균이 된다. 전문가의 과거 예측의 질을 평가함으로써 평균으로의 회귀를 고려해 전문가의 예측치를 조정하는 예측 방법이다. 많은 사람이 예측할 때 가정하는 과거 자료와 예측 대상의 완전한 양의 상관관계 편향을 제거할 수 있는 방법이다.

부하를 이해 못하는 상사, 말귀를 못 알아듣는 부하

'지식의 저주_{curse of knowledge}.' 이게 뭘까? 아는 것이 힘이 아니라 오히려 독이 된다는 말일까? 지식의 저주란 다른 사람도 내가 알고 있는 것과 같은 수준의 지식을 가졌다고 착각하고 행동하는 것을 말한다.

예를 들어보자. 낯선 도시에서 길을 찾기 위해 그 동네 사람에게 길을 물어봤다. 그 사람은 확신에 찬 소리로 나에게 길을 가르쳐주며, 이대로 찾아가면 그곳을 못 찾을 리 없다고 이야기한다. 그 사람의 말대로 쉽게 그 장소를 찾을 수 있을까? 다시길을 헤맬 가능성이 높다. 왜 그럴까? 동네 사람은 나에게 쉽게 가르쳐준다고 했지만 그 지역에 대해 내가 그 사람과 같은 수준의 지식이 없기 때문에 자기 딴에는 쉽게 가르쳐준다고 세세하게 알려준 길이 나에게는 오히려 더 복잡하게 느껴질 수 있다.

네덜란드 아인트호벤공대의 엘크 덴 우덴_{Elke den Ouden}은 자신의 박사학위 논문에서 제품을 구입한 소비자가 고장 났다고 서

chapter3 '내 맘대로'가 만들어낸 판단의 오류   143

비스 부서에 가져오는 제품의 반 이상이 제대로 작동하는 이상이 없는 제품이라는 연구 결과를 발표했다.[14] 왜 소비자들은 아무 문제없이 작동하는 제품을 고장이 났다고 가져오는 것일까? 제대로 사용하는 방법을 모르기 때문이다. 제품 디자이너 입장에서는 어린아이도 작동할 수 있는 수준으로 사용하기 쉽게 제품을 설계했다고 생각하더라도 일반 소비자는 그 디자이너와 같은 수준의 제품에 관한 지식을 가진 것이 아니기 때문이다.

지식의 저주와 전문가사고

모든 것은 상대적이다. 남도 나와 동일한 지식을 갖고 있다고 착각할 경우 지식의 저주 현상은 우리 사회 도처에서 일어날 수 있다. 사내에서 의사소통이 안 되는 이유 중 하나도 이 때문이다. 도대체 말귀를 못 알아듣는다고 부하직원을 질책한 일은 없는가? 열심히 가르친다고 가르치는데 아랫사람들이 잘 이해하지 못하는가? 눈높이 교육이라는 말이 있다. 대상이 누구냐에 따라 교육 내용과 방법이 달라져야 한다는 말이다. 훌륭한 선배, 훌륭한 스승은 교육 대상이 누구인지 먼저 알고, 그들 수준에 맞춰 자신의 지식과 경험을 전달하는 사람이다.

"CEO처럼 한 산업의 최고 전문가라면 일반 사람들보다 세 걸음쯤 앞서서 얘기하는 경우가 많습니다. 그럼 상대방은 전혀 못 알아듣게 되죠. 이미 알고 있는 상태에서 다른 사람들이 '모르는 상태'를 상상하기가 어려운 거죠. 이게 바로 지식의 저주입니다."[15]

이 말은 《스틱Made to Stick》**16**의 저자 칩 히스Chip Heath 스탠퍼드 대학 교수가 우리나라 일간지 기자와의 대담에서 한 말이다. 이 책에서 그는 왜 많은 아이디어가 사장되는지에 대한 이유를 지적한다. 사람들은 무언가를 알게 되면 그것을 몰랐을 때를 상상하기 힘들게 되고, 그래서 그것에 대해 잘 모르는 보통 사람들에게 자신의 생각을 전달하는 것이 더욱 어려워지기 때문이라는 설명이다. 히스 교수는 이러한 지식의 저주로부터 자유로워지기 위해서는 아예 아무것도 배우지 않거나 상대방이 알아들을 수 있도록 메시지를 변형해야 한다고 주장한다.

기업의 CEO나 나라의 지도자들이 하는 이야기를 들어보면 모호하고 추상적일 때가 많다. 깊이 생각해서 하는 말이겠지만 그 말을 듣는 사람의 입장에서는 무슨 얘기를 하는 건지 모르는 경우가 허다하다. 말하는 사람은 자신의 진의를 상대방이 못 알아듣는다고 섭섭해하겠지만 듣는 사람으로서도 도대체 무슨 말인지 답답하기만 하다. 이것이 바로 소통의 부재다.

1992년 미국 대선에서 빌 클린턴Bill Clinton은 "문제는 경제야, 바보야It's the economy, stupid"라는 간결한 슬로건으로 부시 정권의 경제 실정을 부각하는 데 성공했다. 이 메시지를 고안한 사람은 클린턴의 선거 참모이던 제임스 카빌James Caville이었다. 카빌의 이 슬로건은 클린턴의 똑똑한 이미지보다는 대중에게 쉽게 다가갈 수 있는 짧고도 쉬운 메시지를 전달함으로써 지식의 저주를 극복한 성공 사례로 꼽히고 있다. 유권자들에게 어려운 경제 용어를 들먹이며 본인의 박학다식을 자랑하기보다는 이 같은 쉬운 메시지로 일반인들과 소통하며 그들에게 좀 더 친숙한 이미지를 심어줄 수 있었다.

태퍼와 리스너 게임

예능 프로그램을 보면 이런 게임이 있다. 한 사람은 무엇을 설명하고, 다른 사람은 설명을 듣고 그것이 무엇인지 알아맞힌다. 설명하는 사람만 그것이 무엇인지 알고 있고, 그가 같은 팀 사람에게 말이나 몸짓으로 그것을 설명해서 맞히도록 하는 게임이다. 제한된 시간 내에 답을 많이 맞히는 팀이 이기게 된다. 설명하는 사람은 열심히 설명한다고 해도 상대방은 답이 무엇인지 모르는 상황에서 설명만을 듣고 알아맞히기가 쉽지 않다. 설명하는 사람으로선 답답하겠지만 듣는 입장에서도 답답하기는 매한가지다. 이때도 알고 있는 것이 오히려 상대방에게 설명하는 데 장애가 될 수 있다.

지식의 저주 현상을 실험한 예로 위의 게임과 비슷한 것이 있다. 1990년 당시 스탠퍼드대학 심리학과 박사과정 학생이던 엘리자베스 뉴턴Elizabeth Newton이 실험한 '태퍼tapper와 리스너listner 게임'이다.[17] 태퍼는 두드리는 사람을 뜻하고, 리스너는 이 두드리는 소리를 듣는 사람을 말한다. 피실험자들은 태퍼와 리스너라는 두 가지 역할 중 하나를 하도록 배정되었다. 태퍼는 많은 사람이 잘 알고 있는 친숙한 노래, 예를 들어 생일 축하 노래, 애국가, 동요 등을 미리 선정한 후 이 노래의 리듬에 맞춰 손바닥으로 테이블을 두드린다. 리스너의 역할은 이 두드리는 리듬을 듣고, 이 노래가 무엇인지 맞히는 것이다. 120곡의 노래를 실험했다. 과연 리스너가 이 중에서 몇 곡을 제대로 맞혔을까? 겨우 3곡뿐이었다. 제대로 답을 맞힌 비율이 2.5퍼센트밖에 안 된 것이다.

이 결과는 태퍼들의 기대와는 격차가 너무 큰 것이었다. 실험 전 뉴턴은 태퍼들에게 "리스너가 당신이 두드리는 리듬을 듣고 그 노래가 무엇인지 맞힐 가능성이 어느 정도일 것 같은가?"라고 물어보았다. 태퍼들의 대답은 50퍼센트였다. 태퍼들이 기대한 것과 실제 결과는 무려 20배나 차이가 난 것이다.

왜 그럴까? 태퍼들은 무슨 노래인지 알기 때문에 나름대로 곡의 리듬을 타며 테이블을 두드리지만 리스너는 그저 그 소리가 모스 부호 두드리는 소리처럼 들리기 때문이다. 태퍼들은 리스너가 얼마나 주의 깊게 자신들이 두드리는 소리를 들어야 그 곡을 맞힐 수 있는지 이해하기 어려운 것이다. 우리는 어떤 것을 알게 되면, 예컨대 태퍼처럼 이미 무슨 노래인지 알고 있으면, 그것을 모르는 사람의 심정을 헤아리기 어렵다.

무중력 사고인을 영입하라

지식의 저주 현상은 어떻게 극복할 수 있을까? 다음의 몇 가지 지침이 도움이 될 수 있다.

첫째, 상대가 누구인지 내가 설명하고자 하는 것에 대해 그가 얼마나 알고 있는지를 먼저 파악하라.

둘째, 설명을 단순화하고 구체화하라. 메시지는 짧고, 굵고, 이해하기 쉽게 전달하라. 이를 위해 그림, 표, 만화, 동영상, 몸짓 등을 이용하라.

셋째, 우리만의 폐쇄적인 언어, 즉 전문어jargon를 가능한 한 사용하지 마라. 자신들에게는 익숙하겠지만 보통 사람들에게는 다른 나라 언어일 뿐이다.

넷째, 상대방의 반응을 살펴 내 말의 이해 정도를 측정하라. 상대방이 내 말을 알아들었는지의 여부는 말로서만이 아니라 다른 여러 가지 반응, 즉 상대방의 눈빛, 표정, 몸짓 등으로도 알 수 있다.

다섯째, 개념을 설명하기 위한 스토리를 만들고, 비유를 통해 그들의 실제 경험과 내가 말하고자 하는 것을 접목하도록 노력하라.

여섯째, 집단사고(이 책의 6장에서 자세히 다룬다)에 매몰되지 말고 새로운 피를 조직에 수혈하라.

아울러 지식의 저주 현상은 전문가를 자처하는 사람들에게서 흔히 나타난다. 이를 가리켜 신시아 바튼 레이브Cynthia Barton Rabe 는 '전문가사고ExpertThink'라 칭한다.[18] 전문가사고란 자신의 전문성, 다른 전문가들의 의견 또는 영향력 있는 사람의 지침에 의존해 의사결정을 하는 경향을 말한다. 문제는 동일한 직업군이나 산업계의 전문가들을 모아놓으면 결국은 비슷비슷한 생각에서 상황을 분석하고, 아이디어를 평가하고, 의사결정을 한다는 것이다.

레이브는 혁신을 위해서는 무중력 사고인zero-gravity thinkers의 영입이 필요하다고 주장하고 있다. 무중력 사고인이란 기존의 전문가 집단에 속해 있지 않은 새로운 직업군 또는 새로운 산업계의 인재로 기존의 틀에서 벗어난 자유로운 생각을 갖고 있는 사람을 말한다. 항상 만나거나 서로 영향을 주고받는 한 울타리 속의 사람이 아닌 외부인을 영입해 혁신을 도모하라는 것이다.

일 터진 뒤
"내 그럴 줄
알았어!"

벨기에 화가 르네 마그리트René Magritte의 〈통찰력Perspicacity〉이라는 그림은 미래에 대한 혜안을 잘 보여주는 초현실주의 그림이다. 이 그림을 보면 화가가 새의 알을 바라보면서 이 알에서 태어날 새를 화폭에 그리고 있다. 이처럼 앞을 잘 예측할 수 있는 능력이 있으면 얼마나 좋을까?

하지만 선견지명foresight이 아닌 후견지명hindsight이라는 이름으로 언제나 자신의 판단이 옳았음을 과장하는 사람은 흔히 볼 수 있다. 특히 입버릇처럼 "내 이럴 줄 알았지"라고 말하는 리더들은 잘못된 판단의 책임을 항상 부하에게 떠넘기고, 불가피한 실수를 저지른 부하들에게 불공정한 평가를 내리는 우를 범한다.

선거에서 당신이 당선되리라 예상했던 후보가 당선되었는가, 아니면 다른 후보가 당선되었는가? 누가 당선됐든 실제로는 그가 당선되리라 기대하지 않았던 사람들도 당연히 그 사람이 당선될 것이라 생각했다고 이야기한다. 그러고는 그가 당선될 수밖에 없는 여러 가지 이유에 대해 이미 알고 있었던 것처럼 장황하게 설명한다. 어떤 사건이 일어나기 전까지는 별말 없이 조용히 있다가 사건이 일어난 후 그 일이 일어날 수밖에 없었던 이유에 대해 그럴듯한 설명을 늘어놓는 사후 해설가들이 우리 주위엔 너무도 많다.

국내 일간지의 한 논설위원이 쓴 다음의 기사는 후견지명이 우리 사회에 만연함을 지적하고 있다.

'Hindsight'라는 단어가 있다. 우리말로 '뒤늦은 지혜'쯤으로 번역되는 이 말은 '지나고 나서 보니 그럴 만한 이유가 있었다'고 잘난 척 설명할 때 요긴하게 쓰인다. 살다 보면 이제 와서 알게 되는 게 얼마나 많은가. 저놈이 망할 줄 알았다는 둥, 저 사람 크게 될 줄 알았다는 둥, 박근혜가 대통령 된다고 내가 진작 장담하지 않았느냐는 둥…….

더 잘난 심리학자들은 그래서 'hindsight bias'라는 게 있다고 이름을 붙여놓았다. 사람들한테는 자기가 예상한 건 늘 들어맞는다고 믿는 편견이 있다는 거다. 섹스 스캔들로 탄핵 재판을 받게 된 빌 클린턴 미국 대통령의 탄핵안이 1999년 상원에서 부결되기 전과 후, 똑같은 사람들한테 물어봤더니 "통과될 것"이라고 했던 응답자 중 10퍼센트가 "무슨 소리냐, 나도 부결된다고 예상했었다"고 우겼다는 연구 결과도 있다.[19]

후견지명 또는 때늦은 지혜는 선견지명과 반대되는 휴리스틱으로, 우리 사회 도처에서 발견된다. 이미 어떤 일이 일어난 후에 "내가 이럴 줄 알았다니까"라고 하면서 자신이 올바로 판단했을 가능성을 과대평가하는 자기합리화 방법의 하나다. 마치 모든 일의 인과관계를 사전에 알고 있었던 것처럼 행동하는 것을 말한다.

때늦은 지혜와 사후 해설가

두 친구가 한 차를 타고 초행길에 나섰다. 이정표도 없는 두 갈래 길에서 어느 쪽으로 가야 할지 결정해야 하는 상황이다. 운전자가 고민하다가 왼쪽 길로 접어들었고, 한참을 가다 보니 길을 잘못 든 것을 알게 되었다. 이때 조수석에 앉아 있던 친구가 이렇게 중얼거린다. "이것 봐, 난 아까 그 갈림길에서 오른쪽으로 가야 할 줄 알았어." 진작 알았으면 그때 가르쳐주지 나중에 그런 말을 한들 무슨 소용이 있겠는가.

당신은 2002년 한일 월드컵에서 우리나라가 4강에 오를 것이라고 예상했는가? 당시 16강에만 올라도 성공이라고들 했다. 하지만 우리 축구대표팀은 전 세계인의 예상을 뒤엎고, 우승 후보인 포르투갈, 이탈리아, 스페인 등 축구 강호들을 연이어 누르며 4강에 올랐다. 우리 대표팀이 이 세 나라를 꺾고 4강에 오를 확률이 얼마였겠는가? 0.005퍼센트도 안되었다고 한다.

4강에 오른 결과는 거의 모든 사람이 예측하지 못한 것이었지만, 4강에 오른 후 우리 대표팀이 4강에 오를 수밖에 없었던 이유를 여러 가지로 설명하는 해설가들을 보면서 아주 그럴듯하다고 생각했다. 이런 정도의 사후 설명은 그래도 너그러이 이해해줄 수 있다.

인간은 태생적으로 어떤 일이 일어난 후에는 그 일이 왜 일어났는지 설명하는 능력이 탁월하다. 문제는 후견지명이 우리 사회에 노력하는 예측가보다는 말만 많은 사후 해설 전문가를 양성하고, 이러한 해설가가 마치 해당 분야의 전문가처럼 대우받는다는 것이다. 어떤 결과가 일어나기까지는 많은 원인이 상호작용하는 것이 일반적이다. 사후 해설 전문가는 결과를 보고 그에 대한 원인을 억지로 꿰맞추려 한다. 그런 사람은 그 원인이 그런 결과를 가져올 것이라는 것을 이미 예상했다는 착각에 빠진다.

결과 의존적 망각에서 벗어나라

후견지명이 일어나는 원인은 두뇌의 한계에 있다. 우리 인간은 새로운 정보를 접하면 이전의 정보는 머릿속에서 지워지는 특성이 있다. 어떤 결과를 알고 나면 그 결과 이외의 다른 결과를 낳게 하는 기타 원인들은 생각에서 지워지고 그 결과를 가져온 원인만 머릿속에 남는 것이다. 이러한 '결과 의존적 망각'으로 인해 자신이 옳게 판단했을 가능성을 과대평가하고 자기 과신이 커지게 된다.

후견지명은 마치 우리가 모든 것을 아는 것처럼 착각하게 만들지만, 우리는 신과 같은 존재가 아니다. 우리가 때로 "그렇게 된 건 상식적이지 않아?", "결과는 그렇게 나올 수밖에 없었어"라고 말하지만 실제로 그건 상식적인 결과가 아니다. 그런 결과가 나온 건 가능한 모든 결과 중에서 단지 이번에 그 결과가 나타난 것이라고 보는 것이 옳다.

스위스 출신의 19세기 미국 생물학자 루이스 애거시즈Louis Agassiz는 모든 과학적 진실은 다음의 세 단계를 거친다고 풍자한 바 있다.

"사람들은 우선 그것이 성경과 배치된다고 말한다. 다음으로 그들은 그 사실이 이미 전에 발견된 것이라고 주장한다. 마지막으로 그들은 자신들이 항상 그 사실을 믿었다고 말한다."

후견지명의 덫에 빠진 사람들에게 실로 새로운 것이란 없다. 하지만 올바른 판단을 하기 위해서는 어떤 일이 일어난 후에 내리는 모든 판단에 대한 자기 확신을 지금보다 훨씬 더 줄여야 한다. "그렇게 될 줄 알았지"라는 말이 나오려고 할 때 "내가 이러한 일이 일어날 걸 진짜 알고 있었을까?"라고 한번 생각해보자. "이런 결과가 나올 줄 예상하지 못했어?"라고 부하직원을 질책하기 전에 '나였으면 그 결과를 예측했을까?'라고 자문해볼 필요가 있다.

당신이 어떤 의사결정을 할 때 실제로 무엇을 기대하는지 어딘가에 메모해 기록으로 남겨두자. 그런 다음 당신이 기대한 것과 실제 결과를 비교해보도록 하자. 과연 같은가? 많이 다를 것이다. 이것이 후견지명을 줄일 수 있는 한 방법이다.

chapter4

생각의
틀을
다시 짜라

옳은 선택을 하려면 그것을 상대방도
좋아할지 생각해보라.
—찰스 램Charles Lamb, 영국의 수필가

사는 자와
파는 자의
가격에 대한
평가

'아직'과 '벌써'는 같은 상황을 달리 표현하는 말이다. '아직'은 희망을, '벌써'는 아쉬움과 체념을 담고 있다.

"신에게는 아직 12척의 전선이 남아 있습니다." 명량대첩을 앞둔 이순신 장군의 희망의 메시지는 12척의 배로는 패할 수밖에 없다는 당시 조정의 중론을 뒤집었다. '야신野神'이라 불리는 김성근 감독은 2007년 코리안 시리즈에서 두산에 먼저 2패를 당했을 때 "아직 지려면 2번의 패배가 더 남았다"고 말했다. 그의 승부욕은 SK가 4승을 내리 따내도록 이끌어 SK에 코리안 시리즈 첫 우승의 영예를 안겨주었다.

인간의 선택은 문제가 어떻게 제시되느냐에 따라 일관성 없이 휘둘릴 수 있다. 하지만 이러한 인간의 허점을 역이용하면 어려운 상황에서도 희망을 가질 수 있다. 심장병 수술을 앞둔 환자에게 의사가 이런 말을 한다.

"이 수술을 받았던 100명의 환자 중 90명이 수술 후 5년이

지났는데도 건강한 삶을 유지하고 있습니다."

하지만 의사는 이렇게 이야기할 수도 있다.

"100명의 환자 중 10명이 수술 후 5년도 채 살지 못하고 죽었습니다."

환자 입장에선 이 두 가지 방식의 말이 무척 다르게 들릴 것이다. 당연히 전자가 더 희망적으로 들리지 않겠는가.

판단의 기준점

서울 용산전자상가에서 전자제품을 구매할 때 현금 판매 가격과 신용카드 판매 가격이 다른 경우가 일반적이다. 이때 판매상이 소비자에게 "현금 판매 가격이 원래 가격인데, 신용카드로 내시면 수수료 때문에 더 비쌉니다"라고 말하는 대신 "신용카드판매 가격이 원래 가격인데, 현금을 내시면 할인해드립니다"라고말한다면 어떨 것 같은가? 결국 내용은 동일하지만 소비자에게는 현금 판매 가격과 신용카드 판매 가격의 차이를 조금 더 너그러이 받아들이게 하는 전략이 될 수 있다.

이처럼 의사결정자의 선택은 문제가 제시되는 방식에 영향을받게 된다. 사람들은 보통 깊이 생각하지 않는 수동적인 의사결정자인 경우가 많기 때문에 문제의 구도framing가 선택에 큰 영향을 미칠 수 있다. 이를 '프레이밍 효과framing effect'라 한다. 즉 문제를 어떻게 포장하느냐에 따라 사람들의 반응이 달라지고, 이에 따라 후속적인 판단이 영향을 받는다.

방학이 2주 정도 남았을 때 방학이 2주밖에 안 남았다고 초조해하는 학생이 있는가 하면, 아직도 방학이 2주나 남았다고 느긋해하는 학생도 있다. 무엇이 그들의 생각을 다르게 만드는가?

내가 기준으로 삼는 지점, 즉 준거점reference point이 어디인지에 따라 생각은 달라질 수 있다. 방학이 2주밖에 안 남았다고 초조해하는 학생의 준거점은 방학이 시작된 지점이고, 아직 2주나 남았다고 느긋해하는 학생의 준거점은 방학이 종료되는 시점이다. 그래서 전자의 학생은 지나간 많은 시간을 아쉬워하는 것이고, 후자의 학생은 아직도 남은 2주의 시간이 고마운 것이다. 마찬가지로 컵에 물이 반이 차 있을 때 "컵에 물이 반밖에 없네"라고 부정적으로 반응하는 사람의 준거점은 컵에 물이 가득 찬 상태고, "컵에 물이 반이나 남았네"라고 긍정적인 반응을 보이는 사람의 준거점은 컵에 물이 전혀 없는 상태다.

확실한 대안이냐 확률적 대안이냐

준거점에 비추어 미래 상황이 나에게 이득이 되는지 아니면 손해가 되는지에 따라서도 판단은 달라질 수 있다. 대니얼 카너먼과 에이머스 트버스키의 전망이론prospect theory[1]에 따르면 사람들은 보통 선택이 가져올 결과가 준거점보다 이득이 된다고 생각하면 확실한 대안을 확률적 대안보다 선호하고, 선택이 가져올 결과가 준거점보다 손해가 된다고 생각하면 확실한 대안보다 확률적 대안을 선호하는 태도를 보인다.[2] 전자는 위험을 회피하는

risk-averse 성향을 보이고, 후자는 위험을 추구하는risk-seeking 성향을 보인다고 한다. 다음의 예를 통해 이 현상을 이해해보자.

한 자동차 회사가 최근 닥친 여러 가지 경제적인 어려움으로 곤경에 처해 있다. 곧 세 곳의 공장 문을 닫아야 하고 6,000명의 근로자를 해고해야 할 지경에 놓여 있다. 이 회사의 생산 담당 책임자는 이러한 위기를 극복하기 위한 대안을 생각한 결과, 다음과 같은 네 가지 계획안을 내놓았다.

1안 세 곳의 공장 중 한 곳은 살릴 수 있으며 2,000명의 근로자를 계속 일하게 할 수 있다.

2안 3분의 1의 확률로 세 곳의 공장 모두를 살릴 수 있으며 6,000명 근로자를 모두 일하게 할 수 있다. 그러나 나머지 3분의 2의 확률로 세 곳 공장을 모두 살릴 수 없으며, 따라서 6,000명의 일자리도 살릴 수 없다.

3안 세 곳의 공장 중 두 곳의 문을 닫게 할 수 있으며 4,000명의 일자리를 잃게 할 수 있다.

4안 3분의 1의 확률로 어느 공장도 문 닫게 하지 않으며 일자리를 잃게 되는 경우도 없다. 그러나 나머지 3분의 2의 확률로 세 곳 공장 모두를 문 닫게 할 수 있으며 6,000명의 일자리를 잃게 할 수 있다.

이성적으로 판단하면 1안과 3안은 동일한 대안이고, 2안과 4

안이 동일한 대안이다. 말만 달리 표현했을 뿐이다. 그런데 실험 집단을 둘로 나누어 한 집단에는 1안과 2안 중 선호하는 계획안을 선택하게 하고, 다른 집단에는 3안과 4안 중 선호하는 안을 선택하라고 해보자. 전자의 경우 1안을, 후자의 경우에는 4안을 더 많이 선호하는 결과를 보인다.

왜 이런 일관성 없는 결과가 나오는 것일까? 프레이밍 효과 때문이다. 1안과 2안을 살펴보면 '살린다', '일하게 한다'라는 표현으로 기술되어 있다. 이 경우 판단의 준거점은 모든 공장이 문을 닫고 6,000명의 근로자 모두가 직장을 잃은 상태로서, 1안과 2안의 실행은 준거점보다 플러스적인 상황(이득)이 됨을 알 수 있다.

반면에 3안과 4안은 '문을 닫게 한다', '일자리를 잃게 한다'라는 표현으로 묘사되어 있다. 이때의 준거점은 모든 공장이 가동되고 6,000명의 근로자 모두가 일을 하는 상태로서, 3안과 4안의 실행은 준거점보다 마이너스적인 상황(손실)이 된다.

결국 객관적으로 동일한 문제임에도 불구하고 준거점보다 플러스적인 상황에서는 확실한 대안인 1안을 더 많이 선호하고, 준거점보다 마이너스적인 상황에서는 확률적 거래를 나타내는 4안을 더 많이 선호하는 것이다.

이러한 프레이밍 효과에 휘둘리지 않기 위해서는 준거점을 달리해 얻는 것과 잃는 것을 종합해 평가함으로써 문제를 최대한 객관적으로 바라보는 자세가 요구된다. 아울러 다른 이의 관점에서 문제를 바라볼 필요가 있다. 예컨대 물건을 파는 사람과 물건을 사는 사람의 입장은 다른 것이 일반적이다. 과연 내가 상대방의 입장이라면 이 상황을 어떻게 바라보겠는지 자문자답함으로써 문제의 구도를 거꾸로 해보는 역지사지易地思之의 태도는 갖는다면 더 나은 판단을 하는 데 도움이 된다.

얻은 자의 희열과 잃은 자의 고통, 어느 쪽이 더 클까

대안 1: 50퍼센트의 확률로 1000만 원을 딸 수 있으나 나머지 50퍼센트의 확률로 800만 원을 잃을 수 있는 도박에 참여한다.

대안 2: 도박에 참여하지 않는다.

이 중에서 어느 대안을 선택하는 것이 합리적일까? 합리적 선택을 위한 평가 기준으로 기대화폐가치EMV: Expected Monetary Value[3]라는 것이 있다. 간단히 설명하자면 인간은 여러 대안의 우열을 평가할 때 기대되는 순이익(이득-손실)이 가장 큰 대안을 선호하고 이를 선택한다는 말이다. 기대화폐가치를 기준으로 했을 때 대안 1의 기대순이익은 100만 원(0.5×1000-0.5×800)이고, 대안 2의 기대순이익은 0원이다. 이 경우 대안 1을 선택하는 것이 합리적이다.

하지만 실제로 사람들의 행동을 관찰하면 기댓값expected value 기준에 따라 모든 사람이 대안 1을 선택하는 것은 아니다. 오히려 대안 2를 선택하는 사람이 더 많을 수 있다. 왜 그럴까? 기댓 값은 선택을 위해 사용할 수 있는 좋은 판단 기준이지만 다음과 같은 문제점을 가지고 있다.

우선 기댓값의 의미와 관련된 것이다. 기댓값이란 장기적 관점에서 관찰된 결과의 평균값을 말한다. 즉 동일한 게임(실험)을 동일한 조건에서(게임의 규칙이 바뀌지 않음을 말함. 앞의 예에서는 게임의 승패 확률과 해당 손익이 시간이 지나도 바뀌지 않음을 말함) 무수히 반복했을 때 나타나는 결과들의 평균값 개념이다. 따라서 기댓값 기준이 적용되기 위해서는 같은 실험을 매우 여러 번 반복한다는 전제 조건이 있어야 한다.

그러나 만일 한 번밖에 기회가 없는 게임이라고 해보자. 과연 당신이라면 기댓값 기준에 의해 대안 1을 선택하겠는가? 이 게임을 한 번밖에 할 수 없다면 게임의 결과는 두 가지뿐이다. 운이 좋으면 1000만 원을 따든지, 아니면 800만 원을 잃는 것이다. 인간의 손실 회피loss aversion 성향은 오히려 대안 2를 선택하게 할 수도 있다. 손실 회피 성향이란 이득gains보다는 손실losses에 더욱 민감하게 반응하며, 같은 크기의 이득과 손실을 경험하는 경우 손실의 고통이 이득의 희열보다 2배 이상 된다는 것을 일컫는다.

이러한 인간의 손실 회피 성향은 프레이밍 효과와 접목되어 1979년 카너먼과 트버스키의 전망이론을 태동시키게 되었는데, 이 이론은 보통 사람들이 실제로 선택을 어떻게 하는지 그 행동의 전형적 기준으로서의 역할을 한다.

전망이론은 다음과 같이 S자 모양의 그래프로 나타낼 수 있다.

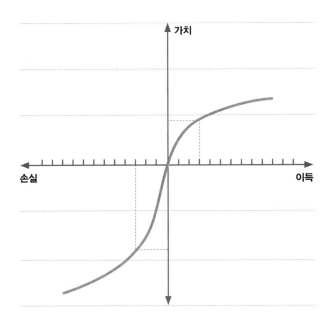

[그림 4] 대니얼 카너먼과 에이머스 트버스키의 전망이론

[그림 4]의 그래프에서 가로축은 이득과 손실을 나타낸다. 원점(준거점)을 기준으로 오른쪽은 이득을, 왼쪽은 손실을 나타낸다. 세로축은 이득과 손실에 대해 개인이 느끼는 가치를 나타낸다. 원점을 중심으로 위쪽은 희열을, 아래쪽은 고통이라고 생각하면 된다. 위의 그래프는 세 가지 정보를 알려준다.

이득과 손실의 가치 비교

첫째, 어떤 이득을 얻었을 때 느끼는 희열(플러스 가치)보다는 같은 양을 잃었을 때 느끼는 고통(마이너스 가치)이 더 크다는 것이다. 위 그래프에서 동일한 크기(예를 들어 ±3눈금)의 이득과 손실의 가치 크기를 비교해보면 알 것이다.

장을 볼 때 재래시장보다는 대형 마트에 가게 되면 과소비뿐만 아니라 충동구매도 하기 쉽다. 카트를 끌고 이것저것 구경하면서 필요하거나 사고 싶은 상품이 눈에 보이면 큰 고민 없이 카트에 담는다. 왜 그러는 걸까? 소비자 입장에서 상품의 가격을 지불하는 것은 손실에 해당한다. 따라서 한꺼번에 값을 지불하는 마트와 달리 그때그때 상품 값을 지불해야 하는 재래시장을 가면 소비자는 손실의 고통을 더 크게 느껴 충동구매를 자제하게 되는 것이다.

또한 신용카드를 사용할 때보다 체크카드를 사용할 때 소비가 줄어들 수 있다. 신용카드의 경우 월 1회만 대금을 지불하는 고통을 느끼면 되지만, 체크카드의 경우 결제할 때마다 통장에서 돈이 빠져나가기 때문에 매번 손실의 고통을 느끼게 되어 소비를 제어할 수 있는 것이다.

음식점에서 세트 메뉴가 인기를 끄는 이유도 마찬가지다. 소비자는 개별 메뉴를 시켜 메뉴별로 돈을 지불하기보다는 한꺼번에 전체 가격이 표시되어 있는 세트 메뉴 가격이 훨씬 더 매력적이라고 생각해 구매를 한다. 마트에서 물건을 살 때 여러 개의 제품을 묶어 꾸러미로 포장된 것의 가격이 훨씬 더 저렴할 것 같은 가? 다음의 기사를 보자. 꼼꼼히 비교해보면 따로따로 살 때의 가격과 같거나 오히려 비싼 경우도 있다.

6일 오후 서울 중구 봉래동 롯데마트 추석선물 코너. (……) 식품 업체 A사가 가공 햄 12개로 선물세트를 구성한 것은 가격이 6만 2,800원이었다. 그러나 10여 미터 떨어진 가공식품 매장에서는 가공 햄 1개에 4,980원에 팔고 있었다. 12개에 5만 9,760원인 셈이다. 포도씨유 900밀리리터 3개를 묶은 상품은 3만 2,800원에 팔고 있었지만 낱개 제품은 1개 9,980원으로 3개에 2만 9,940원에 불과했다. 김 세트는 더 심해서 재래김 전장 20그램 10봉에 1만 8,800원에 팔고 있는 세트를 낱개 제품으로 따로 구매할 경우 1만 4,000원이면 충분했다. 30퍼센트가량 비싸게 받는 것이다. 김과 참기름을 묶어 파는 선물세트(2만 7,800원)의 경우 낱개로 구매할 경우보다 1만 원 이상 더 비쌌다.[4]

둘째, 이득에 대한 가치함수는 오목함수concave function다. 오목함수란 이득이 한 단위 추가될 때 느끼는 한계가치marginal value가 이득이 증가함에 따라 감소하는 특징을 갖는 함수다. 예를 들어 배고플 때 먹는 한 공기 밥의 가치는 한 공기 밥을 먹고 나서 다시 한 공기의 밥을 추가적으로 먹을 때 느끼는 가치보다 훨씬 더 크다는 것이다.

이와는 반대로 손실에 대한 가치함수는 볼록함수convex function다. 볼록함수란 손실이 한 단위 추가될 때 느끼는 한계 고통marginal pain은 손실이 증가함에 따라 감소한다는 것이다.[5] 이를테면 처음의 매 한 대는 매우 아프지만, 추가되는 매의 아픔은 이전보다는 줄어든다. 그래서 두 번에 걸쳐 5만 원의 범칙금 통지서를 연속으로 받는 것이 한 번에 10만 원의 범칙금 통지서를 받는 것보다 훨씬 짜증나는 일이다.

확실한 게 좋은가 위험한 게 좋은가

셋째, 가치함수의 모양에 따라 위험에 대한 성향을 평가할 수 있다. 사람들은 가치함수가 오목함수인 경우에는 위험을 회피하는 성향을 보인다. 앞으로 발생할 상황이 현재보다 나은 상황이라면 확실한 대안(앞으로 발생할 사건의 확률이 1인 경우로, 그 사건이 반드시 발생해 얻을 수 있는 결과도 확실하게 알려진 대안)을 선호하고 확률적인 대안(앞으로 발생할 사건이 둘 이상으로, 각 사건이 발생할 확률과 각 사건이 가져올 결과가 알려진 대안)을 피하고자 한다는 것이다.

이와는 반대로 가치함수가 볼록함수인 경우에는 위험을 추구하는 성향을 보인다. 다시 말해 앞으로 발생할 상황이 현재보다 못한 상황이라면 확실한 대안보다는 확률적인 대안을 선호한다는 것이다.

60퍼센트의 확률로 2억 원을 손해 보거나 40퍼센트의 확률로 아무런 손해를 보지 않는 대안, 그리고 확실하게 1억 원을 손해보는 대안이 있다. 이 중 어느 것을 선택하겠는가? 기댓값(기대화폐가치) 논리에 의하면 후자를 선택하는 것이 합리적이다. 왜냐하면 전자의 기대화폐가치는 -1억 2000만 원이고, 후자의 기대화폐가치는 -1억 원이기 때문이다.

하지만 손실이 예상되는 경우, 많은 사람이 위험추구형으로 바뀌어 확률적 대안인 전자를 선택한다. 기댓값 논리에 의하면 평균적으로 2000만 원을 더 손해 보는데도 말이다. 왜 그럴까? 전자에서는 아무런 손해도 보지 않을 가능성이 존재하기 때문이다. 되든 안 되든 한번 운을 걸어보겠다는 인간의 심리다.

이와는 달리 60퍼센트의 확률로 2억 원의 이득을 보거나 40퍼센트 확률로 아무런 이득을 볼 수 없는 대안, 그리고 확실하게 1억 원의 이득을 보는 대안 중 하나를 고르라고 해보자. 수학적으로는 전자의 기댓값이 2000만 원이나 높지만 안정적 이득을 취하려는 성향 때문에 많은 사람이 위험회피형으로 바뀌어 확실한 이득을 가져다주는 후자를 선택하곤 한다. 기댓값을 2000만 원이나 희생하면서까지 확실한 이득을 선호한다는 것이다.

전망이론을 주식 매매 행태에 적용해보자. 주가가 상승했을 때 사람들은 금세 오른 주식을 매도해 작은 이익을 취하는 경우가 많다. 이익에 대해서는 위험을 추구하기보다 안전한 쪽을 택해 작은 이득이라도 보려는 것이다. 하지만 주가가 하락할 때는 안전한 손실을 버리고 모험을 택하는 사람이 많다. 주가가 다시 상승할지도 모른다는 기대감이 작용하기 때문이다. 본전 생각

때문에 물타기해서[6] 더 큰 손실을 보는 경우도 벌어진다. 결국 주가가 조금 올랐을 때는 해당 종목은 팔아버리고, 계속 떨어지는 종목은 손절매를 못해 시간이 가면 갈수록 손해만 보는 악순환에 빠지게 된다.

내가 준거점을 무엇으로 보느냐에 따라 예상 결과는 이득이 되기도 하고 손실로 보일 수도 있다. 그리고 그것에 의해 확실한 대안과 확률적 대안 중에서 나의 선택은 달라질 수 있다. 따라서 사안마다 사람들이 하는 선택은 그때그때는 좋은 선택으로 여겨지지만 좋다고 생각한 그런 선택들이 모이면 오히려 열등한 결과를 낳을 수도 있다.

이에 대한 예로 카너먼과 트버스키가 고안한 다음의 질문을 살펴보자.[7] 두 가지 판단 문제가 있다. 각각에 대해 어느 대안을 선호하는지 선택해보라.

문제 A

대안 1: 확실하게 240달러를 얻는다.

대안 2: 25퍼센트 확률로 1,000달러를 얻고, 75퍼센트의 확률로 아무것도 얻지 못한다.

문제 B

대안 3: 확실하게 750달러를 잃는다.

대안 4: 75퍼센트의 확률로 1,000달러를 잃고, 25퍼센트의 확률로 아무것도 잃지 않는다.

150명에게 물어본 결과는 이렇다. 문제 A에서는 84퍼센트의 응답자가 대안 1을 선택했고, 나머지 16퍼센트는 대안 2를 선택했다. 문제 B에서는 87퍼센트의 응답자가 대안 4를 선택했고, 나머지 13퍼센트는 대안 3을 선택했다.

전망이론에서 이야기한 대로, 문제 A의 대안들은 이득이라는 표현으로 문제가 구조화되어 많은 사람이 위험회피적이 되고, 따라서 확실한 대안의 선택 비율이 압도적으로 높았다. 반면 문제 B의 대안들은 부정적인 결과를 가져오게끔 기술되어 이 경우 사람들은 위험추구적이 되고, 따라서 기대한 대로 대안 4를 선택한 응답자가 압도적으로 많았다.

두 문제에 대한 응답 결과를 종합하면 73퍼센트의 응답자가 대안 1과 대안 4를 선택했고, 3퍼센트만이 대안 2와 대안 3을 선택했다. 나머지는 대안 1과 대안 3, 대안 2와 대안 4를 선택했다.

이제 앞의 문제를 접하지 않은 다른 집단 86명에게 다음 문제를 제시하고 두 대안 중 선호하는 한 대안을 선택하도록 했다.

문제 C

대안 5: 25퍼센트의 확률로 240달러를 얻고, 나머지 75퍼센트의 확률로 760달러를 잃는다.

대안 6: 25퍼센트의 확률로 250달러를 얻고, 나머지 75퍼센트의 확률로 750달러를 잃는다.

문제 C에 대한 결과는 어떻게 나왔을까? 당연히 동일한 확률로 많이 얻고, 덜 잃는 대안 6을 응답자 전원이 선택했다. 그런데 재미있는 사실은 문제 A와 B에서 압도적으로 많은 사람이 선호한다고 선택한 대안 1과 4를 합치면 대안 5가 되고, 문제 A와 B에서 열등한 대안이라고 생각한 대안 2와 3을 합치면 대안 6이 된다는 것이다. 이를 설명하는 식은 다음과 같다.

대안 1과 대안 4의 합 = 100%×($240)+[75%×(-$1000)+25%×($0)]

= 25%×($240)+75%×($240)+75%×(-$1000)+25%×($0)

= 25%×($240)+75%×(-$760) = 대안 5

대안 2와 대안 3의 합 = [25%×($1000)+75%×($0)]+100%×(-$750)]

= 25%×($1000)+75%×($0)+75%×(-$750)+25%×(-$750)

= 25%×($250)+75%×(-$750) = 대안 6

다시 말해 열등한 대안들의 합이 바람직하다고 생각한 대안들의 합보다 선호되는 것이다. 준거점에 따라 이득 또는 손실 상황에서 각각 행한 선택이 합쳐지면 오히려 열등한 결과를 낳게 됨을 알 수 있다.

장기적인 관점에서 접근하라

이러한 예는 우리에게 어떤 교훈을 주는가? 개인이든 조직이든 오랜 기간 연속적인 판단을 하며 살아가게 된다. 판단할 때마다 문제가 어떻게 표현되는지 그 프레이밍에 휘둘리게 되면 그때그때의 판단이 그 당시에는 좋아 보일지 몰라도 실제로는 일관성이 결여될 뿐만 아니라 그 판단들을 종합해보면 오히려 열등할 결과를 초래할 위험이 있다는 것이다.

그때그때마다 프레이밍에 휘둘려 판단하면 조직에서 부서 이기주의와 부분 최적화sub-optimization를 부추길 수 있으며, 결과적으로 조직 전체에는 오히려 마이너스가 될 수 있다. 예를 들어 영업부서에서는 자신의 의사결정 사안을 매출 극대화로 프레이밍할 수 있고, 위험관리부서에서는 반대로 의사결정 사안을 손실의 최소화로 프레이밍할 수 있다. 각 부서에서는 자신들의 입장에서 최선의 판단을 했다고 주장할지 몰라도 이러한 프레이밍에 휘둘려 내린 판단은 조직 전체적으로는 일관성이 없는 판단일 수 있으며, 따라서 전체적인 최적화와는 거리가 먼 솔루션일 수 있다.

프레이밍에 휘둘리지 않기 위한 의사결정 전문가들의 조언은 간단하다. 좋은 선택을 하기 위해서는 대안의 기댓값(기대화폐가치)이 어느 쪽이 크냐를 기준으로 하는 것이 다양한 선택 상황이 반복되는 인생이라는 긴 시간 속에서 이득과 손실 프레임을 상쇄하기 위해 바람직하다는 것이다.[8]

전망이론에서 말하는 위험을 고려한 가치함수 또는 효용함수를 이용한 선택은 수백억 원 이상의 매우 큰돈이 걸린 문제나 취업이나 결혼 등 일생에 몇 번 없는 희귀한 문제에 한정하는 것이 좋다. 의사결정분석decision analysis의 태두 중 한 사람인 론 하워드Ron Howard 스탠퍼드대학 교수의 조사에 따르면 실제로 기업에서 가치함수나 효용함수를 이용해 내리는 의사결정은 전체의 5퍼센트 내지 10퍼센트에 지나지 않는다.[9] 〈포천Fortune〉이 선정한 '500대 기업'의 한 임원도 "우리가 부닥치는 대부분의 의사결정 문제는 몇 백만 달러 정도가 왔다 갔다 하는 문제이므로 기대화폐가치를 보통 일상적인 대안 선택 기준으로 이용한다"고 귀띔한다.[10]

선택적 동의와 선택적 거부, 차이가 만드는 엄청난 결과

사람들은 일반적으로 자신이 현재 소유하고 있는 것에 애착을 갖고, 이를 잃는 것을 싫어하는 속성을 갖고 있다. 전망이론에서 이야기한 것처럼 잃는 것이 얻는 것보다 2배 이상 인지에 영향을 준다고 한다. 어떤 것을 포기할 때 느끼는 고통이 같은 것을 얻을 때 느끼는 희열보다 2배 정도 크다는 것이다.

　동전을 던져 뒷면이 나오면 10만 원을 잃고, 앞면이 나오면 얼마의 돈을 따는 게임을 한다고 해보자. 게임에서 앞면과 뒷면이 나오는 확률은 동일하다고 가정한다. 여기서 이 게임은 당신이 여러 번 반복해서 할 수 있는 것이 아니라 한 번밖에는 할 수 없는 게임이라고 가정하자. 이렇게 가정하는 이유는 이 게임을 동일한 조건에서 반복해 많이 시행한다고 하면 대답은 앞에서 언급한 기댓값의 논리를 이용하면 되기 때문이다.

　기댓값의 논리에 따르면 앞면이 나오는 경우 당신이 딸 수 있는 금액이 10만 원보다 조금이라도 많다면 참여하는 것이 합리적이다. 그렇지만 이 게임에서는 기회가 한 번밖에 없다고 가정한다. 그러면 앞면이 나왔을 때 얼마를 딸 수 있어야 사람들은 이 게임에 참여하고자 할까? 많은 실험 결과에 의하면 그 답은 20만 원 정도다. 이 결과는 사람들이 20만 원의 획득을 10만 원의 손실과 동일시한다는 것을 의미한다.

인간의 손실 회피 성향은 현재를 유지하려는 관성효과를 초래하고, 이에 따라 현재 자신이 소유하고 있는 것에 좀 더 애착을 느끼게 한다. 이를 소유 효과endowment effect라 한다. 우리 주위에서 동일한 물건에 대해 이를 팔고자 하는 사람과 사고자 하는 사람의 가치 평가가 달라, 흥정이 깨지는 일이 흔히 벌어진다. 물건을 팔고자 하는 사람이 사고자 하는 사람보다 동일한 물건의 가치를 더 높이 평가하기 때문이다. 자신이 소유한 것에 대한 애착이 더해져 가치가 부풀려진 것이다. 부동산 시장에서 매물로 내놓은 물건이 잘 팔리지 않는 것은 이 때문이다. 주식시장에서 하락하는 종목을 쉽게 손절매하지 못하는 것도 같은 이유로 설명할 수 있다.

현상 유지 편향과 귀차니즘의 사회적 비용

이러한 손실 회피 성향은 인간의 판단 과정에도 작용한다. 즉 현재 자신이 갖고 있는 생각에 집착하도록 함으로써 현실에 안주하도록 하는 현상 유지 편향status-quo bias을 초래할 수 있다. 많은 조직에서 '괜히 긁어 부스럼 만들지 말자'는 인식이 팽배한 것도 이 때문이다. 그러나 사회적 선social good을 추구하기 위해 마땅히 해야 할 일을 하지 않은 채 수수방관하는 사람이 많은 사회가 궁극적으로는 사회적 비용을 더 치러야 함은 자명한 사실이다. 그리고 사회적 비용은 누가 대신 내주는 것이 아니라 결국 사회 구성원인 개인들이 치르게 된다.

제약업계의 제네릭(복제약)generic[11] 시장이 좋은 예다. 앞에서 잠깐 언급했듯이 제약회사는 기본적으로 신약 개발을 통해 국민 건강에 기여해야 하는 사명이 있으나 신약 개발이 가져올 수 있는 부작용과 그로 인한 소송의 두려움을 갖고 있다. 그리고 신약 개발에 쏟아 부어야 하는 막대한 연구개발비로 인해 상대적으로 위험과 비용이 적은 제네릭 시장이 전 세계적으로 성장하는 추세다. 우리나라의 경우 2010년 기준으로 제네릭 시장 규모는 40억 달러로 국내 제약시장의 약 30퍼센트를 차지하고 있고, 미국의 2010년 제네릭 시장 규모는 290억 달러로 약 74퍼센트의 거래 비중을 차지하고 있다.[12]

그런데 제네릭 시장의 성장은 각국 정부의 약값 인하 정책에 따라 제약회사 간 가격경쟁을 유도해 결과적으로 국민 복지를 유도한다는 긍정적인 측면이 있으나, 한편으론 막대한 투자와 위험이 수반되는 신약 개발을 할 수 있는 제약회사가 점차 사라지는 부작용을 초래한 것도 사실이다.

현상 유지의 함정은 '귀차니즘'이라는 또 다른 함정에 빠져들게 한다. 귀차니즘이라는 인터넷 신조어는 뭐든지 하는 게 귀찮아서 마땅히 해야 할 일도 하지 않는 현상을 뜻한다. 인간은 어떤 일을 함으로써 발생하는 개인적 피해보다는 어떤 일을 하지 않음으로써 발생하는 사회적 피해를 비이성적으로 선호하는 특성이 있음은 앞에서도 얘기했다. 인간의 현상 유지 편향이 가져온 부산물이다.

기본값을 살펴라

이러한 인간의 현상 유지 편향과 귀차니즘은 모든 정책 입안에서 기본값default의 중요성을 상기시킨다. 사람은 원래 현재의 상태를 선호하는 습성이 있고, 현재의 상태에서 벗어나는 것을 불안해하고 불편해한다. 그리고 일단 선택한 후에는 이를 변경하기 싫어하는 습성이 있다. 금융 상품이나 복지 제도의 기본값을 잘 만들어야 하는 이유가 여기에 있다.

　기본값은 인간으로 하여금 지금 무엇을 선택해야 한다는 정신적 고통을 제거한다. 미국 시카고대학의 브리지트 매드리안 Brigitte Madrian과 유나이티드헬스그룹United Health Group의 데니스 시 Dennis Shea는 미국 기업에 근무하는 근로자들의 401K(미국 퇴직연금제도) 가입 행태를 조사한 결과, 자동으로 가입되고 탈퇴하려면 전화를 해야 하는 기본 상품의 경우에는 탈퇴율이 매우 낮아 가입률이 높게 유지되는 반면, 가입하려면 전화를 해야 하는 상품의 가입률은 훨씬 떨어진다는 사실을 보고한 바 있다.[13]

　금융기관, 통신회사, 공제회 등 여러 곳에서 인간의 이러한 현상 유지 편향과 귀차니즘 행태를 이용해 부가적인 소득을 올리는 경우도 많다. 일반적으로 입출금이 자유로운 은행계좌는 이자율이 매우 낮다. 하지만 생각해보라. 이자율이 매우 낮은 계좌에 여분의 돈이 쌓여 있다 해도 그 돈을 과연 이자율이 높은 금융 상품으로 옮겨놓았는지 말이다.

이제 당신이 가입해 있는 여러 가지 제도, 이를테면 금융 상품, 연금 제도, 복지 제도 등의 기본값을 한번 살펴보기 바란다. 그리고 더 좋은 선택을 위해 조금 귀찮더라도 현재의 상태에서 움직여보는 것도 괜찮을 것이다. 현상을 유지하는 것이 모든 가능한 대안 중에서 과연 가장 좋은 선택인지 아니면 단순히 가장 편안한 선택인지를 구분하도록 하자. 이는 올바른 판단을 위해 꼭 필요한 일이다.

저축 이자는
낮게,
대출 이자는
높게?

사람들이 낮은 이율로 저축하면서 동시에 높은 이율로 대출받는 것은 왜일까? 저축 계정과 소비 계정을 마음속에 따로 설정해놓기 때문이다. '마음 회계(심적 회계)mental accounting'라는 말이 있다. 사람의 마음속에 계정이 여러 군데 있고 각 계정의 돈은 특정 활동을 위해서만 사용한다는 것이다. 쉽게 말해 용도별로 딴 주머니를 차고 있다는 소리다.

백화점에 갔다가 마음에 쏙 드는 명품 시계를 발견했다. 나는 사고 싶었지만 가격이 너무 비싸서 관두기로 했다. 그런데 한 달 후 아내가 내 생일 선물이라고 그 시계를 사왔다. 갖고 싶었던 시계를 내 돈으로 사지 않고 선물로 받게 되어 기쁜가? 선물을 받았으니 당연히 기쁘겠지만 아내가 전업주부로 다른 소득이 없는 경우라면? 결국 내가 준 생활비로 시계를 산 셈이다. 그런데도 내 주머니와 아내 주머니를 따로 생각해 내 주머니의 돈으로 시계를 사지 않고 공짜로 얻은 것 같아 기분이 좋은 것이다.

카지노에서 게임을 해서 돈을 따면 본전은 한쪽 주머니에 넣고 딴 돈으로 베팅을 하는데, 이를 "하우스머니로 도박한다"고 말한다. 사람들이 하우스머니로 도박할 때는 보통 큰 모험을 한다. 돈이라고 다 같은 돈이 아닌 것이다.

마음 회계와 할인 쿠폰

마트 같은 곳에서 할인 쿠폰을 받게 되면 소비가 훨씬 증가한다는 연구 결과가 있다. 워싱턴대학의 캐리 하일만Carrie Heilman과 암바 라오Ambar Rao, 버지니아공대의 켄트 나카모토Kent Nakamoto는 식료품 매장에 들른 고객에게 제공되는 특정 품목에 대한 깜짝 할인 쿠폰이 고객의 전체 소비액뿐만 아니라 계획하지 않은 품목의 소비도 증가시킨다는 실험 결과를 발표했다.[14]

비슷한 실험으로 하버드대학의 캐서린 밀크만Katherine Milkman과 존 베시어John Beshears는 온라인 식료품점 고객을 대상으로 10달러 할인 쿠폰을 받은 고객과 그렇지 못한 고객의 식료품 구입 금액을 비교한 결과, 할인 쿠폰을 받은 고객이 더 많이 소비하는 것으로 나타났다.[15] 쿠폰을 받음으로 해서 내 자산은 쿠폰의 할인 금액만큼만 늘어났을 뿐인데, 늘어난 자산 비율에 비해 늘어난 소비액 비율이 훨씬 높은 것이다. 기업들이 프로모션 수단으로 쿠폰을 이용하는 것은 인간의 이런 소비 행태 때문이다.

외국에 출장이나 여행 기회가 있어 로밍 서비스를 위해 공항에 있는 통신회사 데스크에 들르거나 환전을 하러 가면 면세점

할인 쿠폰을 받는다. 보통 얼마 이상 구입하면 얼마를 할인해준다고 한다. 그래서 면세점에서 최대 금액을 할인받기 위해 원래 사고자 했던 것보다 더 많이 구입하는 사람이 있게 마련이다. 면세점에서는 이러한 소비자의 습성 때문에 할인해준 금액보다 훨씬 큰 이득을 본다. 쿠폰이 미끼 역할을 한 것이다.

합리적 소비를 위한 마음 회계 전략

마음 회계는 긍정적인 효과도 가져온다. 사전에 특정 계정에선 이만큼 돈을 쓰겠다는 구속을 통해 계획적인 소비와 자기 통제를 위한 수단이 될 수 있다. 예를 들어 이번 달 여가생활비로 쓸 돈이 한계에 다다르면 여가생활을 자제하는 구속 장치가 될 수 있다. 하지만 마음 회계는, 각 계정은 특정 목적으로만 사용할 수 있도록 하고 특정 항목에 있는 돈은 다른 항목의 용도로는 대체할 수 없게끔 함으로써 모순된 의사결정을 유도할 수 있다. 다시 말해 내가 가진 전체 자산을 합리적으로 배분하지 못하게 하는 원인으로 작용한다. 특히 뜻밖의 횡재라든지 생각지 못했던 보너스, 당첨금 등은 과소비를 부추긴다. 로또에 당첨된 사람이 훗날 더욱 곤궁해지거나 비극적인 생활을 한다는 이야기를 뉴스에서 종종 접하지 않는가? 그것도 같은 이유에서다.

　마음 회계를 슬기롭게 이용하는 방법도 있다. 전망이론에서 이야기했듯이 처음 하나를 잃었을 때의 고통이 추가로 하나를 더 잃었을 때의 고통보다 더 크고, 처음 하나를 얻었을 때의 희열이 추가로 하나를 더 얻었을 때의 희열보다 더 크다.

따라서 아끼는 사람에게 선물을 줄 때는 한꺼번에 많이 주기보다는 시간차를 두고 나누어서 주는 것이 상대방을 계속해서 더 기쁘게 만들 수 있다.[16] 반대로 벌을 줄 때 상대방을 고통스럽게 하려면 벌도 나눠서 주고, 상대방을 덜 고통스럽게 하려면 벌을 한꺼번에 주는 것이 좋다. 5만 원짜리 범칙금 통지서를 하루 간격으로 4차례 따로따로 받는 것이 한꺼번에 20만 원짜리 범칙금 통지서를 받는 것보다 훨씬 기분 나쁜 일이다.

매해 초 일 년 동안 지출해야 할 자질구레한 비용의 예산을 얼마로 미리 정해 계좌를 만들어두라. 이제 당신은 이 금액으로 앞으로 일 년 동안 발생할 자질구레한 비용을 처리하겠다고 마음먹은 것이다. 이제 짜증나게 하는 여러 가지 비용(교통범칙금, 도서연체료 등)이 발생하면 그 계좌에서 집행하라.[17] 사안이 발생할 때마다 그때그때 범칙금이다 연체료다 해서 개별적으로 돈을 지출하는 것보다 그러한 비용을 하나의 계좌로 몰아 집행하는 것이 훨씬 마음이 편할 것이다.

왜
절대 가치보다
상대 가치에
민감할까

프레이밍의 다양한 효과를 확인하기 위해 서울의 한 대학 학생들을 대상으로 실험을 수행했다. 총 7개 문항으로 구성된 인지 실험의 응답 결과를 하나씩 살펴보자.[18]

질문 1

민사소송이 걸려 있다. 다음 두 가지 대안 중 당신은 어느 것을 택하겠는가? 다른 비용(변호사 비용, 재판 비용, 시간 등)은 고려하지 말고 답하시오.(총 응답자: 538명)

대안 1: 재판으로 가서 50퍼센트의 확률로 2억 원을 배상하거나 50퍼센트의 확률로 아무런 배상도 하지 않는다.

　　29퍼센트(154명)

대안 2: 합의를 통해 확실하게 8000만 원을 배상한다.

　　71퍼센트(384명)

[질문 1]에서 대안 1은 확률적 대안이고, 대안 2는 확실한 대안이다. 대안 1의 기댓값[19]은 -1억 원이고, 대안 2의 기댓값은 -8000만 원이다. 전망이론에 따르면 배상이라는 손실 상황에서 사람들은 위험을 추구해 심지어 기댓값을 어느 정도 희생하고서라도 확률적 대안을 더 많이 선호한다고 했다. 그런데 앞의 실험 결과에선 전망이론과는 달리 손실 상황에서도 기댓값이 작은 대안 2를 더 많이 선호하는 결과가 나왔다.

하지만 대안 1을 선호한다고 응답한 학생도 29퍼센트나 되었다. 이 응답자들은 기댓값 2000만 원을 희생하고서라도 위험을 추구하는 행태를 보인 것이다. 이들은 확실하게 8000만 원을 배상하는 대안보다는 재판이 진행되면 50퍼센트의 확률로 아무런 배상도 하지 않을 수 있는 확률적 대안을 선택한 것이다. 물론 2억 원이라는 거금을 배상해야 하는 50퍼센트의 가능성을 감수하면서 말이다.

이제 문제의 상황을 '이득'으로 바꿔 다음 질문에 대한 응답을 살펴보자.

질문 2

다음 두 가지 기회 중 어느 것을 선택하겠는가? (총 응답자: 538명)

대안 1: 확실하게 10억 원의 이득을 볼 수 있는 기회

　　　86퍼센트(464명)

대안 2: 50퍼센트의 확률로 22억 원의 이득을 볼 수도 있고, 50퍼센
트 확률로 아무런 이득도 볼 수 없는 기회

14퍼센트(74명)

이번 질문에 대한 대답은 전망이론에서 주장하는 바와 같이
나왔다. 즉 예상 결과가 이득인 상황에서 사람들은 대부분 확
실한 대안을 선호한다는 것이다. 기댓값을 기준으로 보면 대안
2가 1억 원 더 이득이지만, 대안 1을 선택한 86퍼센트의 응답
자들은 1억 원이라는 기대이득을 포기하면서까지 확실한 이득
을 챙기고자 한 것이다. 이들은 위험을 회피하는 성향의 사람들
이다.

선호 역전 현상

[질문 1]과 [질문 2]는 전망이론에서 대안의 결과가 이득으로 기
술되어 있느냐, 아니면 손실로 기술되어 있느냐에 따라 사람들
의 선택이 바뀜을 보여주는 것 이상의 재미있는 결과를 보여준
다. 각각의 질문에서 선호하지 않은 선택들의 합이 선호한 선택
들의 합보다 좋은 결과를 보인다는 것이다.

이를 설명하기 위해 위의 두 가지 질문([질문 1]과 [질문 2])에 답
한 응답자 538명의 선택을 추적해보도록 하자. 그러면 네 가지
사례로 그들의 응답을 분류할 수 있다. [질문 1]과 [질문 2]에서
모두 대안 1을 선택한 사례, [질문 1]에서는 대안 1을, [질문 2]에

서는 대안 2를 선택한 사례, [질문 1]에서는 대안 2를, [질문 2]에서는 대안 1을 선택한 사례, [질문 1]과 [질문 2]에서 모두 대안 2를 선택한 경우다. 사례별 응답자 분포는 다음 표와 같다.

사례	질문 1	질문 2	빈도	비율	선택 우선순위
1	대안 1 선택	대안 1 선택	122	22.7%	2
2	대안 1 선택	대안 2 선택	32	5.9%	4
3	대안 2 선택	대안 1 선택	342	63.6%	1
4	대안 2 선택	대안 2 선택	42	7.8%	3
계			538	100%	

위의 표를 보면 사례 3, 사례 1, 사례 4, 사례 2의 순서로 응답자들이 선택했음을 알 수 있다. 즉 사례 3과 사례 1을 합하면 선택 비율이 90퍼센트 가깝게 대다수를 차지하고, 사례 4와 사례 2를 합하면 10퍼센트 남짓한 선택 비율을 보이고 있다. 하지만 사례별로 [질문 1]과 [질문 2]에서 선택한 대안들을 합하면 다음과 같은 결과를 얻게 된다.

사례 1: 질문 1(대안 1 선택)+질문 2(대안 1 선택)

= 50%×(-2억 원)+50%×(20억 원)=9억 원

사례 2: 질문 1(대안 1 선택)+질문 2(대안 2 선택)

= 50%×(0원)+50%×(20억 원)=10억 원

사례 3: 질문 1(대안 2 선택)+질문 2(대안 1 선택)

　　　 =50%×(-1.6억 원)+50%×(20억 원)=9.2억 원

사례 4: 질문 1(대안 2 선택)+질문 2(대안 2 선택)

　　　 =50%×(0.4억 원)+50%×(20억 원)=10.2억 원

　사례별로 선택한 대안들의 합을 보면 사례 4, 사례 2, 사례 3, 사례 1의 순으로 결과가 바람직함을 알 수 있다. 이 결과는 이전 응답자의 선택 우선순위와는 반대다. 즉 바람직하지 않다고 생각한 대안들의 합이 바람직하다고 선택한 대안들의 합을 지배함을 알 수 있다. 이는 개별 상황에서 바람직하다고 선택한 것들이 합해지면 결과적으로는 열등한 선택이 됨을 확인해주는 것이다.

　의사결정 전문가들이 조언하듯이 프레이밍에 휘둘리지 않으려면 기댓값을 기준으로 선택하는 것이 좋다. 기댓값을 기준으로 하면 [질문 1]에서는 대안 2를 선택해야 하고, [질문 2]에서도 대안 2를 선택해야 한다. 그러면 두 선택을 합해도 그 결과(사례 4)는 가장 바람직함을 알 수 있다. 먼저처럼 선호 역전 현상은 일어나지 않는다.

화폐착각과 거래효용

화폐착각money illusion이라는 말이 있다. 사람들이 돈의 실질가치, 즉 구매력보다는 명목가치에 근거해 판단하는 잘못을 말한다. 간단한 예를 들어보면, 내년 물가상승률이 5퍼센트로 예상되는데

임금은 2퍼센트 오르는 경우와, 내년 물가상승률은 2퍼센트인데 임금은 동결되는 경우를 비교해보자. 전자의 경우 실질 구매력은 지금보다 떨어지지만, 사람들은 명목임금이 상승한 전자를 후자보다 더 바람직하다고 생각할 수 있다. 실질 구매력은 후자가 전자보다 더 나은데도 말이다. 이 경우 화폐착각에 빠졌다고 한다.

이와는 다른 종류의 화폐착각도 존재한다. 돈의 가치를 평가할 때 절대적 금액의 가치보다는 상대적 가치에 현혹되어 비합리적 판단을 할 때가 있다. 상대적 가치에 현혹되면 사람들은 종종 자신이 기울이는 노력이 얼마나 가치 있는 일인지 올바로 판단하는 데 어려움을 겪는다. 다음 두 질문에 답해보라.

질문 3

현대백화점 신촌점에 커피메이커를 사러 갔다. 내가 마음에 드는 커피메이커가 10만 원에 팔리고 있다. 그런데 점원이 말하기를 현대백화점 무역센터점에 가면 세일 행사를 해 그 커피메이커를 반값인 5만 원에 살 수 있다고 한다. 무역센터점에 가서 그 커피메이커를 사겠는가? (총 응답자: 538명)

- '네'라고 대답한 사람: 89퍼센트(477명)
- '아니오'라고 대답한 사람: 11퍼센트(61명)

질문 4

현대백화점 신촌점에 명품 구두를 사러 갔다. 내가 마음에 드는 구두가 100만 원에 팔리고 있다. 그런데 점원이 말하기를 현대백화점 무역센터점에 가면 세일 행사를 해 그 구두를 95만 원에 살 수 있다고 한다. 무역센터점에 가서 그 명품 구두를 사겠는가? (총 응답자: 538명)

- '네'라고 대답한 사람: 43퍼센트(234명)
- '아니오'라고 대답한 사람: 57퍼센트(304명)

앞의 두 질문에 대한 응답 결과는 재미있는 현상을 보여준다. 두 질문의 경우 모두 다른 곳으로 이동해 절약할 수 있는 금액은 똑같이 5만 원이다. 하지만 [질문 3]에서는 세일하는 곳으로 이동하겠다는 응답이 절대 다수인 89퍼센트를 차지한 반면, [질문 4]에서는 이동하지 않겠다는 응답이 57퍼센트로 다수를 이루고 있다.

같은 금액을 아낄 수 있는 상황인데도 이렇게 다른 반응이 나온 이유는 무엇일까? 합리적인 의사결정자라면 절약되는 금액과 이동에 소요되는 비용(교통비, 기회비용 등)을 비교해 절약되는 금액이 발생하는 비용보다 많으면 이동해야 할 것이다.

그러나 앞의 질문에 대한 응답을 살펴보면 이러한 판단 기준 외에 다른 것이 판단에 개입되었음을 알 수 있다. 즉 절약 금액 5만 원에 대해 동일한 평가가 이루어지지 않은 것이다. 이렇듯 절대 금액 이외에 사람들의 판단에 개입하는 보이지 않는 손을 거래효용transaction utility이라 한다.[20] 거래효용이란 내가 생각하는 거래의 질quality of the deal을 말한다. 예를 들어 동일한 물건이라도 고급 백화점에 가서는 "그래, 이런 물건이면 이 정도 가격은 하겠지"라고 너그럽게 받아들이면서도 재래시장에서는 "이거 바가지 아니야?"라고 말한다면, 이는 거래효용이 작용하기 때문이다.

앞의 질문에서는 동일한 5만 원의 절약이지만 커피메이커의 경우, 5만 원의 할인은 50퍼센트나 절약되어 이동하는 것이 가치 있는 일로 생각된다. 하지만 명품 구두의 경우, 5만 원의 할인은 5퍼센트의 절약밖에는 안 되는 것이다. 그래서 명품 구두의 경우에는 동일한 5만 원의 절약이지만 그 정도 절약으로는 사람들을 움직일 만한 강력한 동기가 되지 않는 것이다.

사람들이 돈의 가치를 평가할 때 그 금액의 절대적 크기보다는 상대적 크기에 민감한 경우가 많다. 결과적으로 매우 큰돈이 걸린 부동산 매매나 사업 계약보다 상대적으로 자잘한 장보기 등에서 조그마한 절약을 위해 절약 금액보다 훨씬 많은 시간과 노력을 소비하는 경우가 많다.

장을 보기 위해 할인 쿠폰을 모아 이곳저곳 찾아다녀본 경험이 없는가? 조금이라도 싼 곳을 찾기 위해 인터넷 서핑에 시간을 보내고 기름 값을 써가며 이곳저곳 발품을 팔아본 적은 없는가? 하지만 부동산 거래나 큰 계약을 앞에 놓고는 장보기만큼도 노력을 기울이지 않는 사람이 많다. 1억 원의 거래에서 10만 원을 절약하는 것이 10만 원어치 장을 보는 데 1만 원을 절약하는 것보다 훨씬 나은 것이다.

'갈아타지 않고 그냥 둘 걸…'

질문 5

다음의 갑과 을 중 어느 쪽이 더 기분이 안 좋겠는가? (총 응답자: 535명)

갑: A사 주식을 보유하고 있었는데, 작년에 B사 주식으로 갈아탈까 생각했지만 그러지 않았다. 그런데 지금 와서 보니 B사의 주가가 상승해 그때 B사 주식으로 갈아탔으면 지금보다 400만 원의 이득을 볼 수 있었다.

　　12퍼센트(62명)

을: B사 주식을 보유하고 있었는데, 작년에 A사 주식으로 갈아탔다. 그런데 지금 와서 보니 자신이 가지고 있던 B사의 주식이 상승해 그냥 B사 주식을 가지고 있었으면 지금보다 400만 원의 이득을 볼 수 있었다.

　　88퍼센트(473명)

[질문 5]에서 갑이나 을 모두 주식 투자를 통해 400만 원의 이득을 볼 수 있었는데, 선택을 잘못해 이득을 보지 못한 상황이다. 그러나 누가 더 기분이 안 좋겠느냐는 질문에 압도적으로 '을'이라고 대답한 것은 인간의 부작위 편향을 보여주는 결과다.

즉 갑은 주식을 갈아타지 않아서 400만 원의 이득을 놓쳤지만, 을은 주식을 갈아타서 400만 원의 이득을 놓친 것이다. 어떤 일을 했을 때 발생하는 손실harms of commission은 현상을 유지했을 때 발생하는 손실harms of omission보다 크게 느껴진다. 움직였을 때의 후회가 더 큰 법이다.

"뭐든 확실한 게 좋아!"

사람들은 불확실한 것을 좋아하지 않는다. 자동차보험의 경우, 법적으로 요구되는 책임보험만 가입해도 되지만 여러 가지 손실 가능성에 대비하기 위해 책임보험보다 훨씬 많은 돈을 지불하면서 종합보험을 선택한다. 자차손해의 자기부담금deductible이나 자기부담비율도 최소화해 보험료를 필요 이상 많이 지불하기도 한다. 가능한 한 확실하게 보장받기 위해서다. 다음 두 질문에 대한 응답 결과를 보자.

질문 6

러시안 룰렛이라는 게임이 있다. 6개의 총알 구멍 중 한 곳에 총알을 넣고 탄창을 돌린 다음 총구를 머리에 대고 방아쇠를 당기는 게임으로, 죽을 확률이 6분의 1이다. 당신이 테러단에 인질로 잡혀 어쩔 수 없이 이 게임에 참여하게 되었다고 가정하자. 이 게임에서 살기 위해서는 총에 들어 있는 총알 하나를 빼내야 한다. 테러단 두목은 총알을 제거해줄 테니 대신 돈을 내라고 요구한다. 얼마를 내겠는가?

(총 응답자: 464명)

중앙값: 1억 원, 평균: 31억 6248만 원

질문 7

다른 형태의 러시안 룰렛 게임이 있다. 6개의 총알 구멍 중 2곳에 총알을 넣고 탄창을 돌린 다음 총구를 머리에 대고 방아쇠를 당기는 게임으로, 죽을 확률이 6분의 2이다. 당신이 테러단에 인질로 잡혀 어쩔 수 없이 이 게임에 참여하게 되었다고 가정하자. 테러단 두목은 탄창에 들어 있는 2개의 총알 중 하나를 제거해줄 테니 대신 돈을 내라고 한다. 그러면 죽을 확률은 6분의 2에서 6분의 1로 줄어든다. 얼마를 내겠는가? (총 응답자: 468명)

중앙값: 5000만 원, 평균: 24억 3138만 원

앞의 두 질문 모두 죽을 확률을 6분의 1씩 줄여주는 데 얼마나 보상할 것이냐는 문제다. 하지만 [질문 6]의 보상액이 [질문 7]의 그것보다 많음을 알 수 있다. [질문 6]에서는 죽음의 공포로부터 확실히 벗어날 수 있다. 하지만 [질문 7]에서는 죽을 가능성은 [질문 6]에서와 같이 6분의 1만큼 줄어들지만 아직도 죽을 가능성이 6분의 1만큼은 남아 있기 때문이다. 확실하게 죽지 않는 것에 대한 보상이 당연히 더 큰 것이다.

이처럼 인간은 동일한 크기의 확률 감소라도 확률 감소로부터 확실성을 보장받을 수 있느냐 아니면 아직도 불확실성이 그

대로 남아 있느냐에 따라 불확실성 감소에 대한 가치 평가가 달라진다.

이러한 확실성 효과certainty effect를 이용해 인간의 판단을 흐리게 하는 경우가 있다. 다시 말해 실제로는 확실하지 않은 것을 확실한 것으로 포장해 판단을 잘못 유도하는 것이다. 이를 유사확실성 효과pseudo-certainty effect라고 한다.

'보장'이라는 단어로 사람들을 유혹하는 광고가 얼마나 많은가? 월수입 500만 원 이상 보장, 토익 목표 점수 보장, 생명보험사의 그 많은 보장보험을 비롯해 신차 구입 시 신차 보증이 있음에도 불구하고 소비자의 불안 심리를 이용해 "한 달에 얼마 안 되는 돈만 내시면 이런 불안에서 완전히 벗어날 수 있습니다"라고 추가 보증을 권하는 자동차 판매업계 등 소비자의 확실성 선호를 이용한 유사확실성 효과를 노린 광고들이 그 예다.

실제로 미국 노스웨스턴대학의 맥스 베이저만Max Bazerman과 마거릿 닐Margaret Neale은 닛산자동차 소송에 제출된 문건에서 795달러에 달하는 전형적인 추가보증서 계약 비용 대부분은 자동차 딜러의 순이익으로 돌아간다고 밝혔다. 그중 불과 131달러만이 실제적인 수리 비용으로 지출되었고, 109달러는 닛산자동차의 행정 비용으로, 그리고 나머지 555달러는 자동차 딜러의 주머니 속으로 들어갔다.[21]

기업들만의 문제가 아니다. 정부 정책도 마찬가지다. 박근혜정부의 핵심 공약인 '4대 중증질환 100퍼센트 보장'이 한 예다. 정

부에서는 암, 심장질환, 뇌혈관질환, 희귀난치성질환 등 4대 중
증질환의 보험 보장률을 현재 75퍼센트에서 단계적으로 확대해
2016년까지 100퍼센트 보장한다는 계획이다. 하지만 시민단체에
서는 선택진료비, 상급 병실료 차액, 간병비 등 3대 비급여 항목
에 대한 급여 이전 없이 4대 중증질환 100퍼센트 국가 보장은
허구라는 주장이다. 중증질환 환자들 대부분이 경제적으로 가
장 고통받는 이유가 3대 비급여 항목에 있는데, 이것들이 빠진
4대 중증질환 100퍼센트 보장이 무슨 의미가 있느냐는 것이다.
'100퍼센트 보장'이란 말을 서로 달리 해석하는 것이다.

포퓰리즘을 위해 유사확실성을 이용한다면 더 큰 문제다. 유
사확실성은 사회 구성원 간의 신뢰를 해칠 뿐만 아니라 인지부
조화를 줄이기 위해 후속적 변명을 양산하는 위험한 유혹이다.

chapter 5

그럴듯한
거짓말,
그 이름은
통계

통계는 판단을 대신하지 않는다.
—헨리 클레이Henry Clay, 미국의 정치가

알면
득이 되는
숫자의
은밀한 본성

"세상에는 세 종류의 거짓말이 있다. 거짓말, 새빨간 거짓말, 그리고 통계다."

19세기 영국 빅토리아 여왕 시대에 두 번이나 총리를 지낸 벤저민 디즈레일리Benjamin Disraeli가 통계의 잘못된 사용을 경고한 말이다.[1] 통계는 판단을 객관화하기 위한 근거로 활용된다. 하지만 누가, 어떤 목적을 갖고, 언제 사용하느냐에 따라 통계는 달리 해석되어 대중을 오도할 수 있다. 그뿐만 아니라 미리 의도한 결론을 합리화하는 수단으로 오용될 위험도 가지고 있다.

이를 비꼬는 우스갯소리가 있다. 수학자, 회계사, 경제학자가 같은 일자리에 지원해 면접을 보러 갔다. 면접관은 먼저 수학자를 불러 2 더하기 2가 몇이냐고 물었다. "4입니다." 면접관이 다시 물었다. "정확히 4가 맞습니까?" 수학자는 면접관을 이상한 듯이 바라보며 말했다. "네, 정확히 4가 맞습니다." 면접관은 다음으로 회계사를 불러 같은 질문을 했다. 회계사는 "4입니다.

10퍼센트 증감이 있다고 보고 계산해도 평균 4입니다"라고 대답했다. 마지막으로 면접관이 경제학자를 불러 똑같은 질문을 던졌다. 경제학자는 질문을 듣고는 갑자기 자리에서 일어나 문을 잠그고 창의 블라인드를 내린 다음 면접관에게 바싹 붙어 앉아 이렇게 말했다고 한다. "몇이길 바라십니까?"[2] 원하는 대답에 따라 숫자를 짜 맞춰줄 수 있다는 것이다.

우리는 신문이나 잡지, 인터넷, TV 프로그램 등에서 많은 통계수치와 그래프 등을 접하고 산다. 사회현상이나 자연현상을 이야기할 때 숫자와 데이터를 사용해 설명하거나 주장하면 좀 더 신뢰가 간다. 객관적이라고 생각되기 때문이다. 세계적인 스포츠마케팅 회사인 IMG를 설립한 마크 매코맥Mark McCormack은 이렇게 말했다.

"어림수는 협상의 대상이 된다. 홀수는 더 정확하고 강하며, 협상이 힘든 것으로 보이게 한다."

통계수치가 소수점 아래까지 세밀하게 제시돼 있으면 더욱 정교하고 정확한 것으로 보인다. "이것이 저것의 몇 배 정도 됩니까?"라는 질문에 "2배쯤 됩니다"라는 어림수 대답보다는 "2.3배입니다"라고 소수점 아래 숫자까지 자신 있게 대답하면 훨씬 더신뢰가 간다.

하지만 사실은 그렇지 않을 수 있다. 수치를 가지고 사람들을속이는 건 얼마든지 가능한 일이다. 지금 당신이 철석같이 믿고있는 것들, 예컨대 오늘 아침에 본 뉴스라든지 제품 광고, 어느 학자의 주장 등이 거짓일 수도 있다는 말이다. 통계에 능통한 전문가가 작정하고 사람들의 생각을 조종하려고 하면 충분히 그렇게 할 수 있다. 특히 어떤 의도를 가지고 숫자를 사용해서 하는 거짓말은 대중을 현혹해 잘못된 판단을 부추긴다.

그렇다면 숫자의 거짓말에 속지 않으려면 어떻게 해야 할까? 이제부터 그 방법에 대해 이야기하고자 한다.

관측 결과의 특성을 나타내는 명목척도

한 노부부가 은퇴 후 살 곳을 찾기 위해 남쪽의 경치 좋은 산골을 둘러보다 어느 마을 앞에 붙어 있는 표지판을 보았다. 그 표지판에는 마을에 대한 정보가 쓰여 있었다.

> 인구 : 530명
> 겨울 평균온도 : 섭씨 2도
> 고도 : 해발 10미터
> 마을 형성시기 : 1930년
> 학교 수 : 2개
> 합 : 2474

이것을 보고 할머니가 할아버지에게 말했다. "참 유머가 있는 마을이군요. 우리 여기서 살면 어때요?" 그리고 그들은 그곳에서 살게 되었다.

이 이야기에서 표지판 맨 아랫줄의 2474라는 숫자에는 어떤 특별한 의미가 있을까? 단순히 다섯 개의 숫자를 더한 값일 뿐 별다른 의미를 가지고 있지 않다. 왜 그럴까? 수의 성격이 다르기 때문이다. 숫자라고 해서 다 같은 게 아니다. 어떤 숫자는 가감승제의 결과 모두가 의미를 갖는가 하면, 가감의 결과만 의미가 있고 곱하기와 나누기 연산은 할 수 없는 숫자가 있다. 그런가 하면 더하기나 빼기조차 의미가 없는 숫자도 있다.

설문지를 받아본 경험이 있을 것이다. 설문지를 보면 맨 뒷부분에서 설문 응답자에 대한 정보를 물어볼 때가 있다. 성별은 무엇인지, 국제 비교 연구를 위한 설문지에는 인종은 무엇인지 하는 것들을 적게 한다. 나의 경우 남성에 동그라미를 치고 백인, 황인, 흑인이라는 선택지에는 황인에 동그라미를 칠 것이다.

설문조사를 실시한 연구자는 응답자들의 답변을 분석하기 위해 설문지의 자료를 숫자로 변환해 컴퓨터에 입력할 것이다. 이때 남성을 1, 여성을 2로 수치화했다고 하자. 그럼 여기서 남성을 나타내는 1이라는 숫자는 어떤 의미를 갖는가? 단지 응답자가 남성이라는 것을 나타낼 뿐 그 이상의 의미는 갖고 있지 않다. 여성이 2라는 수치로 표현되었다고 해서 남성이 여성보다 우월하다든지, 남성이 여성보다 1만큼 못하다든지 하는 의미는 가지고 있지 않다. 인종의 경우도 마찬가지다. 숫자는 어느 인종인지만을 나타내는 것이지, 그 이상의 의미는 없다.

이러한 숫자를 전문가들은 명목척도nominal scale라고 한다. 해당 숫자는 관측 결과의 특성만을 나타낼 뿐, 순서를 나타내거나 숫자 사이의 차이가 의미를 갖는 것은 아니다. 이러한 숫자는 더하기, 빼기 연산을 해도 그 결과는 아무런 의미를 갖지 않는다.

순서 개념이 포함된 서열척도

명목척도에서 한발 진화한 숫자는 서열척도ordinal scale다. 명목척도의 특성에다 순서의 개념까지 포함하는 숫자다. 서열척도의 예로서 리커르트 척도Likert scale가 있다. 사람들의 느낌을 측정할 때 많이 사용되는 것으로, 일반인부터 학자들까지 광범위하게 설문지에 사용하는 척도다. 느낌의 정도가 다섯 단계일 경우 리커르트 5점 척도, 느낌의 정도를 좀 더 세분화해 7개로 구성했으면 리커르트 7점 척도라고 한다.

대학에서 매 학기 말에 시행하는 수강 소감 설문을 예로 들어보자. 수강생들은 설문지에서 "이 수업을 다른 학생에게 추천하겠는가?"라는 질문에 '매우 그렇다', '그렇다', '보통이다', '그렇지 않다', '매우 그렇지 않다'라는 등급 중 하나를 선택한다. 수강생들의 응답을 분석하기 위해선 말로 표현된 위의 등급을 각각 숫자로 표시하게 된다. 예를 들어 5, 4, 3, 2, 1이라는 숫자로 위의 각 등급을 나타낸다고 하자. 그리고 응답에 참여한 학생들이 100명이라고 하자. 나중에 설문 분석 결과를 이야기할 땐 "이 항목에 대한 수강생들의 응답 평균을 구했더니 4.2가 나왔다"라는 식으로 말할 것이다. 사람들은 이 점수를 보고 수강한 학생들이 이 수업을 다른 학생에게 긍정적으로 추천한다고 평가할 것이다.

여기서 무엇이 잘못되었을까? 4.2라는 평균은 어떻게 나온 값인가? 단순히 생각하면 응답자 100명의 응답 점수를 합해 100으로 나눈 값이다. 그러니 응답자들이 해당 설문 항목에 대해 생각하는 바를 대표하는 값이 아닐까? 결론은 아니라는 것이다. 앞의 5, 4, 3, 2, 1이라는 숫자는 우선 관측 결과의 특성을 나타내고 있다. 이를테면 5라는 숫자는 해당 설문에 대해 '매우 긍정한다'라는 뜻이다. 즉 앞의 숫자들은 명목척도의 특성을 가지고 있다. 이와 함께 이 숫자들은 순서의 의미도 있다. 숫자가 작아질수록 동의하는 정도가 부정적이고, 숫자가 커질수록 동의 정도가 긍정적이 된다.

그러나 이 숫자들은 숫자 사이에 거리의 개념은 없다. 즉 '매우 그렇다'와 '그렇다'라는 느낌의 숫자 차이가 1이고 '그렇다'와 '보통이다'라는 느낌의 차이가 숫자 1로 같다고 해서, 각 느낌의 차가 동일하지는 않다는 것이다. 사람에 따라 그 차이는 다를 수밖에 없으므로 이 숫자에는 거리의 개념이 있다고 볼 수 없다. 숫자 사이에 거리의 개념이 존재하려면 '매우 그렇다'와 '그렇다'라는 느낌의 차이가 '그렇다'와 '보통이다'라는 느낌의 차이와 동일해야 한다. 하지만 실제로 등급을 나타내는 숫자들의 차가 1로 동일하더라고 그 느낌의 차이가 동일한 것은 아니다. 이렇듯 느낌의 차이가 동일하지 않은 등급을 나타내는 숫자의 경우, 순서의 개념은 있지만 그 이상의 개념은 가지고 있지 않다. 그런 이유로 가감승제 사칙연산이 적용되어 계산된 평균은 의미를 갖지 못한다.

그럼에도 불구하고 리커르트 척도를 이용해 설문지를 분석할 때 전문가들조차 평균을 구한 값에 의미를 부여하곤 하는데, 이는 엄격히 말하면 잘못된 것이다. 설문 결과를 말할 때 실제로 많은 경우에 이렇듯 평균을 가지고 이야기한다. 느낌의 차이가 일정하지 않다는 것을 알지만 분석과 해석을 쉽게 하기 위해 등급의 간격이 동일한 것으로, 즉 느낌의 차이가 동일한 것으로 가정하기 때문이다. 분석의 편의는 많은 경우 결과의 왜곡을 가져온다.

이럴 땐 평균을 구하는 것보다는 빈도 분석frequency analysis을 하는 것이 바람직하다. 즉 100명의 응답자 가운데 '매우 그렇다'라고 응답한 사람은 몇 명이고, '그렇다'라고 응답한 사람은 몇 명인지 등급에 따른 응답 빈도를 그래프나 그림으로 제시하면 수강생들이 해당 항목에 대해 어떠한 느낌을 갖고 있는지 그 분포를 알 수 있다. 이것이 평균을 구하는 것보다 응답 결과의 의미를 바르게 전해줄 수 있는 방법이다. 서열척도는 명목척도와 마찬가지로 더하기, 빼기를 할 수 없는 숫자다.

더하기 빼기가 가능한 구간척도

한반도 세 지역의 3월 말 온도가 다음과 같다고 가정해보자. 신의주 섭씨 0도, 서울 섭씨 10도, 제주 섭씨 20도. 이제 다음과 같은 말을 누가 했다고 하자.

"제주의 3월 말 온도가 서울의 2배나 되네."

여기서 '2배'라는 말은 어떻게 나온 것일까? 20을 10으로 나누면 2이고, 그래서 제주의 온도가 서울보다 2배 높다고 한 것이다. 일상생활에서는 통상적으로 사용하기도 하지만 이는 잘못된 표현이다. 무엇이 잘못되었을까? 결론적으로 말하면 앞의 숫자는 나누기를 해서는 안 되는 숫자다.[3] 그러므로 "제주의 3월 말 온도가 서울보다 10도 높다"는 게 올바른 표현이다. 왜 온도를 나타내는 숫자에는 나누기가 적용되지 않을까? 이 숫자들은 나누기(또는 곱하기)를 해서 의미를 갖는 숫자가 아니기 때문이다.

이것을 증명해보자. 무엇이 아니라는 것을 증명하는 방법은 간단하다. 그것이 성립하지 않는 반대되는 예를 하나만 제시하면 된다. 반대의 예는 두 가지나 금방 댈 수 있다. 우선, 나누기가 가능하다면 서울은 신의주보다 몇 배나 온도가 높은 것인가? 10을 0으로 나누어보자. 무한대(∞)라는 크기에 제한이 없음을 나타내는 기호가 된다. 그러면 서울은 신의주보다 온도가 무한대로 높은 것인가? 아니다.

또 다른 반대의 예도 쉽게 찾을 수 있다. 나누기가 의미 있기 위해서는 측정 단위가 바뀌더라도 그 비율은 일정하게 유지되어야 한다. 온도는 섭씨Celsius뿐만 아니라 화씨Fahrenheit로도 변환해 측정할 수 있다. 이제 섭씨를 화씨로 변환해보자. 그러면 신의주의 3월 말 온도는 32도, 서울은 50도, 제주는 68도다.[4] 이제 제주의 온도를 서울의 온도로 나누어보자. 자, 아직도 2배인가?

온도를 나타내는 숫자는 왜 나누기를 하지 못할까? 바로 자연적인 원점natural zero point이 없기 때문이다. 자연적인 원점(0)이란 측정 대상 자체가 없음을 의미한다. 예를 들어 "키가 0센티미터다"라는 말은 키 자체가 없음을 말한다. 무게가 0그램이라는 것은 무게 자체가 없는 것을 뜻한다. 이러한 것들이 자연적인 원점이다. 그런데 섭씨 0도는 온도 자체가 없음을 말하는 것이 아니다. 3월 말에 신의주에 가면 온도라는 개념 자체가 없어진다는 소리겠는가? 섭씨 0도는 물이 어는 온도를 사람들이 임의로 지정한 것으로 자연적인 원점이 아니라 인위적인 원점이다.

시간을 나타내는 숫자도 마찬가지다. 영(0)시란 하루의 시작을 나타내는 시각이지, 그때가 되면 시간이라는 개념 자체가 없어지는 것이 아니다. 마찬가지로 서기 0년도 예수님이 태어난 해를 원점으로 잡은 것이고, 단기 0년은 단군 할아버지가 태어난 해를 원점으로 삼은 것이다. 일본에서는 왕이 바뀔 때마다 원년도 다시 시작된다.

시간이나 온도의 경우, 거리의 개념은 있으나 비율의 개념은 존재하지 않는다. 즉 온도나 시간이나 단위가 1도 또는 1시간 등으로 객관적으로 측정할 수 있는 일정 크기를 가지고 있으나, 자연적인 원점은 존재하지 않아 비율의 개념은 존재하지 않는다. 이러한 숫자를 구간척도interval scale라 한다. 구간척도는 서열척도에서 진화된 척도로, 서열척도가 갖지 못한 거리의 개념은 있으나 비율의 개념은 갖고 있지 못하다. 따라서 이 숫자는 더하기와 빼기는 가능하지만 곱하기와 나누기 결과는 의미를 갖지 못한다.

가감승제 모두 가능한 비율척도

가감승제라는 사칙연산을 자유롭게 하고, 그 결과가 의미를 가지려면 해당 숫자가 비율척도ratio scale여야 한다. 보통 우리는 모든 숫자를 비율척도로 착각하고 있으나 앞에서 보듯이 가감도 해서는 안 되는 숫자, 가감은 할 수 있으나 승제가 불가한 숫자도 있다. 비율척도는 자연적인 원점을 가지고 있는, 가장 진화된 숫자다.

가령 갑의 키가 2미터이고, 을의 키가 1미터라고 하자. 그러면 "갑은 을보다 키가 1미터 더 크다"라고 하든지 "갑은 을보다 키가 2배나 된다"라는 말이 모두 맞는 표현이다. 다행스럽게도 우리가 주위에서 보는 많은 숫자가 비율척도에 해당한다. 하지만 앞에서 설명했듯이 우리 주위에는 명목척도, 서열척도, 구간척도 등 비율척도가 가지고 있는 특성을 갖추지 못한 숫자도 많다. 이러한 숫자들에 가감승제를 자유로이 적용해서 결과를 이끌어내는 것은 아무런 의미를 갖지 못한다.

숫자의 거짓말에 속지 마라

2010년 4월, 경제지 〈포브스Forbes〉는 '미국에서 가장 살기 좋은 도시America's Most Livable Cities'라는 제목으로 다음과 같은 조사 결과를 발표했다.

〈포브스〉는 2010년 4월 미국에서 가장 살기 좋은 도시로 펜실베이니아Pennsylvania주의 피츠버그Pittsburgh를 선정했다.[5]

많은 변화가 있었다 하더라도 과거 철강도시로 이름 높았던 공업도시가 수많은 도시를 제치고 미국에서 가장 살기 좋은 도시 1위로 선정된 것에 대해 의구심을 갖는 사람들이 있었다. 〈포브스〉의 선정 방법을 한번 살펴보자.

〈포브스〉는 미국 대도시 200곳을 대상으로 다섯 가지 기준을 적용해 각 도시의 순위를 매겼다. 각 기준에 대한 도시의 자료를 사용해 가장 선호되는 곳은 1, 가장 선호되지 않는 곳은 200이라는 등수가 매겨졌다. 다섯 가지 기준은 실업률, 범죄율, 소득증가율, 생활비, 문화생활 여건이었다. 실업률의 경우 노동통계국의 현재 실업률 데이터를 이용해 각 도시의 순위를 매겼으며, 소득증가율은 과거 5년 동안의 소득증가율에 근거해 순위를 매겼다. 그런 다음 이 다섯 가지 기준에 따라 매겨진 순위들의 합을 구했다. 그 합이 가장 작은 도시가 가장 살기 좋은 도시가 되는 것이다. 이러한 방법으로 1위부터 5위까지로 선정된 베스트 5 도시의 각 평가 기준에 따른 순위와 그 합은 [표 1]과 같다.

[표 1] 미국에서 가장 살기 좋은 도시 베스트 5

최종 순위	도시	실업률	범죄율	소득증가율	생활비	문화생활 여건	순위 합
1	펜실베이니아 주 피츠버그	73	15	20	52	26	186
2	유타 주 오그덴	24	34	12	71	54	195
3	유타 주 프로보	22	11	1	76	104	214
4	미시간 주 앤아버	50	41	14	89	51	245
5	펜실베이니아 주 해리스버그	39	17	28	59	111	254

이 평가 결과가 어떻게 보이는가? 〈포브스〉의 발표는 적어도 두 가지 측면에서 문제가 있다.

첫째, 살기 좋은 도시를 선정하기 위한 기준의 상대적 중요도(가중치)를 동일하게 보았다는 것이다. 각 평가 기준의 중요도는 경중이 있게 마련이다. 그렇기 때문에 평가 기준들의 가중치 선정이 선택 문제에서 중요하게 부각되는 것이다. 그런데 여기서는 다섯 가지 평가 기준의 가중치를 동일하게 가정하고 있다. 이 문제는 그래도 그러려니 하고 넘길 수 있다. 다섯 가지 평가 기준의 상대적 중요도가 동일하다고 주장하면 되니까 말이다.

하지만 또 다른 문제점은 심각하다. 이미 당신은 숫자가 다 같은 숫자가 아니라는 것을 알고 있다. 어떤 숫자는 더하기, 빼기는 괜찮지만 곱하기, 나누기는 의미가 없고, 또 어떤 숫자는 더하기, 빼기 연산조차 의미가 없음을 알고 있다. 그렇다. [표 1]에서 각 평가 기준 아래 적혀 있는 숫자는 각 기준에 따라 선호 순위를 나타내는 서열척도다. 이 서열척도는 명목척도와 마찬가지로 가감 연산을 해도 그 결과는 우리가 기대하는 의미를 갖지 않는다.

왜 그럴까? 우선 각 평가 기준은 다른 것을 측정하고 있어 속성도 다르고, 측정 단위도 다르다. 실업률에서 1위와 2위 차이와 생활비에서 1위와 2위 차이가 같은 것이 아니다. 또 같은 기준이라 할지라도 숫자 사이의 차이가 동일하지 않음을 간과하고 있다. 예를 들어 범죄율에서 3위와 4위 차이가 50위와 51위 차이와 같지 않다는 것이다. 다섯 가지 평가 기준에 따라 5개 순위를 합해 가장 작은 합을 갖는 도시를 가장 살기 좋은 도시로 선정한 이 결과는 숫자면 다 같은 숫자로 보는 무지에 기인한 것이다. 하지만 일반 대중은 경제지로서 〈포브스〉가 갖는 명성 때문에 이 결과를 신뢰성 있는 정보로 받아들일 수 있다. 거짓말이 그럴듯하게 포장된 사례다.

'평균'을
쉽게 믿으면
안 되는 이유

시골 강가에 가보면 그 지역 군수나 경찰서장 명의의 경고 팻말
이 붙어 있다.

'수심 1미터.'

과연 이러한 팻말은 우리에게 정확한 정보를 제공하고 있을까.
강은 수영장이 아니다. 수영장의 경우 수심이 1미터라면 모든 수
심이 1미터로 일정하고, 또 그렇게 만들 수 있다. 그러므로 수영
장의 수심은 믿을 만한 정보다. 하지만 위의 경고 문구는 어떠한
가? 강의 수심이 수영장처럼 모든 곳에서 일정할까? 그렇지 않
을 것이다. 그렇다면 경고 팻말에서 말하는 수심 1미터란 평균
수심을 말하는 것인가? 그럴 것이다.

여기서 평균이라는 수치는 매우 위험한 상황을 초래할 수 있
다. 평균이란 말 그대로 여러 곳의 수심을 측정해 이를 더한 후
관측 횟수로 나눈 값이다.[6] 그렇기 때문에 어떤 곳의 수심은 20
센티미터, 30센티미터일 수도 있지만 어떤 곳은 5미터, 10미터도

될 수 있다. 수심이 1미터라는 경고 문구는 위험한 정보가 된다.

대푯값으로 신뢰할 만한가

평균이 자료의 대푯값으로서 신뢰성이 있으려면 자료를 구성하는 개별 관측값 각각이 평균으로부터 떨어진 정도가 작아야 한다. 자료를 구성하는 개별 관측값이 평균으로부터 떨어진 정도를 통계학에서는 자료의 변동성variability이라고 하고, 분산, 표준편차, 절대평균편차, 범위 등으로 측정한다. 이들의 값이 '0'이면 자료의 변동성은 없게 되고, 모든 관측값이 동일하다는 말이다. 평균의 신뢰도가 가장 높은 경우다. 하지만 실제 자료에서는 자료의 변동성은 있게 마련이고, 이 변동성이 클수록 평균은 대푯값으로서 그 신뢰성을 잃게 된다.

　변동성을 측정할 수 있는 가장 손쉬운 방법은 자료의 범위를 측정하는 것이다. 범위란 자료의 가장 큰 값과 가장 작은 값의 차이를 말한다. 범위가 클수록 자료의 변동성은 크다고 할 수 있다. 강이나 저수지의 수심을 표시할 때 그냥 수심 얼마라고만 쓰지 않고, 범위도 함께 적어놓으면 사고 위험을 훨씬 줄일 수 있다. 표지판에 '평균 수심 1미터, 범위 9미터'라고 제시돼 있고 사람들이 범위의 개념을 이해한다면 그 강에 쉽게 들어가려고 하지 않을 것이다.

　평균의 함정을 이해하기 위해 10개의 관측값으로 구성된 다음의 두 자료를 예로 들어보자.

자료1 = {1, 1, 1, 1, 1, 1, 1, 1, 1, 1}

자료2 = {1, 1, 1, 1, 1, 1, 1, 1, 1, 100}

자료 1의 평균은 1이고, 자료 2의 평균은 10.9이다. 자료 1의 평균은 해당 자료의 대푯값으로 적절한 역할을 하고 있다. 그러나 자료 2의 평균은 해당 자료의 대푯값으로서는 부적절하다. 왜냐하면 자료 2를 구성하는 10개의 관측값 중 9개 관측값은 이 평균보다 훨씬 작고, 한 관측치는 평균보다 매우 크기 때문이다. 하지만 두 자료를 구체적으로 살펴보면 10개의 관측값 중 9개의 관측값은 동일한 자료임에도 이렇듯 평균이 큰 차이를 보이는 이유는 무엇일까? 바로 극단값(이상값)outliers에 민감한 반응을 보이는 평균의 단점 때문이다. 자료 2에서는 다른 관측값과 매우 다른 크기를 갖는 100이라는 관측값이 극단값의 역할을 한다. 이처럼 대부분의 관측값과 다른 극단값이 존재할 경우, 자료의 대푯값으로서 평균보다는 중앙값이 선호된다. 중앙값이란 관측값을 크기순으로 나열했을 때 가운데에 위치하는 값으로 중앙값은 극단값의 영향을 받지 않는다.[7]

앞의 자료 1과 2의 경우, 중앙값은 모두 1로 동일하다. 이제 자료의 변동성을 범위를 이용해 측정해보자. 자료 1의 경우 범위는 '0'이지만 자료 2의 경우는 '99'다. 앞서 언급한 대로 자료 2의 경우 범위가 너무 커서 평균이 자료의 대푯값으로서 신뢰성을 상실하고 있다.

평균과 중앙값의 차이

당신이 지방자치단체의 장이라고 가정해보자. 중앙정부로부터 공문이 내려왔다. 당신이 관할하는 자치단체의 주민 수입을 대표하는 수치를 보고하라고 한다. 만일 그 수치가 다른 지역보다 떨어지면 중앙에서 추가로 재정을 지원하고, 다른 곳보다 높으면 지원을 줄이겠다는 것이다. 당신이라면 주민 소득의 대푯값으로 평균을 보고하겠는가, 아니면 중앙값을 보고하겠는가? 당연히 작게 나오는 쪽으로 보고하려고 할 것이다. 그래야 더 많은 지원을 받아낼 수 있기 때문이다.

그러면 평균과 중앙값 중 어느 쪽이 작을까? 주민 소득을 그래프로 나타냈을 때 어떤 모양으로 분포하느냐에 따라 다르다. 만일 주민 소득분포가 [그림 5]의 (나)처럼 대체로 좌우대칭인 종 모양을 나타낸다면, 평균과 중앙값은 거의 같은 값을 갖는다. 소득의 분포가 이런 모양일 경우, 중산층이 탄탄한 곳을 의미한

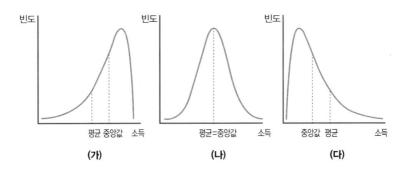

[그림 5] **3가지 모양의 소득분포**

다. 소득이 매우 높거나 낮은 주민들이 그리 많지 않은, 그리고 주민들의 소득이 평균 주위에 많이 몰려 있는 형태다.

하지만 소득분포가 (가)처럼 소위 왼쪽꼬리 분포나 (다)처럼 오른쪽꼬리 분포의 형태를 보이는 경우도 많다. 전자는 왼쪽으로 꼬리를 늘어뜨린 모양의 분포로 주민 대부분의 소득은 높은데, 소수 주민의 소득이 낮아 평균을 끌어내린 것이다. 이 경우 평균은 중앙값보다 작게 나온다. 반면 소득분포가 오른쪽꼬리 분포의 형태를 보이면 주민 대부분의 소득은 낮은데, 일부 주민의 소득이 매우 높아 평균을 끌어올린 것이다. 이때는 평균이 중앙값보다 크게 된다.

따라서 우선 주민의 소득분포가 어떤지 확인하고, 좌우대칭에 가까울 경우에는 평균이나 중앙값 어느 쪽으로 주민 소득의 대푯값을 보고해도 마찬가지지만, 소득분포가 왼쪽꼬리 분포일 경우에는 평균을, 오른쪽꼬리 분포일 경우에는 중앙값을 대푯값으로 보고하는 것이 중앙정부의 지원을 받아내는 데 더 유리하다.

섣부른 오판을
일으키는
비교의 함정

미 해군이 "해군의 사망률은 1,000명당 9명으로 뉴욕 시의 사망률 1,000명당 16명보다 낮다"는 광고를 낸 적이 있다. 군대에 가는 것이 안전하다는 메시지를 전달하는 광고였다. 당시는 모병제를 택하고 있는 미국 사회에서 군대에 지원하는 젊은이들이 감소하는 상황이었다. 미 해군성은 숫자를 가지고 광고에 대한 근거를 제시했다. 미서전쟁(1898년)Spanish-American War 동안 미 해군의 전사율은 1,000명당 9명이었다. 그런데 같은 기간 중 뉴욕 시의 사망률은 1,000명당 16명이었다. 미 해군의 징병관들은 이 숫자를 이용해 해군 입대가 뉴욕 시에서 거주하는 것보다 더 안전하다고 선전했다.[8]

아무리 생각해도 이해가 잘 안 되지만 숫자가 그렇게 말하고 있다니 대중은 믿을 수밖에 없을 것이다. 하지만 분명 잘못된 광고다. 비교 대상 자체가 잘못되었기 때문이다. 해군에 입대하려면 건강검진도 받을 것이고, 해군은 기본적으로 신체가 건강한 젊은이들로 구성되어 있는 집단이다. 뉴욕 시에 사는 시민 중에는 갓난아이도 있고, 노인도 있으며, 환자도 있는 등 여러 종류의 취약 집단이 포함되어 있다. 건강한 젊은이들이 모여 있는 집단보다 다양한 부류의 사람이 모여 있는 곳의 사망률이 높은 것은 당연하다. 이 수치만을 보고 건강한 젊은이가 뉴욕 시에 사는 것보다 해군에 입대하면 사망률이 낮아진다고 추론해서는 안 된다.

비교를 하려면 일단 비교 집단이 유사해야 한다. 차라리 해군과 다른 군, 가령 공군이나 육군의 사망률을 비교해서 해군에 입대하는 것이 더 안전하다고 대중에게 광고하는 것이 올바른 방법이다.

비교 집단의 유사성을 따져라

인구 1000만을 넘는 거대도시로 성장한 대한민국 수도 서울은 지난 반세기 동안 얼마나 변했을까? 서울시는 1961년 이래 서울 통계연보를 매년 발간하고 있는 가운데 2010년의 현주소와 지난 50년 동안 서울의 주요 사회 변화상을 재조명한 '2011 서울 통계연보'를 28일(일) 발표했다. (……) 통계에 따르면 서울의 인구는 1960년 244만 5,000명에서 2010년 1057만 5,000명으로 50년 만에 4.3배나 증가했다.[9]

위 기사는 지난 50년 동안의 서울의 발전상을 보여주는 통계를 인용했다. 의도는 알겠으나 여기에도 허점이 있다. 서울의 인구가 많이 증가한 것은 사실이다. 그러나 50년 전의 서울과 지금의 서울은 그 면적과 규모에 많은 변화가 있었다. 1960년의 서울이라면 4대문 정도 근방이었을 것이다. 하지만 지금의 서울은 어떠한가. 과거에는 경기도에 편입되었던 곳도 지금은 서울로 편제되어 있다. 그러한 변화를 고려하지 않고 단순 인구 비교를 하게되면 실제보다 과장된 표현을 피할 수 없게 된다.

> 정부가 받아야 하는데 제대로 받지 못한 돈이 눈덩이처럼 불어나고 있다. 22일 재정경제부가 발간한 국가채권관리백서에 따르면 국가채권 중 기한이 됐는데 회수되지 못한 연체채권은 2004년 말 현재 7조 8547억 원을 기록했다. 이는 33년 전인 1971년의 연체채권 규모 432억 원의 180배를 넘어서는 액수다. 연체채권 규모는 1979년 1973억 원으로 처음으로 1000억 원을 넘어선 이래 1988년에는 1조 759억 원으로 1조 원을 넘어서더니 한 해에 1조여 원씩 늘어 2004년에는 8조 원에 가깝게 됐다.[10]

위 언론 기사는 정부가 회수하지 못한 연체채권이 과거와 비교해 엄청나게 증가했음을 주장하고 있다. 서울의 인구를 비교하는 것과 마찬가지의 과장 보도라고 할 수 있다. 단순 계산을 해보면 연체채권 규모는 33년 전에 비해 180배 증가했다. 하지만 33년 전과 비교해 우리나라의 경제 규모가 변하지 않았는가? 경제 규모가 엄청 커지면서 국가채권 규모도 증가했고[11] 이에 따라 연체채권도 증가한 것이다. 이에 당시 재정경제부는 전체 국가채권에서 연체채권이 차지하는 비중은 33년 전인 1971년 9.4퍼센트에서 2004년 6.1퍼센트로 오히려 하락했다고 반박했다.

합리적 판단을 위한 비교 조건

올바른 비교를 하기 위해서는 적어도 다음과 같은 두 가지 조건이 만족되어야 한다.

첫째, 비교하고자 하는 특성이 올바로 정의되고, 비교 대상 간 그 정의가 같아야 한다. 그런 이유로 국가별 실업률 비교는 무의미할 수 있다. 실업률은 경제활동인구 중 실업자가 차지하는 비율로 실업자 수를 취업자와 실업자 수의 합으로 나눈 것이다. 하지만 나라별로 생산가능인구의 정의, 취업의 정의 등이 다르기 때문에 실업률도 달리 계산될 수밖에 없다.

예를 들어 국제노동기구ILO: International Labor Organization는 생산가능인구에 대한 특정 기준을 제시하고 있지 않으나, 우리나라는 군인을 제외한 15세 이상, 일본은 군인을 포함한 15세 이상, 미국은 군인을 제외한 16세 이상으로 정의하고 있다. 또한 무급 가족 종사자의 경우, 국제노동기구에서는 1시간 이상 근무하면 취업자로 보고 있으나, 우리나라에서는 주당 18시간 일을 해야 취업자로 보고 있고, 일본에서는 주당 1시간 이상, 미국에서는 주당 15시간 일을 하면 취업자로 간주하고 있다.[12]

둘째, 비교 집단이 유사해야 한다. 즉 비교하고자 하는 특성 이외의 조건은 집단 간 차이가 없어야 한다. 젊은이들로 구성된 집단과 유아와 노약자가 섞여 있는 집단의 사망률을 비교하는 것은 집단의 차이를 무시한 의미 없는 비교다. 세월에 따른 크기 변화를 고려하지 않고 단순히 인구수를 비교하는 것도 의미가 없다.

미국의 일급 보안 교도소로 유명한 알카트라즈가 폐쇄된 이유는 재정 문제 때문이었다. 운영 비용이 다른 교도소에 비해 너무 많이 들어갔기에 결국 비용을 감당하지 못한 캘리포니아 주정부는 1963년 3월 21일 알카트라즈를 폐쇄했다. 그 당시 죄수 한 명당 하루에 8달러의 비용이 들었다고 한다. 당시로서는 매우 많은 비용이었다. 이러한 고비용에 대해 공화당의 윌리엄 레인저Willam Langer 상원의원은 "죄수들을 알카트라즈보다 뉴욕의 최고급 호텔인 월도프 아스토리아Waldorf-Astoria 호텔에 묵게 하는 것이 훨씬 싸게 먹힐 것이다"라고 주장했다.[13]

이제 이 사람의 주장이 왜 잘못된 것인지 알겠는가? 비용에 대한 정의가 다른 것이다. 알카트라즈에서의 하루 비용은 죄수를 먹이고, 입히고, 재우고, 감시하는 등의 모든 비용이 포함된 것이다. 반면 뉴욕의 최고급 호텔 숙박비는 그저 자유인이 하루 자는 데 드는 비용일 뿐이다. 말하고자 하는 의도가 무엇이었는지는 알겠지만 그 상원의원이 알카트라즈와 호텔의 비용을 비교하며 든 예는 잘못된 것이다.

그래프와
그림에 대한
오해와 진실

신문이나 TV 뉴스에서는 그래프를 많이 보게 된다. 이 그래프도 대중의 착시 현상을 이용해 여론을 의도한 대로 조종하는 데 사용될 수 있다. [그림 6]의 그래프를 예로 보자. 둘 다 같은 자료를 사용해서 만든 것이다. 어느 기업의 2005년부터 2014년까지 10년 동안의 연간 영업이익 추이를 보여주는 그래프다. 같은 자료를 사용했음에도 위쪽의 그래프를 보면 10년 동안 영업이익의 증감이 거의 없는 매우 정체된 기업으로 보일 수 있다. 그러나 아래쪽 그래프를 보면 10년 동안의 영업이익이 가파르게 증가하고 있음을 알 수 있다.

때로 그래프를 만드는 사람들은 극적인 변화를 강조하고 싶을 때는 그렇게 보이도록 만들 수 있다. 변화의 폭이 미미한 것처럼 보여주고 싶을 때도 그렇게 보이도록 만들 수 있다. 방법은 간단하다. 가로축이나 세로축의 눈금 크기의 단위를 바꾸면 된다. 같은 크기의 눈금이라도 [그림 6]의 위쪽 그래프처럼 세로축의 눈

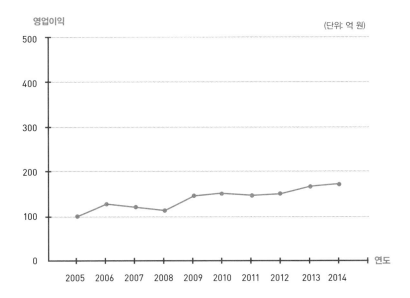

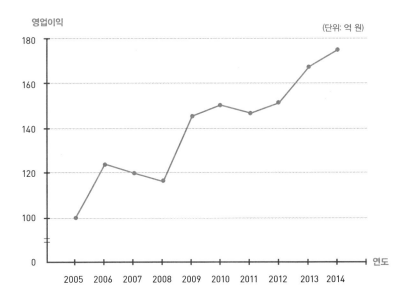

[그림 6] **그래프를 이용한 눈속임**

금 하나를 100억 원으로 하는 경우와 아래쪽 그림처럼 같은 크기의 눈금을 20억 원으로 설정하는 경우, 그림은 전혀 다르게 보인다. 위쪽 그림은 그다지 큰 변화가 없는 것으로 보이고, 아래쪽 그림은 급격한 변화가 있는 것처럼 느껴진다.

그래프를 볼 때, 특히 둘 이상의 그래프를 비교할 때는 가로축과 세로축의 눈금 단위가 동일한지 살펴야 한다. 그래야 의미 있는 비교를 할 수 있다.

그림 속에 숨겨진 눈속임

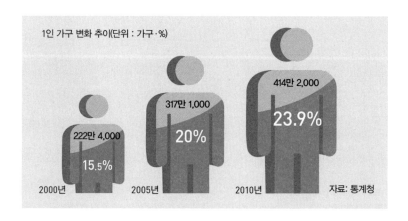

1인 가구 변화 추이(단위 : 가구·%)

222만 4,000
15.5%
2000년

317만 1,000
20%
2005년

414만 2,000
23.9%
2010년

자료: 통계청

2010년 11월 기준 우리나라 1인 가구는 414만 2,000가구로 10년 전인 2000년에 비해 191만 8,000가구(86.2퍼센트)가 증가했다. 1인 가구가 전체 가구(1733만 9,000가구)에서 차지하는 비중은 23.9퍼센트. 올해 1인 가구는 25.3퍼센트로 추정되는데, 2인 가구(25.2퍼센트)나 3인 가구(21.3퍼센트)보다 높다.[14]

앞의 기사에서는 그림을 사용해 '1인 가구의 수'와 '1인 가구가 전체 가구에서 차지하는 비중'이 증가했음을 보여주고 있다. 1인 가구의 수는 2000년 222만 4,000, 2005년 317만 1,000, 그리고 2010년 414만 2,000으로 2000년에서 2005년까지 5년간 42.6퍼센트, 2000년에서 2010년까지 10년간 86.2퍼센트 증가했다. 그런데 2005년과 2010년 그림을 보면 실제 증가 폭보다 훨씬 더 과장되게 그리고 있다. 기사가 의도하는 바를 대중에게 각인시키기 위한 것이다.

정확한 비교 그림을 보여주려면 2000년도의 그림을 기준으로 1인 가구 수의 증가 폭만큼 그림의 길이만 늘이든지 아니면 너비만 늘이든지 어느 것 하나만 늘여야 할 것이다. 그러나 그림들의 실제 크기를 측정해보면 증가 폭만큼 너비와 길이를 함께 늘여 실제 증가 폭보다 훨씬 과장되게 보이고 있다. 어떤 것이 2배로 증가했다고 할 때 가로와 세로의 길이를 함께 2배로 늘이면 그림은 2배로 커지는 것이 아니라 4배로 커진다.

비포 & 애프터 사진의 비밀

사연을 보낸 신청자를 선정해 무료로 성형수술을 해주는 TV 프로그램이 있다. 성형 전과 후의 극적인 외모 변화로 화제가 되곤 한다. 물론 성형수술을 했으니 수술 이전보다는 모습이 많이 달라질 수 있다. 하지만 '어쩌면 이렇게 변할 수 있을까? 정말 같은 사람이 맞나?' 싶을 정도로 놀라울 때가 있다. 성형외과 광고에서도 수술 전과 후의 모습을 대비해 보여주는 경우가 많다. '나도 저렇게 달라질 수 있겠구나' 하는 마음이 들게 하는 시각 자료로 고객을 끌기 위한 것이다. 하지만 소위 비포before와 애프터after 사진을 비교할 때는 여러 가지를 같이 보아야 한다.

평범한 얼굴이 화려한 미모로 변신했음을 보여주는 애프터 사진에는 대중의 눈을 속이는 함정이 있다. 사진에는 얼굴만 변한 것이 아니다. 배경과 표정이 다른 데다 옷, 장식, 머리 모양까지 다른 것이 한두 가지가 아니다. 주로 비포 사진의 배경은 검은색 등 어두운 배경이 많다. 반면 애프터 사진의 배경은 흰색으로 얼굴을 돋보이게 한다. 표정 또한 다르다. 비포 사진의 경우 무표정한 모습으로 화장도 하지 않은 얼굴이다. 머리 모양도 수수하고 장신구도 하지 않았으며 복장도 단색의 티셔츠 정도를 걸치고 있을 뿐이다. 하지만 애프터 사진의 모습은 어떠한가. 머리는 세련되게 물들이고 꾸민 데다 화장도 곱게 하고 아름다운 미소를 머금고 있다. 게다가 멋진 드레스를 입고 귀걸이와 목걸이 같은 장신구도 착용하고 있다. 당연히 수술 후의 모습이 훨씬 나아 보이지 않겠는가.

동일한 배경, 동일한 표정, 동일한 옷, 동일한 헤어스타일 등 모든 조건을 똑같이 하고 비포와 애프터의 모습을 사진으로 찍어 비교해본다면 이전보다는 그 차이가 훨씬 줄어들 것이다.

인과관계의 오류
피하려면
관계 설정이
먼저

각각의 자료가 나타내는 바를 보고 그 사이의 관계를 꿰맞춰 어떤 현상에 대해 이야기할 때가 있다. 예컨대 1961년부터 2000년까지 40년 동안의 우리나라 냉장고 보급률과 위암 발생률 자료가 있다고 하자. 두 자료를 살펴보니 시간이 흐르면서 모두 증가 추세에 있음을 알 수 있었다. 그렇다면 냉장고에 보관된 냉장 음식을 먹는 것이 위암 발생에 영향을 미친다고 볼 수 있을까?

우리는 때로 잘못된 연관논리를 사용해 두 사건의 잘못된 인과관계를 유추한다. 두 사건이 실제로는 아무런 인과관계가 없음에도 동시에 빈번히 발생한다는 점에 주목해 두 사건의 단순 관계를 인과관계로 착각하는 것이다. 이는 두 사건에 영향을 미치는 제3의 요소를 고려하지 않아 벌어진 잘못이다. 상식적으로 생각해보면 시간이 지남에 따라 경제 수준이 높아지면서 냉장고 보급률이 높아지고, 식단이 점차 서구화하고, 먹을 것이 풍요

로워짐에 따라 위암 발생률도 높아졌다고 보는 것이 맞다. 하지만 마치 자료 자체가 모든 결과를 객관화할 수 있다는 듯이 잘못된 인과관계를 유추하는 일이 우리 주위에선 빈번하게 일어난다.

우연이 초래한 잘못된 인과관계

'오비이락烏飛梨落'이라는 말이 있다. 까마귀 날자 배 떨어진다는 말로, 아무런 관계도 없이 행한 일이 우연히 다른 일과 동시에 일어나 오해를 사는 경우를 말한다. 두 사건이 거의 같은 시기에 발생하면 사람들 대부분은 앞서 일어난 사건이 바로 다음에 일어난 사건의 원인이라고 쉽게 단정한다. 우연히 함께 발생한 두 현상의 단순 관계를 인과관계로 판단하는 오류를 범하는 것이다. "오이 밭에서는 신을 고쳐 신지 말고, 배나무 아래에서는 갓을 고쳐 쓰지 말라"는 말은 우연히 발생한 단순 관계가 다른 사람에게는 인과관계로 착각될 수 있으니 괜한 오해를 사지 않도록 조심하라는 것이다.

두 가지 현상이 인과관계를 갖기 위해서는 적어도 한 현상이 다른 현상의 원인이 된다는 믿음이 있어야 한다. 예를 들어 과거 20년 동안의 우리나라 원유 수입량과 아프리카 가나공화국의 카카오 생산량 자료를 사용해서 인과관계를 유추하는 것은 아무런 의미가 없다. 두 현상 중 어느 현상이 다른 현상의 원인이 된다는 것이 상식적으로 납득되지 않기 때문이다. 자료를 가지고 통계 분석은 할 수 있지만 그 분석 결과는 아무런 의미를 갖지 않는다. 숫자는 상식을 뛰어넘을 수 없다. 하지만 숫자를 들이대면, 더욱이 소수점 몇째 자리까지 나타낸 숫자를 구체적으로 제시하면, 그것이 진실인 양 속아 넘어가는 사람이 많은 것도 사실이다.

'불황기에 여성들의 치마 길이가 짧아진다'는 속설이 부산지역 유통가에서 그대로 입증되고 있다. 롯데백화점은 부산지역 4개점에서 영업 중인 대표적 영패션 브랜드인 스위트숲, 비지트인 뉴욕, 온앤온의 '미니스커트' 판매 실적을 확인해본 결과, 경기가 비교적 좋았던 지난해보다 오히려 불황이 깊어진 올 상반기 매출이 평균 10퍼센트 이상 더 늘었다고 28일 밝혔다. 이 같은 '미니스커트' 매출은 앞서 3개 브랜드의 올해 매출이 지난해 상반기에 비해 평균 5퍼센트 정도 감소세인 것을 감안할 때 매우 대조적이다.[15]

위의 기사는 마치 경기 상황과 미니스커트의 매출이 인과관계에 있다는 생각을 하게 만든다. 여자들의 치마 길이가 경기 상황에 따라 길어졌다 줄어들었다 하는 듯한 인상을 심어준다. 미니스커트가 대중적인 패션 트렌드로 유행하는 시점과 경기 불황이 우연히 맞아떨어진 결과를 가지고, 그것도 겨우 2개년 자료에도 못 미치는 작년과 올해 상반기 매출을 비교해 둘 사이에 인과관계가 성립한다는 추측을 정당화하고 있는 것이다.

상관관계와 인과관계의 차이

사람들이 인과관계와 비슷한 개념으로 알고 있는 것이 바로 상관관계correlation다. 상관관계는 통계학 용어지만 일반인들도 많이 사용하는 말이다. 하지만 상관관계의 올바른 의미를 알고 있는 경우는 드물다. 결론적으로 말해 상관관계가 인과관계와는 다른 개념임에도 이를 혼용해서 쓰는 경우가 적지 않다. 전문가라는 사람들도 예외는 아니다.

상관관계의 정확한 의미는 무엇일까? 우선, 상관관계는 어느 두 현상의 선형관계의 방향과 강도를 측정하는 개념이다. 다시 말해 두 현상이 비례적 관계(어떤 한 현상이 증가하면 다른 현상도 증가하는 관계)에 있는지, 아니면 반비례적 관계(어떤 한 현상이 증가하면 다른 현상은 감소하는 관계)에 있는지, 그리고 그 관계의 정도는 어떠한지를 측정하는 것이다.

우리나라 초등학생 800명의 키와 몸무게를 기록한 자료가 있다고 하자. 자료를 살펴보니 키가 큰 학생은 몸무게도 많이 나가는 경향이 있었다. 이때 키와 몸무게 사이에는 양(+)의 상관관계가 있다고 볼 수 있다. 하지만 이 경우, 키가 큰 것이 몸무게가 많이 나가는 원인이라고 말할 수는 없다. 또한 몸무게가 많이 나가는 것이 키가 커지는 원인이라고도 말할 수 없다. 즉 두 현상 사이에 인과관계가 있다고는 말할 수 없다. 두 현상은 단지 비례적인 관계에 있을 뿐이다. 키와 몸무게는 유전, 영양 상태 등 제3의 요소에 의해 영향을 받았을 가능성이 크다. 상관관계란 두 현상 간의 인과관계를 나타내는 개념이 아니라 두 현상이 같은 방향으로 움직이는지, 아니면 반대 방향으로 움직이는지를 측정하는 개념이다.[16]

다른 예로, 우리나라 500대 기업의 영업이익과 부채비율 자료를 조사해보았더니 영업이익이 높은 기업은 부채비율이 낮은 경향이 있다고 치자. 두 자료를 사용해 상관계수를 구하면 음의 값을 보이는데 이때 영업이익과 부채비율은 반비례관계에 있다고 말할 수 있다. 영업이익이 높은 기업은 부채비율이 낮은 추이를 보인다는 것이다. 하지만 이것을 가지고 영업이익이 높은 것이 부채비율을 낮게 만든다든지, 또는 부채비율이 높은 것이 영업이익을 끌어내린다고 유추하는 것은 상관계수를 이용해서 내릴 결론은 아니라는 말이다.

주식 및 스포츠 간의 관계에 대해 가장 많이 거론되는 미국의 '슈퍼볼 지표'는 올해도 순항 중이다. 슈퍼볼 지표는 미국 증시가 내셔널콘퍼런스NFC 우승 팀이 슈퍼볼을 차지한 해에는 강세를, 아메리칸콘퍼런스AFC 소속 팀이 우승한 해에는 약세를 기록한다는 통계다. 스탠더드앤드푸어스S&P500지수 기준으로 슈퍼볼 지표는 지난 45년간 35차례(78퍼센트) 적중했다. 올해는 NFC 소속인 자이언츠가 우승했으며 현재 S&P500지수는 4.46퍼센트 상승 중이다.[17]

위 기사는 45년간의 자료를 통해 미국 슈퍼볼 우승 팀이 어느 소속이냐에 따라 그해 증시가 강세를 보이거나 약세를 보인 것을 높은 적중률로 맞히고 있음을 보여준다. 그래서 이 통계 결과를 놓고 증시의 활황을 염원하며, 내셔널콘퍼런스 팀의 우승을 기원하는 사람도 많다. 하지만 이 통계를 보고 두 현상 간의 상관관계는 높다고 말할 수 있어도, 증시의 강세를 기원하며 특정 팀의 우승을 기원할 만큼 우승 팀의 소속이 증시의 강약 여부를 결정한다는 인과관계의 증거는 찾을 수 없다.

엉뚱한 결론에 이르게 하는 연관논리의 오류

어느 지역의 흡연자를 조사해보니 대부분의 흡연자가 남성으로 나타났다고 하자. 이 사실을 보고 남성 대부분이 흡연자라고 생각한다면 이것은 연관논리의 오류associative logic error다. 조건부확률에서 조건에 해당하는 사건과 확률 평가의 대상이 되는 사건의 혼동에서 빚어지는 오류다. 흡연자 대부분이 남성이기 때문에 남성 대부분이 흡연자라고 생각하는 것이다. 여기서 사람들은 남성과 흡연자를 서로 연관 지어 생각해, 두 사건이 함께 일어날 가능성을 높이 평가하는 오류를 범할 수 있다.

신문이나 잡지에 나오는 화장품 광고모델을 보면 하나같이 피부가 좋다. 이 화장품을 바르면 이렇게 피부가 좋아질 수 있다는 메시지를 전한다. 하지만 광고모델이 되려면 남보다 좋은 피부를 가지고 있어야 하는 것이고, 또 실제로 그렇기 때문에 광고모델이 된 것 아니겠는가. 하지만 사람들은 그 화장품을 바르면 자신도 그 모델처럼 피부가 좋아질 것이라는 착각을 하게 된다.

천재는 우리 같은 일반인과 어떻게 다를까. 지금도 과학자들이 이러
한 의문을 꾸준히 연구하고 있는 가운데 이를 구분하는 특징 5가지
가 최근 미국의 과학 전문 사이트인 카운슬앤힐닷컴counselheal.com
에 소개돼 눈길을 끌고 있다. 이 사이트에 따르면 천재는 성욕이 강
하며 약물 의존도가 높고, 올빼미형 인간일 수 있다. 또 국내에는 해
당하지 않지만 눈동자 색이 옅고 여성 중에서는 가슴이 클 수 있다
고 한다.[18]

"당신도 해당?"이라는 위 기사의 제목을 보면 머리 좋은 사람
들이 보이는 다섯 가지 특징이 있으니, 당신이 만약 이러한 특징
들을 갖고 있다면 당신도 천재에 해당한다는 내용을 암시하고
있다. 이는 연관논리의 오류다. 기사에서 언급한 연구 결과는 천
재들은 이러한 특징들을 보인다는 것이지, 이러한 특징을 보인다
고 해서 천재라는 것이 아니다.

다른 예로 혈액형으로 성격을 판단하는 현상이 크게 유행한
적이 있다. A형은 소심하고, B형은 호기심이 많고, O형은 외향
적이며, AB형은 속을 알 수 없다는 것이다. 혈액형에 의한 성격
구분은 1927년 일본의 심리학자 다게치 후루카와가 주변 사람
들 319명을 조사해 일본 응용심리학회지에 발표한 '혈액형에 의
한 기질 연구'라는 논문에서 시작되었다. 물론 이 논문은 학계에

서는 전혀 인정받지 못하고 사람들의 기억에서 잊혀갔는데, 나중에 1970년대 기자 출신의 노미 마사히코가 이를 근거로 쓴 책이 베스트셀러가 되면서 혈액형과 성격에 관한 이야기가 주목을 받았다.

혈액형에 의한 성격 구분은 일본에서 우리나라로 건너와 대중화됐다. 1920년대 한 일본인이 자신의 주위 사람 300여 명을 대상으로 혈액형에 따른 성격을 분류한 결과가 인류 수십억 명의 성격을 구분하는 법칙인 양 이야기하는 사람도 우리 주위에는 많다. 이런 결과를 맹신하는 사람은 대화할 때 상대방이 소심해 보이면 "A형이죠?"라고 물어본다. 그리고 누군가에게 "A형 맞죠?"라는 질문을 받으면 "왜요? 제가 소심해 보이나요?"라고 반문하기도 한다. 연관논리의 오류다.

동시확률과 조건부확률

조건부확률conditional probability을 적용할 상황과 동시확률joint probability을 적용할 상황을 혼동하는 경우도 많이 있다. 미래의 불확실한 사건 A와 B가 있을 때, A와 B가 같이 한꺼번에 일어날 확률을 동시확률이라고 한다. 이 경우 두 사건은 모두 아직 발생하지 않은 사건으로 불확실한 사건이다. 그러나 이 중 한 사건(사건 A)이 일어났다는 가정하에 다른 사건(사건 B)이 일어날 확률을 조건부확률이라고 하는데, 이때 조건으로 작용하는 사건 A는 더 이상 불확실한 사건이 아니다. 사건 A는 이미 발생한 사건으로 우리에게 알려진 정보이며, 따라서 우리가 고려해야 하는 세계는 A로 축소된다.

이를테면 주사위를 한 번 던져 짝수의 눈이 나오는 동시에 주사위 눈의 수가 2 이하일 확률은 동시확률로 해당 확률은 6분의 1이다.[19] 하지만 주사위를 던져 짝수의 눈이 나온 상황에서 주사위 눈의 수가 2 이하일 확률은 조건부확률로 해당 확률은 3분의 1이다.[20] 후자의 경우, 우리가 고려하는 세상은 주사위 눈이 짝수인 상황으로 압축된다. 즉 새로운 정보가 수집되면 우리의 관심 세계는 그 정보를 만족하는 세계로 축소되고 따라서 해당 확률도 달라진다.[21]

> 월드컵 본선의 첫 번째 경기를 이긴 팀이 16강에 진출할 확률은 87.5퍼센트라고 한다. 그렇다면 월드컵 본선 첫 경기에서 토고 팀을 이긴 한국 팀이 16강에 진출할 확률을 87.5퍼센트라고 할 수 있을까?[22]

2006년 독일 월드컵에서 우리나라가 본선 첫 번째 경기에서 토고에 승리하자 본선 첫 번째 경기에서 승리한 팀은 16강 진출 확률이 87.5퍼센트라는 기사가 많이 나왔다. 물론 이 확률은 조건부확률임에는 틀림없고, 우리에게는 매우 고무적인 기사였지만 현실을 직시할 필요가 있다. 조건이 너무 광범위하다. 첫 번째 경기에서 어떤 조의 어떤 팀이 다른 어떤 팀이라도 이긴다면

16강에 진출할 확률이 모두 87.5퍼센트가 될까? 우리가 토고와 같은 약팀이 아니라 다른 팀을 이겼다는 조건에서도 그 확률은 동일할까? 어느 강팀이 그 조에 속한 또 다른 강팀을 이겼어도 그 팀이 16강에 진출할 확률은 87.5퍼센트로 동일할까?

아닐 것이다. 한국이 약팀인 토고에 승리한 조건에서 한국이 16강에 진출할 확률은 87.5퍼센트와는 큰 차이를 보일 것이다. 위의 확률은 우리에게 16강 진출이라는 희망 어린 메시지는 줄 수 있을지 몰라도 사실과는 거리가 있다. 실제로 그 당시 한국이 속한 G조에서 16강에 진출한 나라는 프랑스와 스위스였다.

닭이 먼저냐 달걀이 먼저냐

순환논리의 오류라는 것도 있다. 결론으로 결론을 증명하는 것을 말한다. 어떤 결론의 타당성을 입증하기 위해서는 객관적인 근거가 있어야 한다. 하지만 이를 내보일 수 없을 때 사람들은 결론으로 결론을 증명하려는 오류를 범한다. 예를 들어 "당신의 나이는 몇 살입니까?"라는 질문에 "나는 내 동생보다 두 살 많습니다"라고 대답했다고 하자. 그러면 상대방은 당연히 당신의 나이를 알기 위해 동생의 나이가 몇 살인지 물을 것이다. 이에 대해 "동생은 나보다 두 살 어립니다"라고 대답한다면, 원래의 질문에 대한 대답은 하지 않고, 다람쥐 쳇바퀴 돌 듯 같은 이야기만 반복하게 되는 꼴이다.

북한의 '12·12 장거리 미사일 발사 도발' 이후 이른바 '중국판 햇볕정책'이 국제사회 대북제재 강화론의 발목을 잡고 있다. 한·미 양국이 추진하는 제재강화 방안에 중국은 논의 시작단계부터 건건이 제동을 거는 모습이다. 발사 사흘째인 14일까지 양측은 물밑접촉 과정에서 기존 대북제재의 효과에 대한 평가, 제재강화 시 향후 추가도발 억제력에 대한 효과를 놓고 물밑에서 치열한 논리대결을 펼치고 있다. 입장차가 보다 확연해지는 형국이다.[23]

위의 기사는 북한의 도발에 대응하기 위한 유엔 안보리 결의안이 큰 효과를 보지 못하고 있음을 이야기하고 있다. 이에 대한 이유를 한국과 미국은 중국의 소극적인 태도라고 하면서 비판하고 있지만, 중국은 제재 방안 자체의 실효성을 문제시하고 있다. 즉 안보리 결의안의 효과에 대해 중국은 "제재가 실효성이 없기 때문에 우리는 소극적인 태도를 취하는 것이다"라고 하고, 한국과 미국은 "중국이 소극적인 태도를 취하기 때문에 결의안이 효과가 없는 것이다"라고 주장하고 있다. 자신의 결론을 뒷받침할 수 있는 타당성 있는 이유를 대지 않고 상대방의 결론을 내 주장의 근거로 삼고 있다. "닭이 먼저냐 달걀이 먼저냐"라는 식의 논쟁이다. 이런 것이 바로 순환논리의 오류다.

세상은
왜곡된 통계에
속고 있다

특정 집단이 자신의 이해관계를 위해 자신들의 입맛에 맞게 통계를 이용할 수 있다. 여기엔 어떤 목적을 위해 사실을 왜곡할 수 있다는 데 위험이 있다. 다음의 두 기사는 동일한 사안에 대한 서로 다른 의견을 보여주고 있다. 하나는 국내 일간지 사설이고, 또 하나는 이러한 보도에 반발한 그 당시 행정자치부의 반박 자료 기사다.

행정자치부가 발표한 '토지소유 현황' 통계가 실상을 왜곡, 과장한 것으로 드러났다. 행자부는 그 자료에서 총인구의 상위 1퍼센트가 전체 사유지의 51.5퍼센트를 보유하고 있다고 밝혔다. 전체 인구의 28.7퍼센트만이 토지를 보유하고 있다고도 했다. 다시 말해 우리 국민의 71.3퍼센트, 3500만 명이 손바닥만 한 땅도 가지고 있지 않다는 것이었다. 행자부 발표가 있자 시민단체들은 즉각 "토지 소유의 불평등을 이대로 방치해선 안 된다"며 목소리를 높였고, 친정부 언론들도 이 구호를 함께 복창했다. 국정홍보처의 인터넷 사이트인 국정브리핑도 "전 인구의 70퍼센트에 해당하는 많은 국민들이 허탈해하고, 빈부의 양극화를 뼈저리게 느끼는 순간"이라고 성냥을 그어댔다. 어처구니없는 것은 정부가 한 뼘의 자기 땅도 갖고 있지 않다고 선동하듯 내세운 70퍼센트의 국민에 갓 태어난 갓난아이들까지 포함돼 있다는 사실이다. 정부가 토지 소유 통계를 가구별로 내지 않고 개인별로 낸 탓이다. (……) 우리나라의 가구당 평균 인원은 3.1명이다. 그렇다면 총인구의 28.7퍼센트가 토지 소유자라는 것은 70퍼센트 정도의 국민이 땅을 갖고 있는 가구에 속해 있다는 의미이다. 정부가 말한 것과는 정반대의 결과다. 뿐만 아니라 사유지의 95퍼센트 정도는 임야와 농경지다. 선산이나 대대로 농사짓고 있는 땅이 많다. 하지만 이 정부의 계산법대로 하면 자기 땅 1정보(3,000평)의 농사를 짓고 있는 농민도 상위 5~10퍼센트의 '땅부자'에 속해 투기 여부를 의심받아야 할 판이다.[24]

행정자치부가 조선일보 보도에 대해 언론중재위원회에 중재신청 등 강력한 대응을 할 방침이라고 21일 밝혔다. 행자부가 문제로 지적한 기사는 조선일보 20일자 1면의 '정부, 땅부자 통계왜곡 왜?'이다. (……) 행자부 관계자는 이 보도에 대해 "지난 3월부터 정기적으로 해온 발표였고 통계를 왜곡하려는 의도가 전혀 없었음에도 불구하고 조선일보가 의도적으로 정부를 비난하는 기사를 실었다"고 말했다. 이 관계자는 "토지소유자를 개인별로 계산하느냐, 가구 수로 계산하느냐는 문제를 가지고 정부가 의도적으로 통계를 왜곡했다는 조선일보의 보도 자체가 문제가 있다"며 당시 정황을 설명했다. 행자부는 지난 15일 정부 수립 이후 최초로 전수조사를 토대로 집계한 토지소유현황을 발표하며 "전체인구 상위 1퍼센트가 면적 기준으로 전체 사유지의 51.5퍼센트, 상위 5퍼센트가 82.7퍼센트를 차지하고 있다"고 밝혔다.[25]

어느 쪽이 사실인지는 각자가 스스로 판단할 일이다. 중요한 것은 이처럼 같은 사안을 놓고 이해관계가 다른 집단이 자신에게 유리한 통계를 이용해 서로 다른 이야기를 할 수 있으며, 그것에 의해 대중의 인식이 휘둘릴 수 있다는 사실이다.

똑같은 자료, 서로 다른 해석

다음 기사도 다분히 어떤 의도를 가지고 통계를 왜곡한 사례를 다루고 있다.

전라북도교육청의 정보공개비율(2011년 기준)이 56.8퍼센트라는 참여자치전북시민연대의 발표에 대해 도교육청은 "자의적으로 날조된 통계"라며 반박했다. 도교육청은 11일 보도자료를 통해 "확인 결과 2011년 정보공개 청구 총 1,038건 중 590건을 전부 또는 부분 공개했고, 102건을 비공개 처리해 정보공개비율은 85.3퍼센트로 나타났다"라며 "나머지 346건은 청구인 스스로 취하하거나 정보 부존재

처리 등 청구 건수에 포함시킬 수 없는 수치"라고 밝혔다. 이어 "어떤 의도에서인지 참여연대는 청구인 본인 취하나 정보 부존재 건수까지 비공개 건수로 포함시켜 도교육청의 정보공개비율을 크게 낮췄다"며 "게다가 본청에서 비공개 처리한 78건 중 52건은 '사무직렬 기능직 공무원의 일반직 전환시험 문제를 공개해달라는 단일 사안'인데도 이에 대한 아무런 확인 없이 단순 비공개 건수로 포함시켰다"고 덧붙였다. 또 "시험문제는 법률로 공개하지 못하도록 규정하고 있어 법률에 따라 비공개 처리한 것"이라며 "이 수치를 제외하면 전북교육청의 정보공개 비율은 90퍼센트 이상으로 높아질 것이고, 좀 더 세부적으로 분석하면 더 높아질 것"이라고 강조했다.[26]

통계는 누가 그것을 발표하느냐에 따라서도 달라진다. 집회 규모를 추산할 때 집회를 주관한 곳이 내놓은 수치와 다른 기관이 추산한 수치는 다른 것이 보통이다. 각자 자신에게 유리한 쪽으로 통계를 내놓고 그것을 이용해 자신의 의도대로 여론을 조종할 수 있다.

경찰과 손해보험업계가 각각 작성한 교통사고 발생 통계가 4배 가까이 차이 나는 것으로 나타났다. 경찰은 교통사고가 줄어드는 추세라고 말하고 있지만 손보사들은 오히려 늘어나고 있다며 경찰 통계의 신뢰성에 의문을 제기하고 있다. 27일 손해보험업계에 따르면 경찰청이 발간한 '2006년판 교통사고 통계'상 지난해 교통사고 발생 건수는 21만 4,171건으로 전년보다 3퍼센트 감소했다. 또 교통사고 부상자는 34만 2,233명으로 1.4퍼센트 줄었다. 반면 보험개발원과 15개 손해보험사의 자료 등을 기준으로 한 보험 통계(자동차 의무보험인 대인 배상1 가입자 기준)상 교통사고 발생 건수는 작년에 80만 7,062건으로 8.8퍼센트 증가했으며 경찰 통계보다도 3.8배나 많은 수준이다. 또 부상자도 9.4퍼센트 늘어난 122만 9,232명으로 경찰 통계보다 88만 6,999명이 많다. 이처럼 경찰 통계와 보험 통계가 큰 차이가 나는 것은 사망이나 뺑소니 사고, 신호 위반 등 10대 중과실 사고를 제외하고 교통사고처리특례법상 자동차보험에 가입해 있으면 공소권(형사 책임)이 없는 사고는 경찰 신고나 조사가 이뤄지지 않는 관행 때문이다. 대신 보험 처리를 하는 경우가 많아 손해보험업계가 집계한 교통사고 발생 건수가 월등히 많다는 것이다.[27]

위의 기사를 보면, 동일한 교통사고 발생 건수지만 경찰은 자신들에게 유리하게 매년 축소된 교통사고 발생 통계를 발표함으로써 자신들의 업무 노력이 교통사고 방지에 도움이 되고 있음을 부각하고자 한다. 하지만 손해보험사의 경우, 이렇게 되면 경찰 신고나 조사가 이루어지지 않는 허점을 이용한 보험 사기가 많이 발생할 수 있고, 이는 결국 보험금의 누수로 이어진다는 명분과 함께 축소된 교통사고 통계로 인해 보험료 책정에 불리한 여론 형성 등을 이유로 문제를 제기하고 있다.

이렇듯 서로 입장이 다른 것은 이해하지만 그 차이가 4배 가까이 된다는 것은 분명 문제가 있다. 그것도 공식적인 기관에서 내놓은 데이터가 실제와 이처럼 크게 다르다면 이를 이용하는 사람들도 혼란에 빠질 것임은 자명하다. 같은 공적 기관임에도 다음 기사처럼 동일한 자료에 대해 해석이 다를 수도 있다.

> 기획재정부와 KDI(한국개발연구원)의 경기분석이 엇갈린다. 데이터는 같은데 분석이 다르다. 하반기 경기부양에 방점을 찍은 정부가 정책 효과에 대한 강한 의지를 담아 긍정 전망한 반면, 연구기관인 KDI 는 보다 신중한 입장을 견지했기 때문이다. 기재부와 KDI는 6일 각각 최근경제동향(그린북)과 KDI경제동향 8월호를 내놨다. 기재부는 그린북을 통해 "우리 경제가 회복 조짐을 보이고 있다"고 밝혔다. 지난 7월호에서 저성장이라는 단어를 빼고 처음으로 개선이라는 단어를 포함시킨 후 한 달 만에 한 단계 더 높은 회복을 언급한 것이다. 하지만 같은 날 발표된 KDI경제동향은 어둡다. KDI는 "아직 우리 경제는 전반적으로 부진한 상태에 머물러 있는 것으로 판단된다"며 "민간소비와 설비투자가 여전히 부진하고 수출도 낮은 증가세를 기록해 경기회복이 여전히 취약하다"고 지적했다. (……) 경기부양에 열을 올리는 정부로서는 김새는 분석이다.[28]

기획재정부는 정부기관으로 정부의 경기 부양 방침에 부합하는 전망을 내놓은 반면, KDI는 연구기관으로서 좀 더 신중한 입장을 견지해 기획재정부와는 다른 어두운 전망을 내놓고 있다. 어느 쪽이 맞는 해석일까? 경제에 대해 잘 모르는 일반인들은 어느 쪽이 맞는지 분간하기 힘들 수밖에 없다. 공신력公信力이라는 말이 있다. 사전을 찾아보면 '사회적으로 널리 인정받을 수 있는 공공의 신용이나 공적인 믿음'이라는 말이다. 정부기관과 공공기관의 발표는 말 그대로 공신력이 있어야 한다. 하지만 그들의 발표가 이처럼 다르다면 어느 기관을 과연 공신력 있는 기관이라고 해야 할까.

통계의 마술에서 벗어나려면

통계자료를 볼 때는 세 가지를 주의해야 한다.

첫째, 누가 발표한 자료인가? 발표 주체에 따라 통계수치와 그 해석은 달라질 수 있다. 세계 100대 MBA 프로그램은 어디일까? 미국의 〈유에스뉴스앤드월드리포트U.S. News and World Report〉나 〈뉴스위크Newsweek〉에서 발표했느냐, 아니면 유럽, 예를 들어 영국의 〈파이낸셜타임스Financial Times〉에서 발표했느냐에 따라 학교의 순위가 다르다. 미국에서 발표할 때는 미국 학교들이, 유럽에서 발표할 때는 유럽 소재 학교들이 순위에 많이 오른다. 발표 기관마다 평가 기준도 다르고 가중치도 다르기 때문이지만 팔이 안으로 굽는다고 자신과 어떤 관계(지연, 혈연, 학연 등)를 가진 평가 대상에 유리한 기준과 가중치를 부여하는 것은 이제 공공연한 비밀이 되었다.

둘째, 통계 발표에 어떤 의도가 있지 않은지 살펴보라. 의도는 명분 뒤에 숨겨질 수 있다. 겉으로 드러난 명분 뒤에 숨겨진 의도를 찾아내 그 의도대로 통계자료가 왜곡되지 않았는지 의심해 보아야 한다.

셋째, 통계수치의 대상이 명확히 정의되어 있는지 확인하라. 예컨대 중산층은 누구를 말하는가? 당신은 중산층인가?

"저는 중산층인가요?" 박근혜정부가 발표한 첫 세제개편안이 월급쟁이들의 공분을 샀다. 연소득 3450만 원 이상 근로자에게 세금을 조금 더 걷겠다고 했다가 반발이 극심하자 5500만 원 이상으로 '하루 만에' 높였다. 그래도 중산층 증세 논란은 쉬이 가라앉지 않고 있다. 국민은 혼란스럽다. 사실 역대 정부는 정확한 중산층 기준을 제시하지 못했다. 정책에 꿰맞추다 보니 정책 발표 때마다 다른 중산층 기준을 내놓았던 탓이다. (……) 이명박정부였던 2008년 세제개편 때에는 '과세표준액'을 기준으로 연소득 8800만 원 이하를 서민, 중산층으로 분류했다. 그리고 4년 뒤인 2012년 세제개편 때에는 '근로자 연소득'을 기준으로 5000만 원 이상이 중산층이라 했다. 2012년 국회 국정감사 때에는 다시 '과세표준액'을 기준으로 8800만 원 이상이 중산층이라고 했으니 그야말로 고무줄 잣대였던 것이다. (……) OECD는 중산층 범위를 '중위소득'으로 파악하는데 전체 가구를 1등부터 100등까지 세우고 '50등' 가구의 소득을 기준으로 중위소득을 산출한다. 50등 가구 기준으로 50~150퍼센트 소득을 가진 가구를 중산층으로 정의하고 있는 것이다. 반면 우리나라 통계청

은 우리나라 중산층 범위를 전국 가구의 65퍼센트(처분 가능소득 기준)로 잡고 있다.[29]

중산층에 대한 명확한 정의 없이 중산층에 대한 통계자료를 제시하는 것은 무의미하다. 현 정부의 세제 개편에 혼동이 있었던 것도 중산층에 대한 개념과 그 기준이 고무줄처럼 늘어났다 줄었다를 반복했기 때문이다.

chapter6

고질적인
판단의
덫에서
벗어나는 법

옳은 판단력은 우리가 보는
모든 것에서 수익을 끌어낸다.
—윌리엄 셰익스피어William Shakespeare, 영국의 극작가

지이불행,
안다면 즉시
행동으로
옮겨라

"세상이 어떻게 돌아가는지 조금이라도 안다면 말보다 행동이야말로 진정한 판단 기준이라고 이야기할 것이다."

– 조지 워싱턴George Washington, 미국 초대 대통령

미국 4대 은행 중 하나인 웰스파고Wells Fargo의 CEO를 지낸 리처드 코바세비치Richard Kovacebich는 출장 중 회사의 중요한 전략 계획서를 비행기에 놓고 내린 적이 있다. 많은 사람이 회사의 중요한 기밀문서가 유출된 것에 대해 크게 우려했지만 그는 태연하게 이렇게 말했다.

"괜찮습니다. 어차피 그 계획을 실행할 기업은 없을 테니까요. 우리의 성공은 우리가 세운 계획이 아니라 우리의 실행력에 달려 있습니다."[1]

지이불행知而不行이란 알고는 있지만 행동으로 이어지지 않음을 말한다. 자신이 아는 것을 적시에 행동으로 옮길 수 있다면 얼마

나 많은 것이 달라질까? 아쉽게도 아는 것을 행하기까지 우리는 많은 사회적 비용을 치르기도 한다.

대표적인 예가 다국적 제약회사인 머크가 관절염 치료제인 바이옥스Vioxx를 2004년 9월이 되서야 시장에서 뒤늦게 철수한 일이다. 심각한 심장질환을 유발할 수 있다는 바이옥스의 부작용은 이미 2000년부터 의학 저널에서 꾸준히 제기되었다. 그러나 시장에서 철수되기까지 이 약은 이미 1억 개 이상이 처방된 상태였다. 당시 2만 5,000건의 심장마비 발작이 이 약과 관련이 있을 것으로 추정되고 있는데, 바이옥스 부작용에 관한 첫 재판에서 머크가 2억 5300만 달러의 배상금을 지불해야 한다는 판결이 난 이후, 회사를 상대로 한 바이옥스 피해 소송은 기하급수적으로 늘어났다. 미국 TV에서는 바이옥스를 처방받은 사람에게 부작용 소송을 권유하는 변호사들의 웃지 못할 광고가 나오기도 했다. 미국의 한 리서치 회사는 바이옥스의 부작용 소송으로 인해 머크가 500억 달러의 배상금을 지불할 것이라고 예측하기도 했다. 귀중한 정보에 대한 뒤늦은 대응으로 막대한 비용뿐 아니라 세계적 제약회사로서의 신뢰도에 큰 타격을 입은 것이다.

아는 것이 행동을 대신하지 못한다

머크는 무엇 때문에 약의 부작용을 알면서도 뒤늦게 대응했을까? 왜 의사들은 이 약의 위험성을 알면서도 처방을 계속한 것일까? 의사들은 일부 환자에게서 이 약의 긍정적인 효과도 보았을 것이다. 아울러 바이옥스를 처방하지 않음으로 해서 생길 수 있는 거대 제약회사와의 불편한 관계도 큰 부담으로 작용했을 것이다. 머크는 막대한 연구개발비가 들어간 이 약의 판매를 위해 약의 안전성을 주장했을 것이다.

결국은 부작용에 대한 공식적인 경고가 있었음에도, 중요한 의사결정자인 의사와 제약회사가 정보 편향의 함정에 빠져 자신의 생각을 반박하는 가치 있는 정보를 무시하고 이해관계의 충돌에서 사익을 앞세운 것이다. 아는 것과 행동하는 것은 별개의 일이다. 행동으로 이어지지 않는 지식은 아무런 가치를 갖지 못한다.

2010년의 도요타 리콜 사태도 같은 맥락으로 이해할 수 있다. 도요타는 규모뿐만 아니라 품질에 관한 이야기를 할 때 빠지지 않는 세계적인 자동차 회사다. 도요타의 경영 철학과 생산 방식에 대한 연구는 수도 없이 많다. 그런 도요타가 차량 결함에 대한 늑장 대응으로 세계인의 질타를 받았다. 도요타가 리콜을 발표한 이후 2주 만에 주가는 21.7퍼센트 하락했고, 시가총액은 우리 돈으로 약 40조 원이나 빠졌다. 문제는 이뿐만이 아니었다. 자동차 시장에서 품질과 안전성의 아이콘이었던 도요타의 신뢰성도 함께 추락했다.

도요타의 가속 페달 결함 문제는 2006년부터 꾸준히 제기되었다. 급기야 2009년 8월 미국 샌디에이고에서 렉서스 ES350에 탑승한 가족 네 명이 가속 페달 걸림 현상으로 사망하는 사건이 발생했다. 그동안 이 문제를 단순히 해당 차의 부품 이상 문제로 치부하고 미봉책으로 해결하고자 한 도요타의 안이함과 무성의가 호미로 막을 수 있었던 일을 가래로도 감당하지 못할 만큼 키운 셈이었다. 도요타의 차세대 주력 차종인 프리우스의 브레이크 제어 시스템 결함에 대해서는 "제동장치 자체에 문제가 있는 것이 아니라 운전자의 감각 문제"라는 엉뚱한 대답을 내놓아 일본에서조차 도요타의 오만함에 대한 비판의 목소리가 거셌다. 도요타의 사상 최대 리콜 사태는 아는 것을 제때 행동으로 옮기지 않아 치러야 했던 뼈아픈 대가였다.

경쟁력의 원천은 실행력

래리 보시디Larry Bossidy와 램 차란Ram Charan의 《실행에 집중하라 Execution》[2]라는 책의 교훈은 간단하다. 진짜 경쟁력의 원천은 아는 것을 적시에 행동으로 옮길 수 있는 실행력이라는 것이다. 오늘날의 경영자들은 몰라서 못하는 것이 아니다. 사실 그들은 너무나 많은 것을 알고 있다. 전 세계적으로 매년 수천 권의 새로운 경영 서적이 발간되고, 수없이 많은 경영자 교육 프로그램이 개설되고 있으며, 수없이 많은 경영 컨설팅이 진행되고 있다. 수많은 경영학과 졸업생이 산업계로 진출하고 있고, 경영 관련 연구도 쏟아져 나오고 있다.

결국은 몰라서 못하는 게 아니다. 알면서도 행동이 뒤따르지 않는 것이다. 이는 내가 '알고 있는 것'을 마치 내가 '해낸 것'으로 착각하는 오류에 쉽게 빠지기 때문이다.

피터 드러커는 1950년대 후반부터 후학들에게 많은 가르침을 주는 책을 써왔다. 그런데 그가 그때부터 2000년대까지 저술한 책들의 내용을 보면 사실 크게 다른 것이 없다. 재미있는 건 '비슷한 내용의 책들을 왜 사람들이 반복해서 사느냐' 하는 것이다. 같은 내용, 같은 결과의 컨설팅을 수차례 받는 기업이 존재하는 것도 이 때문이다. 실제로 그들이 원하는 것은 컨설팅의 내용이 아니라 "외부의 유명 컨설팅 업체로부터 우리는 주기적으로 경영 자문을 받는 회사입니다"라는 것을 내세우고 싶어서가 아닐까.

리처드 파인먼(1918~1988)은 아인슈타인 다음으로 손꼽히는 물리학자다. 캘리포니아공과대학(칼테크) 교수로 있던 1965년 양자전기역학Quantum Electrodynamics을 완성한 공로로 노벨물리학상을 받았다. (……) 교수 시절 파인먼은 10개월간 브라질 리우대학에서 강의할 기회가 있었다. 암기에 급급한 학생들 앞에서 좌절감을 느낀 그는 창의성을 길러야 한다며 이렇게 설파했다. 우리에게 꼭 들어맞는 얘기다. "어떤 책에서 무엇을 읽든 그저 외우고 아는 것에 머물러서는 안 됩니다. 뭔가를 제대로 알았다고 하기엔 턱없이 부족하지요. 특히 과학은 더욱 그래요. 듣고 배운 이론을 실제로 실험해보고 다양한 시각에서 보는 게 아주 중요합니다."[3]

사람의 생명과 직결된 분야의 교육은 철저한 실천주의에 입각한다. "하나를 들었으면, 그것을 눈으로 확인하고, 다음에는 실제로 해보라Hear one, See one, Do one." 이것이 교육 원칙이다. 들은 것은 곧잘 잊어버리지만 본 것은 기억하고, 해본 것은 이해하기 때문이다. 백문百聞이 불여일견不如一見이고, 백견百見이 불여일행不如一行이다. 아는 것이 행동을 대신하지 못하는데도, 우리 주위에는 백문에 그치는 사람이 너무도 많다. 아는 것은 실천할 때 가치를 갖는다. 사용하라, 그러지 않으면 잃을 것이다.

스피드 경영?
급할수록
돌아가라

서두르는 것과 신속한 것은 다르다. 서두르는 것은 허약한 정신 상태를, 신속한 것은 강건한 정신 상태를 의미한다. 서두르며 일하는 사람은 쳇바퀴를 도는 다람쥐처럼 끊임없이 무언가를 하지만 정작 목적은 없다.

– 찰스 칼렙 콜튼Charles Caleb Colton, 영국의 성직자 · 작가

스피드 경영이 유행이다. 물론 스피드 경영은 그저 **빨리빨리** 일을 처리하는 것과는 다른 개념이다. 그런데도 우리 사회에선 스피드 경영이라는 이름으로 수많은 일이 졸속으로 결정되거나 처리되고 있다. 사회 전체적으로 비슷한 과오가 얼마나 많이 반복되고 있는가. "급할수록 돌아가라"는 말이 있다. 바삐 이루어진 결정이 오히려 낭비를 조장한다는 말이다. 예수회 신부이자 스페인의 철학가인 발타사르 그라시안Baltasar Gracián의 말처럼 "바보의 약점은 서두르는 것"이다.

스피드 경영 하면 떠오르는 말이 우리의 '빨리빨리' 문화다. 빨리빨리 문화는 한국 사회에 양날의 검劍과 같은 두 가지 상반된 결과를 가져다줬다. 하나는 매우 빠른 시간 안에 산업화를 달성했다는 것이다. 세계 최빈국에서 세계 10위권의 경제대국으로 성장한 것도 '빨리빨리'로 대표되는 우리 부모와 선배 세대의 치열한 근대화 노력 덕분이다.

그러나 근대화를 위한 성급함은 사회 곳곳에 여러 가지 그림자를 드리웠다. 1970년의 와우아파트 붕괴사건, 1994년의 성수대교 붕괴사고, 1995년의 삼풍백화점 붕괴와 같은 참사가 대표적이다. 삼풍사고는 성수대교 붕괴 후 불과 8개월 만에 다시 일어난 대형 참사다. 붕괴사고가 일어날 때마다 원인으로 지목되는 것이 인재人災와 부실공사다. 설계 단계부터 시공, 감리, 유지관리 등 모든 과정이 부실한 것이다. 이러한 부실공사는 계속 반복되고 있으며, 사고의 원인은 부실시공과 관리소홀로 밝혀지고 있다.

부실공사만이 아니다. 우리 사회에선 좋지 않은 일이 늘 반복되곤 한다. 기업이든 정부든 일이 터질 때마다 원인을 철저히 규명해 다시는 이러한 일이 반복되지 않도록 최선을 다하겠다고 다짐하지만 공염불에 그치고 만다. 엄정한 기강과 일사불란한 명령 체계에 의해 과업을 수행해야 하는 군 조직에서 같은 기종의 전투기 추락 사고가 반복되는 일도 벌어진다.

왜 같은 실수가 반복되는 것일까. 가장 큰 원인은 실패로부터 전혀 배우지 않기 때문이다. 시스템에 뭔가 문제가 있는 것이다. 의사결정의 성공과 실패를 분석한 경험적 기록을 보유하고 있지 않기 때문에 과거가 일깨워주는 교훈에서 우리 사회가 체계적인 학습을 하지 못하는 것이다. 그 결과 일을 처리하는 데 성급함과 적당주의가 상승작용을 일으켜 같은 실수가 되풀이된다.

각 기업의 경영혁신 추진 담당자들은 프로젝트의 성공적인 추진을 위해 많은 성공 사례를 분석하고 학습한다. 그러나 추진 기업의 절반 이상이 성과를 달성하지 못했다는 발표가 이어지는데도 실패 사례에 대한 분석은 거의 없는 편이다. 제과업체 L사의 혁신추진팀 관계자는 "현재 우리가 겪고 있는 어려움을 과거 담당자들에게 털어놓으면, '그때도 그랬다'는 대답이 되돌아온다"며 "과거와 별반 다를 바 없는 혁신활동이 추진되고 있고, 똑같은 애로사항도 계속 발생하고 있는데도 과거의 실패에서 배우려고 하기보다 새로운 성공 사례만을 찾기에 혈안이 되어 있다"고 답답해했다. 경영혁신의 최일선에 있는 담당자들은 이제 잠시 열기를 가라앉히고 동일한 실패가 반복되는 원인을 찾아볼 때가 됐다고 말한다.[4]

더 우려스러운 점은 문제가 터진 이후의 대처 과정이다. 소를 잃은 후 외양간이라도 확실히 고치고 관리를 철저히 하면 소를 다시 잃을 위험이 사라질 수 있다. 사고가 터졌을 때 '외양간을 신속하게 고친다'는 명분을 내세워 서둘러 일을 마치고 덮어버리기 때문에 동일한 사고가 계속 벌어지는 것이다.

빠른 결정은 안전하지 않다

기업 등의 조직으로 눈을 돌려보자. 많은 경영자가 스피드 경영의 중요성을 강조하고 있다. 남보다 '먼저early, 빨리fast, 제때에on-time, 실시간real-time으로'라는 스피드 경영의 모토가 조직의 민첩함을 증진시켜 경쟁력을 배가할 수 있음은 누구도 부인할 수 없다.

실제로 많은 것이 빠르게 변화하는 시장에서 빠른 의사결정과 실행 능력은 조직의 지속적 성장을 가능하게 한다. 빠른 의사결정은 새로운 시장 기회를 남보다 한발 앞서 포착할 수 있게 하고, 시장의 리더가 될 수 있는 가능성을 높인다. 제때에 적절한 양의 자원을 올바른 곳에 분배하는 능력은 낭비를 줄이는 적시 경영을 유도한다. 실시간으로 점검을 자주 받는 제반 프로세스는 제품과 서비스의 질을 견고히 하고, 실수를 방지하는 메커니즘이 된다.

그러나 빠른 의사결정이 경솔한 의사결정과 동의어가 될 순 없으며, 빠른 실행이 경거망동이 되어서도 안 될 것이다. 고대 아테네의 비극 시인인 소포클레스Sophocles는 "빠른 결정은 안전하지 않다"고 했다. 재빠른 의사결정이 불충분한 자료와 엉성한 분석에 기반을 둔다면, 그리고 발 빠른 의사결정을 위해 전문가들의 참여를 제한하고 체계적인 의사결정 과정을 무시한다면 이는 부실공사와 같은 결과를 가져올 것이다.

외국인이 바라보는 한국 기업의 장점은 공동체적인 조직 문화와 신속한 의사결정이다. 하지만 이러한 장점은 단점으로 작용하기도 한다. 먼저 공동체적인 조직 문화는 역으로 성과나 능력보다는 연고주의와 인간관계에 의해 조직이 좌우되는 부작용, 타 문화에 대한 폐쇄성과 경직성, 가족적인 조직 문화를 유지하기 위한 비효율성을 초래하기도 한다.

빠른 의사결정은 오늘날과 같이 빠르게 변화하는 시장 환경에서는 제품, 서비스, 일 처리 과정 등을 상황에 맞추어 재빨리 바꾸는 순발력을 의미하기도 한다. 하지만 소유와 경영이 분리되지 않은 대주주의 오너십ownership 경영을 배경으로 빠른 의사결정과 과감한 투자가 이루어진다면 문제가 발생할 여지는 충분히 있다. 만일 오너의 판단이 특정 정보나 편견에 치우쳐 균형 잡힌 전략과 합리성을 갖추고 있지 않다면 잘못된 의사결정으로 인한 피해의 심각성과 그 파장은 해당 조직과 사회에 큰 오점을 남긴다.

지난 2005년 중국 주류시장에 진출한 국순당은 최근 '북경백세주가'를 청산하고 계열사에서 제외했다. (……) 국순당이 해외 사업에서 실패한 것은 철저한 시장조사 부족 때문이라는 분석이다. 아울러 초기 한류 열풍을 지나치게 믿었던 것도 실패 요인으로 꼽힌다. 오리온이 지난해 의욕적으로 추진했던 베트남 빙과사업 진출도 최근 백지화됐다. 이 사업은 국내에서 빙과사업을 하지 않던 오리온이 해외시장에서 빙과사업에 진출하는 사업이어서 주목을 끌었다. 지난해 국내 백화점 업계 최초로 러시아에 백화점을 출점한 롯데쇼핑은 명품 브랜드의 입점 지연과 현지인들의 무관심이 겹치면서 극심한 매출 부진에 시달리고 있다. 업계 관계자는 "해외 사업은 미래의 성장동력 확보 차원에선 꼭 필요한 것이지만 철저한 사전 조사가 없으면 물거품이 될 공산이 높다"며 "해외사업의 경우 수익성은 높이되 리스크(위험)는 분산시키는 것이 성패를 가름한다"고 말했다.[5]

이 외에도 면밀한 사전 조사 없이 해외시장에 진출했다 철수하거나 진출 계획을 백지화한 사례는 부지기수다. 다른 기업의 성공적인 신흥 시장 진출과 한류 열풍을 믿고 의욕만 앞세운 성급함은 실패를 담보한다.

중요한 의사결정을 신속히 하기 위해 경영자는 체계적인 의사결정 과정을 배울 필요가 있다. 돌다리를 효율적이고도 효과적으로 두드리고 가는 것이 바로 스피디한 의사결정이다. 물론 체계적인 방법이 어려운 문제를 쉽게 바꿔주는 것은 아니다. 하지만 성공적인 선택 과정을 학습함으로써 우리는 선택에 대한 후회를 최소화하고, 우리가 바라는 것이 실현될 가능성을 높일 수 있도록 의사결정의 질을 제고할 수 있다.

신속히 움직이되 서두르지 마라

진정한 스피드 경영을 위해서는 다음 두 가지에 유의해야 한다.

첫째, 조직의 속도는 가장 취약한 부분의 속도를 넘어서지 못한다. 병목현상이라는 말이 있다. 넓은 길이 갑자기 병의 목처럼 좁아짐으로써 일어나는 교통체증 현상을 말한다. 마찬가지로 시스템의 특정 부분이 다른 부분에 비해 현저하게 그 능력이 모자라면 시스템 전체는 그 모자란 부분에 발목 잡혀 기대한 만큼의 성능을 보여주지 못한다. 조직 전체의 속도를 증진시키기 위해서는 시스템의 가장 취약한 부분을 개선해야 한다. 조직의 일이란 여러 부서의 활동들이 연결되어 이루어지기 때문이다. 예를 들어 활동 A와 활동 B가 함께 완료되어야 활동 C를 시작할 수 있는데 A만 빨리 끝났다고 C를 할 수 있겠는가.

둘째, 우리 속담에 '아무리 바빠도 바늘허리에 실 못 꿴다'는 말이 있다. 아무리 바빠도 밟아야 할 절차와 지켜야 할 원칙을 중시하라는 이야기다. 2008년 롯데백화점은 베이징 올림픽 특수를 겨냥해 올림픽 개막 전에 매장을 오픈하겠다는 무리한 일정을 수립하고 베이징 번화가에 러텐인타이 백화점을 오픈했다. 하지만 성급한 사업 추진으로 심각한 후유증을 앓고 있다. 실패의 원인으로는 우선 입지 선정의 잘못을 들 수 있다. 롯데가 임차료를 바가지 썼다는 지적도 있다. 우리나라에서 인기 있는 다수의 한국 브랜드와 동반 진출했으나 중국인에게 이 브랜드들은 인지도도 떨어지고 신체 사이즈가 맞지 않은 것도 문제였다.

원래 실무진에서는 베이징점을 반대하고 지방 대도시로 갈 것을 제안했지만 베이징 한복판에 백화점을 열어야 한다는 최고경영층의 과시욕도 실패의 원인으로 꼽히고 있다.[6] 베이징 올림픽 개막 이전에 백화점을 개점해야 한다는 조급함과 지역 시장에 대한 무지로 인해 러텐인타이 백화점은 수업료를 너무 많이 지불한 실패 사례로 남게 됐다.

스마트 경영이란 해야 할 올바른 일을 올바르게 수행하는 것이다. 그리고 해야 할 올바른 일과 올바른 행동 방법의 판별은 신중한 의사결정을 통해 이루어진다. 잘못된 결정으로 인해 반복되는 불필요한 피드백과 그로 인한 후속적인 수정에 조직의 한정된 역량을 낭비하기보다는 조금 시간이 걸리더라도 한 번에 올바른 판단을 하는 것이 바람직하다. 그것이 진정한 스피드 경영을 실천하는 길이다. 18세기 영국의 정치가인 체스터필드 경 Lord Chesterfield의 말처럼 "지각 있는 사람은 신속히 움직일지언정 서두르지 않는다."

승자의 저주를
피하고 싶다면
역지사지하라

"지피지기知彼知己 백전불태百戰不殆. 상대를 알고 나를 알면 백 번 싸워도 위태롭지 않다."

- 《손자병법孫子兵法》 모공편謀攻篇

앞서 제한된 인지를 초래하는 원인 중 하나로 주의 부족을 이야기한 바 있다. 주의 부족이 일으키는 고질적인 판단의 덫으로 승자의 저주winner's curse 현상을 들 수 있다. 승자의 저주가 발생하는 이유는 현명한 판단을 위해 이용할 수 있는 모든 정보를 고려하지 않고 간과하는 데 있다. 다음은 세계 유수의 경영대학원 수업에서 사용된 문제다.[7]

회사 A(인수자)는 회사 T(목표물)를 인수하려고 한다. 당신은 A사의 인수대리인으로 T사의 주식 전량을 현금으로 매입할 계획인데, 주당 가격을 얼마로 해야 할지 현재 확신이 서지 않는다. 주당 가격을 결정하기 어려운 주된 이유는 T사의 가치가 그 회사가 현재 진행 중인 대형 유전탐사 프로젝트의 결과에 달려 있기 때문이다.

사실 T사의 생존 여부 자체가 이 프로젝트의 결과에 달려 있다고 해도 과언이 아니다. 이 프로젝트가 실패로 끝나면 현재의 경영진이 이끄는 이 회사는 아무런 가치가 없게 되고, 따라서 주가는 0달러가 된다. 그러나 이 프로젝트가 성공을 거두면, 현재의 경영진이 이 회사를 이끌더라도 이 회사의 가치는 급등해서 주가가 100달러까지도 상승할 수 있을 것으로 예측되고 있다. 이 경우 회사 T의 주가는 0달러와 100달러 사이의 어떤 값도 될 수 있으며, 각각의 확률은 동일하다.

그러나 T사는 현재의 경영진 수중에 있을 때보다 A사 경영진 수중으로 넘어가면 가치가 훨씬 높아진다. 사실 T사는 현 경영진 하에서 그 가치가 얼마든 상관없이 A사 경영진이 맡게 되면 그 가치는 50퍼센트 상승할 것으로 예측되고 있다. 물론 유전탐사 프로젝트가 실패하면 T사의 주식은 휴지 조각이 된다. 하지만 현재 진행 중인 유전탐사 프로젝트가 성공해 현재 경영진 수중에서 T사의 주가가 50달러가 될 경우, A사가 인수하면 그 가치는 상승해 T사의 주가는 75달러가 된다. 마찬가지로 T사의 주가가 현 경영진 하에서 100달러라면 A사에 인수될 경우, 주가는 150달러가 된다. 즉 A사가 인수하게 되면 T사의 가치는 1.5배로 상승한다.

이제 당신은 A사의 이사회로부터 T사 주식의 인수 가격을 결정해달라는 요청을 받았다. 아직 유전탐사 프로젝트의 결과가 밝혀지지는 않았지만 지금 인수 제안을 해야만 하는 상황이다. 모든 정황으로 볼 때 T사는 가격만 적절하다면 A사의 인수를 달가워하고 있다. 더욱이 T사는 A사 이외의 다른 회사에 의한 인수합병은 피하고 싶다. 그러나 T사는 지금 당신이 인수 제안을 하더라도 거기에 대한 수락 여부를 유전탐사 프로젝트 결과가 나올 때까지 미루다가 그 결과가 언론에 알려지기 직전에 결정을 내릴 것이다. 결국 A사는 유전탐사 프로젝트의 결과를 모르고 인수 제안을 해야 하지만, T사는 프로젝트의 결과를 알고 수락 여부를 결정할 수 있는 상황이다. T사는 A사가 제안한 주가가 현재 경영진 하에서의 주가보다 조금이라도 높으면 그 인수 제안을 받아들일 것으로 예상된다.

이제 당신은 A사의 요청에 따라 인수 가격을 주당 0달러에서 150달러 사이의 어떤 값으로 정해야 할지 숙고 중이다. 얼마를 제안하겠는가?

이 문제에 대해 서울의 한 대학 경영학과 학부생들과 경영대학원 학생 240명이 응답한 결과는 [그림 7]과 같다.[8]

[그림 7]을 보면 50퍼센트가 넘는 응답자의 인수 가격이 50달러에서 80달러 사이에 분포함을 알 수 있다. 이 결과는 기존에 시행된 실험 결과[9]와도 그 분포가 유사하다. 그러나 이 문제의 정답은 인수 가격 '0'으로 T사를 인수하지 않는 것이다. 답을 맞힌 학생의 수는 240명 중 28명에 불과했다.

이 문제를 논리적으로 생각하면 다음과 같다. A사가 T사를 주

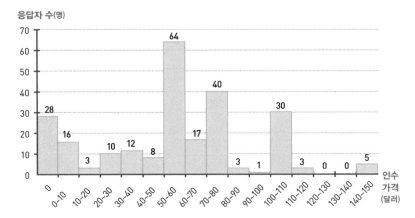

응답자 수(명)

[그림 7] **기업인수 문제 응답 결과**

당 X달러로 인수하겠다고 제안했다고 가정하자. T사가 A사의 그
러한 인수 제안을 받아들인다는 것은 T사의 가치가 주당 X달러
이하라는 것이다. 따라서 T사의 기대가치는 일양분포(특정 범위 내
에 존재하는 미지의 값들이 발생할 가능성이 동일한 분포)uniform distribution
의 기댓값[10] 논리에 따라 0.5X가 된다.[11] 이제 A사가 T사를 인수
하면 T사의 가치는 현재 가치의 1.5배가 되므로 A사가 인수한
후의 T사의 기대가치는 1.5×(0.5X)=0.75X가 된다. 따라서 A사
는 주당 X달러로 T사를 인수했으므로 X가 양(+)의 값인 경우에
는 항상 0.25X만큼의 손실(0.75X-X)이 기대된다. 결국 문제의 정
답은 기댓값을 평가 기준으로 했을 때 A사는 T사를 인수해서는
안 된다는 결론이 나온다.

그러나 이 실험에서 응답자 수의 50퍼센트에 가까운 119명이
실제로 50달러에서 75달러 사이의 인수 가격을 제안했다. 그 이

유는 인수하기 전의 T사 가치의 기댓값은 50달러(0.5×100)이고, A사가 인수한 후의 T사 가치의 기댓값은 75달러(0.5×150)이므로 이 둘 사이의 값을 제안하면 A사나 T사에게 모두 득이 될 것이라고 섣불리 생각하기 때문이다.

이러한 결론은 정보의 비대칭성(A사와 T사가 가지고 있는 정보의 양과 질이 동일하지 않음)을 고려하지 않은 것으로, T사로서는 유전 탐사 프로젝트의 성공 여부를 보고 자사의 가치를 정확히 평가할 수 있지만, A사의 경우에는 프로젝트의 결과가 나오기 전에 인수 제안을 해야 하는 상황으로 양자가 같은 정보를 가지고 판단하지 않는다는 사실을 간과한 것이다.

승자의 저주는 보통 구매자가 판매자의 관점을 이해하지 못하고, 구매자와 판매자 간 이용할 수 있는 정보의 차이가 있기 때문에 발생한다.[12] 다시 말해 판매자는 구매자보다 제품에 대한 고급 정보를 많이 소유하고 있다.

시세보다 비싼 경매 낙찰가

승자의 저주를 예시하는 또 다른 예로서 다수가 참여하는 경매 문제를 고려해보자. 다수가 참여하는 경매에서 낙찰을 받게 되면 처음에는 매우 가치 있는 물건을 경쟁에서 이겨 쟁취했다고 생각할지 모른다. 하지만 낙찰 가격은 거의 그 제품의 실제 가치보다 과대평가되었다는 것을 알고 있는가? 특히 해당 제품의 가치가 불확실하고, 많은 사람이 경매에 참여할 때 더욱 그렇다.[13]

경매에 사람이 많이 모이면 해당 제품이 가치 있는 물건이라는 환상에 사로잡히게 되지만 실제로는 그러한 경매 참가자의 수 때문에 과대평가의 폭은 더 커질 수 있다. 왜 그럴까? [그림 8]을 보자.

[그림 8]에서 오른쪽 그래프는 경매 참가자들이 실제로 생각하는 해당 제품의 평가액 분포를 나타내고, 왼쪽의 그래프는 경매 참가자들이 제시한 입찰가의 분포를 나타낸다고 하자.[14] 그리고 참가자들이 생각하는 평가액의 평균은 제품의 실제 가치와 동일하다고 가정하자. 그러면 모든 경매 참가자는 자신의 평가액보다는 일정 금액 낮게 입찰가를 책정하므로(경매로부터 이득을 보아야 하므로) 왼쪽 그래프는 오른쪽 그래프를 좌측으로 일정 부분 이동시킨 것이라고 할 수 있다. 그러면 낙찰가는 왼쪽 그래프에서 오른쪽 꼬리 끝에 해당하는 가격이 되는데, 이 입찰가는 제

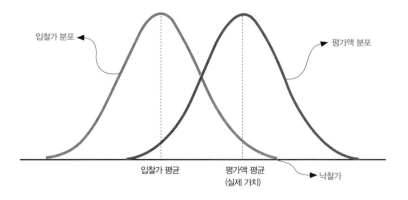

[그림 8] **경매에서 승자의 저주**

품의 실제 가치(평가액의 평균)보다 높은 것을 알 수 있다.

따라서 경매의 낙찰가는 제품의 실제 가치보다 높은 것이 일반적이며 이에 따라 경매 주선 업체도 어느 정도의 이득을 볼 수 있는 것이다. 경매시장에서 승자의 저주를 경험하지 않으려면 제품의 가치를 되도록 하향 평가해야 함과 동시에 자신이 생각하는 제품 가치의 평가액보다 훨씬 낮게 입찰가를 불러야 한다. 하지만 제품의 가치가 불확실할 때(이를테면 골동품, 그림 등) 경쟁의 승자가 되기 위해 매우 높은 입찰가를 부르는 경매 참가자가 있게 마련이고, 그 사람은 낙찰의 기쁨을 맛보는 동시에 승자의 저주에 의한 희생자가 된다.

승자의 저주를 방지하기 위해서는 역지사지의 태도가 필요하다. 위의 예에서 입찰에 참여하는 다른 사람들은 어떻게 생각하는지, 물건을 파는 상대방은 어떻게 생각하는지를 함께 살펴봐야 한다. 게임의 법칙을 내 입장에서뿐만 아니라 다른 사람의 입장에서도 바라볼 필요가 있다. 우리 인간은 현재 이용 가능한 정보를 모두 고려하지 않는 습성이 있기 때문이다.

경영자의 지나친 낙관주의

승자의 저주는 기업 인수합병M&A 시장에서 빈번하게 관찰되는 현상이다. AT&T의 NCRNational Cash Register 인수는 승자의 저주를 보여주는 대표적 사례다. AT&T는 숙원 사업이던 컴퓨터 사업에 본격적으로 진출하고자 1991년 컴퓨터 제조회사인 NCR을 시장

가격의 배가 넘는 74억 8000만 달러(주당 110달러)에 인수했다. NCR을 이렇게 비싸게 인수한 AT&T는 1995년까지 30억 달러라는 막대한 손해를 보고 마침내 컴퓨터 사업을 포기하기로 결정한다. 인수합병을 위해 가격을 높게 지불해 M&A 자체에는 성공했지만, 이후 경영상의 어려움을 감당하지 못했기 때문이다.

우리나라 M&A 시장에서도 승자의 재앙을 보여주는 사례는 많다. 금호아시아나는 2006년 대우건설을 6조 4255억 원에 인수했다. 금호아시아나가 써낸 인수 가격은 입찰에 나선 5개 컨소시엄 가운데 최고가였다. 금호아시아나는 대우건설 인수로 단숨에 재계 8위, 건설업계 1위로 뛰어올랐다.[15]

이 과정에서 금호아시아나는 인수 자금의 절반이 넘는 돈을 금융권 등 18개 투자자로부터 조달했다. 그러나 인수 다음 날 대우건설의 인수 기업인 금호산업의 주가는 급락했으며 같은 날 대우건설의 주가도 동반 하락했다. 고가 인수 후유증에 대한 시장의 우려가 작용한 것이다.

이러한 시장의 신호에도 불구하고 금호아시아나는 2008년 대한통운까지 무리하게 인수했다. 대우건설과 대한통운의 인수로 외형은 커졌지만 결과는 참담했다. 특히 대우건설 인수를 위해 투자자들에게 약속했던 풋백옵션putback option은 금호아시아나를 유동성 위기에 빠뜨리는 결정적 원인으로 작용했다.[16] 양적 팽창을 위한 섣부른 기업 인수가 그룹 전체의 부실을 가져온 것이다.

웅진그룹의 사례도 마찬가지다. 1980년 자본금 7000만 원으로 시작한 웅진그룹은 32년 만에 재계 30대 그룹으로 성장했다. 1987년 웅진식품 설립, 1989년 웅진코웨이 설립 등 신규 사업에 진출하면서 꾸준한 성장을 해온 웅진그룹은 2007년에는 극동건설, 2008년에는 웅진케미칼(구 제일합섬공업), 그리고 2011년에는 서울저축은행을 인수하면서 덩치를 키우게 됐다.

패착은 극동건설의 인수였다. 2007년 당시 극동건설 인수전에는 총 7개 업체가 뛰어들어 경쟁이 매우 치열했다. 2003년 론스타Lone Star Funds가 극동건설을 인수한 가격은 1700억 원이었다. 하지만 불과 4년 뒤 웅진그룹은 시장평가액 3300억 원의 2배나 되는 6600억 원을 지불하면서까지 인수를 강행했다.[17] 인수대금 대부분은 차입금에 의존했다.

하지만 인수 후 곧이어 글로벌 금융위기가 터지면서 건설 경기는 직격탄을 맞게 되었고, 가뜩이나 경쟁이 심한 건설업계에서 뚜렷한 강점이 없었던 극동건설은 위기에 더욱 취약할 수밖에 없었다. 2012년 9월 26일 극동건설은 결국 1차 부도를 내고 법정관리를 신청했다. 1조 원 넘게 연대보증을 선 지주회사 웅진홀딩스(극동건설 주식 89퍼센트 보유)도 연쇄도산을 우려해 함께 법정관리를 선택했다. 극동건설 인수 이후 4000억 원 넘게 지원했지만 계속되는 부동산 경기 침체로 자금 압박은 심해졌고, 여기에 웅진의 주력 사업이던 태양광 사업 또한 악화되면서[18] 알짜 회사인 웅진코웨이까지 매각하는 승부수를 던졌지만 결국 유동성난을 이기지 못했다.[19]

2002년에 발표된 보스턴컨설팅그룹의 조사 결과에 따르면, 1995년에서 2001년에 수행된 302개의 M&A 거래 중 61퍼센트가 주주가치를 감소시켰을뿐더러, 인수 기업의 성과는 산업 내 경쟁사 대비 4퍼센트포인트, S&P500 대비 9퍼센트포인트나 저조한 것으로 드러났다. 2007년의 맥킨지 발표는 다소 고무적인 점도 있다. 1997년에서 2000년 사이에 수행된 M&A 중 65퍼센트가 주주가치를 증대시키지 못한 반면, 2003년에서 2007년에는 57퍼센트가 주주가치 증대에 실패했다는 것. 어쨌든 실패 비중이 점차 줄어들고 있기는 한 셈이지만 여전히 절반 이상의 M&A가 주주가치를 높이는 데 실패했음을 알 수 있다. 이쯤 되면 신성장동력 확보를 위해 가열차게 뛰어든 M&A가 오히려 발목을 잡은 셈이다. 이른바 '승자의 저주'다.[20]

기업이 승자의 저주에 빠지는 데는 경영자들의 지나친 낙관주의가 한몫을 한다. 인수 대상 기업이 안고 있는 숨겨진 문제점을 제대로 평가하지 않고, 시너지 효과의 환상에만 사로잡혀 시장가치보다 훨씬 비싼 값에 목표물을 사들이는 것이다. 기업 인수합병에 관한 연구 결과에 따르면, 전체 합병의 3분의 1 이상은 실패로 돌아가고, 3분의 1 정도는 기대만큼 부응하지 못하는 것으로 나타난다.[21] 또한 피인수 기업의 주주들은 자신의 기업이 팔림으로써 상당한 수익을 올린 반면, 인수자들은 별 이득이 없다고 한다. 인수자들이 목표물의 현재 가치를 과장해서 평가하기 때문이다.

인센티브가
올바른 판단을
가로막는다

비록 원칙적으로는 아니었지만, 실제로 나는 평생 이기적인 존재였다.

– 제인 오스틴Jane Austen, 영국의 여성 작가

판단착오에는 인지적 판단착오cognitive biases와 동기적 판단착오 motivational biases의 두 가지가 있다. 인지적 판단착오란 우리가 보통 이야기하는 판단착오로 인간의 두뇌가 갖는 태생적 한계 때문에 우리도 모르는 사이에 일으키는 판단착오를 말한다. 동기적 판단착오란 우리가 알면서도 어떤 동기적 요인에 의해 일부러 일으키는 고의적인 판단착오를 일컫는다.

동기적 요인의 예로 '인센티브'를 들 수 있다. 인센티브를 통해 사람들은 종종 자신들이 생각하는 바와는 다른 판단을 하곤 한다. 가령 일선 판매원들이 매출액 목표를 낮게 잡는 경향이 있는데 이 목표를 능가하는 판매를 함으로써 성과를 인정받거나 또는 금전적 보상을 받을 수 있기 때문이다.

"Listen to grassroots' voices"라는 말이 있다. 일선 실무자의 의견을 경청하라는 말이다. 일선 실무자의 의견을 존중하는 것은 일선 실무자가 고객과의 접점으로 고객의 요구 사항이나 시장의 흐름을 실시간으로 파악할 수 있기 때문이다. 하지만 이러한 형태의 동기적 판단착오는 어떻게 방지할 수 있을까. 기존의 매출액 데이터를 기초로 일선 실무자에게 최소한의 목표 수준을 가이드라인으로 미리 제시하고, 그 이상의 목표치를 그들에게 설정하게 할 필요가 있다.

최저가낙찰제의 위험성

원자재 구매 부서의 직원이 구입 비용 절감액에 비례해 회사에서 인센티브를 받는 상황을 생각해보자. 저가의 원자재를 구입하고 이에 따라 구입 비용을 절감함으로써 해당 직원은 많은 인센티브를 받겠지만, 질이 낮은 원자재 구입은 제품의 품질 저하로 이어져 회사에 손해가 될 수 있다. 이러한 문제가 가져오는 부실을 피하기 위해 공급자가 먼저 최고가를 제안하고 입찰자가 구매 의사를 밝힐 때까지 가격을 낮춰가며 낙찰자를 정하는 네덜란드식 경매Dutch auction를 이용하거나 또는 비공개 입찰의 경우 가장 낮은 가격이 아닌 두 번째로 낮은 가격을 낙찰가로 정하는 방식을 고려해볼 수 있다.

건설현장 안전관리를 위협하는 최저가낙찰제를 개선해야 한다는 권

고안이 나와 주목을 끈다. 국민권익위원회는 건설공사 입찰과 계약 과정, 시공단계에서 산재를 예방하기 위한 제도개선안을 마련해 기획재정부와 안전행정부, 국토교통부, 고용노동부, 식품의약품안전처, 조달청, 경찰청에 권고했다고 18일 밝혔다. 권익위는 현행 최저가낙찰제는 업체 간 과당경쟁으로 인한 덤핑입찰이 많아 평균 낙찰률이 설계가액의 60퍼센트 수준으로까지 떨어뜨리면서 건설현장 안전관리까지 위협받고 있다고 지적했다.[22]

때로 인센티브는 정신적인 것일 수도 있다. 기상예보관들은 비가 올 확률을 조금씩은 부풀린다는 얘기가 있다. 그 이유는 사람들이 맑은 날씨를 기대했다가 비를 맞으면 당황하고 기상예보를 탓하지만 비가 온다는 기상예보에 대비했다가 막상 날이 맑아도 기분 좋게 받아들이는 경향이 있기 때문일 것이다. 기상예보관은 훌륭한 교육을 받으면서 최신 장비를 이용해 정확한 기상 예측을 하기 위해 노력하고 있지만, 그들의 판단도 이러한 정신적 인센티브에 조금은 영향을 받는 것이 사실이다.

어떻게 공유지의 비극을 막을 것인가

한편 자신이 추구하는 사회적 가치와 눈앞의 이해가 상충할 때 인간은 개인적 이익에 휘둘려 원래 자신이 해야 할 행동과 상반된 자세를 취할 수 있다. 이러한 '이해관계의 충돌'[23] 또한 동기적 판단착오의 원인이다.

공무원의 부정부패를 척결하기 위해 지난해 8월 김영란 전 국민권익위원장이 재직 당시 내놓은 부정청탁 금지 및 공직자의 이해충돌 방지법이 관심의 중심으로 떠오르고 있다. 그동안 형법에서는 공무원 금품 수수에 대해 직무 관련성과 대가성이 모두 인정된 경우에만 뇌물죄로 처벌됐지만, 국민권익위원회는 100만 원 이상 금품을 수수한 공무원은 예외 없이 3년 이하 징역 또는 수수 금품 5배 이하 벌금에 처할 수 있도록 하는 내용의 법안을 마련했다. 이른바 '김영란법'으로 불리는 이 법의 목적은 공직자가 특정인의 스폰서로 전락하는 것을 원천적으로 막기 위해 만들어진 법안이었다.[24]

공유지의 비극tragedy of the commons이라는 말이 있다. 모두의 이익(공익)을 위해서는 공동의 재산(공유지)을 잘 관리해야 하지만 사적인 이익을 위해 공공재를 남용하거나 오염시키는 행위를 말한다. 인간의 제한된 의지력은 우리가 표방하는 미래의 가치나 공익보다는 눈앞의 이익에 눈멀게 하고, 이로 인해 근시안적인 판단을 조장한다. 공유지의 비극 또한 공익보다는 사익을 우선시하는 인간 본성에 따른 것이다.

시간을 거슬러 1991년 3월 14일로 가보자. 지금도 그날을 기억하는 사람들도 있겠지만, 대부분은 망각한 채 현재를 살아가고 있을 것이다. 구미산업단지 내 D전자에서 오후 10시부터 다음 날 오전 6시까지 30t의 페놀이 유출돼 취수장을 거쳐 정수장에서 염소 처리되는 과정에서 클로로페놀로 변하면서 악취가 발생했고 수돗물을 마신 시민들은 구토를 하고 두통을 호소했다. 설상가상으로 페놀은 낙동 강 본류를 따라 밀양, 함안, 칠서수원지까지 유입돼 부산과 마산을 포함한 영남권 전역이 페놀 공포에 휩싸였고 약 한 달 후 추가 페놀 유출이 발생해 전 국민이 수질오염의 공포에 시달리는 아찔한 사건 이었다. 이 사건으로 대구지방환경청 공무원과 D전자 관계자 등 13 명이 구속되고 관련 공무원 11명이 징계조치를 받았다. (……) 우리 의 선조들이 그랬듯 우리도 후손들에게 안심하고 마실 수 있는 깨 끗한 물을 물려주어야 하지 않겠는가.[25]

내 집 화장실은 깨끗이 쓰면서 공중화장실에서는 그러지 못 하고, 집 안 청소는 하면서 밖에서는 쓰레기를 무단으로 투기하 는 행위 또한 공유지의 비극이다. 어떻게 해야 이러한 공유지의 비극을 막을 수 있을까?

공유지의 남용은 내가 치러야 할 비용임을 인식시키고, 이를 엄격히 시행하는 것이 첫 번째 방법이다. 내 호주머니에서 돈이 나가는 것을 알면 공유지의 비극은 줄어들 수 있다. 공공장소 입장료, 쓰레기 분리수거, 쓰레기종량제, 유류세, 통행료 등 수익 자 부담 원칙이 그 예다.

또 다른 방법은 공유지의 사유화다. 역사에서 자본주의가 공 산주의보다 결국 우월한 제도로 평가되는 것은 인센티브에 의해 움직이는 인간의 본성 때문이다. 미국의 생물학자이자 생태학자인 개럿 하딘Garret Hardin이 자신의 논문 〈공유지의 비극〉에서 예로 든 것이 소를 먹이는 목초지다.[26] 목초지가 공동의 것이기 때문에 내 사익을 위해서는 내가 기르는 소를 목초지에 좀 더 많이 데려가 많이 먹이는 것이 이익이다. 목초지가 황폐해질 때의 손해는 모두가 나누면 되고 내 이익은 나 혼자 것이니까 말이다.

하지만 모든 목동이 이런 생각으로 자신들의 소를 마음껏 먹여 목초지가 황폐해지면 결국에 가서는 아무도 소를 먹일 수 없게 된다. 소를 치는 사람들은 이기심 때문에 자신들의 소를 먹이는 데 혈안이 되지만 목초지의 황폐화는 결국 소들을 굶어 죽게 만들고 자신을 포함한 모두의 피해로 다가온다. 차라리 그 목초지를 목동의 수로 나누어 사유재산으로 만들고 각자 자기 것을 관리하게 한다면 목동들은 자신의 목초지가 그렇게 황폐해지도록 가축을 먹이지는 않을 것이다.

문제의 본질이
무엇인가

만일 가고자 하는 곳을 모른다면 어느 길을 택하든 성공할 수 없다.

– 헨리 키신저Henry Kissinger, 미국 정치가 · 정치학자

예전에 방영했던 TV 드라마 〈허준〉에 이런 이야기가 나온다. 임금이 총애하는 후궁의 오라비가 얼굴이 마비되는 구완와사에 걸렸는데, 후궁의 간청으로 어의의 진맥을 받게 되었다. 당시 허준은 임금의 눈 밖에 나 있던 터라 임금은 우선 허준의 라이벌인 유도지를 불러 진맥을 하게 했다. 며칠이면 나을 수 있느냐고 임금이 묻자 유도지는 3일이면 완쾌시킬 수 있다고 장담했고, 그의 말대로 3일 후 후궁 오라비의 얼굴이 제대로 돌아왔다.

하지만 얼마 지나지 않아 얼굴이 다시 돌아가 일그러졌고, 임금은 마지못해 허준을 불러 다시 진맥하게 했다. 며칠이면 낫게 할 수 있느냐는 임금의 물음에 허준은 적어도 일주일은 걸린다고 말했다. 유도지는 3일이면 나을 수 있다고 했는데 어찌 그리

오래 걸리는 것이냐며 임금이 나무라자 허준은 이렇게 대답한다.

"얼굴 자체만 돌아오게 하는 데는 3일이면 충분합니다. 하지만 진맥을 해보니 얼굴이 돌아간 이유는 내장에 그 원인이 있사옵니다. 내장부터 치료해야 돌아온 얼굴이 제대로 유지될 수 있습니다."

사람이 살아가는 일은 수많은 문제와 맞닥뜨리며 이를 해결해가는 과정이라고 할 수 있다. 그런데 우리는 문제가 생겼을 때 눈에 보이는 일을 해결하기에 급급하지 정작 그 문제가 왜 생겼는지, 문제의 본질이 무엇인지 따져보는 것은 뒷전일 때가 많다. 경영학에서도 전공 분야에 상관없이 모든 교과목에서 강조하는 것이 있다. 실제 문제에 부딪혔을 때 이를 해결하려면 문제의 본질이 무엇인지부터 제대로 파악하라는 것이다.

이는 세상 모든 문제를 해결할 때도 마찬가지다. 문제가 무엇인지 그 본질을 파악하는 것부터 시작하지 않으면 근본적 해결은 요원해진다. 겉으로 드러난 문제만 해결할 수 있는 방법을 찾으려 한다면 그러한 피상적 목표를 달성하기 위한 해결책은 단기적이거나 미봉책일 가능성이 많을 뿐만 아니라 부분 최적화에 그칠 위험도 있다.

대안중심적 사고와 가치지향적 사고

인간의 사고방식은 대안중심적 사고alternative-focused thinking와 가치지향적 사고value-focused thinking로 구분할 수 있다.[27] 대안중심적 사고란 어떤 문제에 부닥쳤을 때 문제가 갖고 있는 궁극적 가치 또는 해결해야 할 진정한 문제점을 파악하지 않고 수박 겉 핥기식으로 문제를 피상적으로 파악한 후, 겉으로 보이는 문제해결의 목표가 우리가 추구해야 할 가치라고 섣불리 판단하고, 이러한 피상적 목표 달성을 위한 대안들을 판별하고 평가하는 데 많은 공을 들이는 사고방식이다. 제한된 영역에서 찾아낸 대안들을 비교해 이러이러한 대안이 최선이라고 성급히 결론짓는 사고방식을 말한다. 대안중심적 사고는 대안들의 평가와 비교라는 기술적인 부분에 많은 시간과 노력을 할애한다. 문제를 피상적으로 파악하기 때문에 생각할 수 있는 대안의 범위도 한정될 수밖에 없고, 따라서 창의적이고 획기적인 문제해결 방안을 찾아내는 데 한계가 있다.

과거에는 생각지 못했던 획기적인 대안을 발견하기 위해서는 의사결정자의 사고방식이 대안중심적 사고에서 가치지향적 사고로 전환되어야 한다. 가치지향적 사고란 대안중심적 사고와는 달리 우선 문제의 근본적인 목표가 무엇인지에 대해 깊이 고민하는 사고방식을 말한다. 우리가 문제를 앞에 놓고 쉽게 제시하는 해결 목표는 피상적인 것에 지나지 않는 경우가 많다. 명의는 겉으로 드러난 증상만을 없애기 위해 치료하기보다는 시간이 걸리더라도 환자의 근본적인 체질 개선을 목표로 처방한다.

우리는 피상적인 목표에 대해 "왜 이러한 목표를 달성해야 하는가?"라는 질문을 스스로에게 함으로써 피상적인 목표에서 좀 더 근본적인 목표를 향해 문제를 해결해나갈 수 있다. 그리고 이러한 과정을 반복함으로써 문제해결이 궁극적으로 추구하는 가장 핵심적이고 근본적인 가치에 도달할 수 있다.

'문제해결 목표가 근본적으로 되어간다'는 것은 지금의 목표가 이전의 목표들을 포함한다는 의미다. 즉 목표가 근본적인 해결 방안 쪽으로 이동함에 따라 이전의 목표는 현재 목표의 부분집합이 된다. 그리고 목표를 달성하기 위해 우리가 생각할 수 있는 대안의 폭은 목표가 좀 더 근본적인 것으로 이동함에 따라 이전 대안들을 포함하면서 더욱 확대된다. 그리고 대안 폭의 확대는 우리의 목표가 피상적인 상태에 머물렀을 때는 전혀 생각지도 못했던, 새롭고도 창의적이며 비용 효과적인 획기적인 대안을 찾을 수 있는 가능성을 열어준다.

내가 학생들에게 자주 하는 질문이 하나 있다. 이런 내용의 문제다.

목 좋은 곳에 인기 있는 20층짜리 오피스 빌딩이 있다. 오피스 입주자들은 대체로 이 빌딩에 만족하고 있다. 단 한 가지 불만이 있다면 이 빌딩에 엘리베이터가 2대밖에 없어 엘리베이터 이용이 불편하다는 점이다. 여러분이라면 입주자들의 이러한 불만을 해소해줄 수 있는 방법으로 어떤 대안을 제시할 수 있는가?

학생들의 대답을 들어보면 보통 홀수·짝수 격층 운행, 저층·고층 분리 운행 등 엘리베이터 운행 방식의 변화나 엘리베이터를 추가로 설치한다든지 초고속 엘리베이터로 변경한다든지 하는, 비용이 많이 드는 방법에 대한 이야기를 한다. 이러한 대답이 주를 이루는 이유는 그들이 풀어야 할 문제를 피상적으로 인식하는 데 있다.

다시 말해 입주자들의 불만을 해소하기 위해서는 엘리베이터 속도를 높이거나 운행 방식을 바꾸어야 한다는, 겉으로 드러난 목표에 머무르기 때문이다. 하지만 엘리베이터 속도를 높이거나 운행 방식을 바꾸지 않아도 입주자들이 엘리베이터를 기다리는 지루함을 달랠 수 있는 방법은 많다. 엘리베이터 앞에 그저 가만히 30초만 있어보라. 굉장히 지루하고 짜증나기 십상이다. 진짜 해결해야 할 일은 엘리베이터 운행 속도나 방식이 아닌 입주자들의 지루함을 달래는 것이다.

이 사례의 경우, 엘리베이터를 기다리는 곳에 신문과 잡지 등 읽을거리를 제공함으로써 많은 돈을 들이지 않고도 입주자들의 불만을 해소할 수 있었다. 엘리베이터를 기다리는 곳에 거울이나 게시판을 설치하는 것도 유용한 방법이다. 같은 30초라도 그냥 우두커니 기다릴 때보다 볼거리가 있을 때 훨씬 덜 지루하게 느껴진다. 이러한 대안이 나오기 위해서는 문제를 바라보는 시각이 달라져야 함은 물론이다. 운전하다 보면 막히는 길의 눈길 가는 곳에 대형 전광판이 있는 것을 알 수 있다. 그날의 뉴스를 보며 도로 정체로 인한 짜증이나 지루함을 달래라는 것이다.

에스키모인에게 냉장고를 파는 법

문제의 핵심이 무엇인지 시간을 들여 고민함으로써 우리는 지금 껏 생각하지 못한 획기적인 대안을 내놓을 수 있다. 1927년 개 관한 미국 샌디에이고의 엘 코데츠 호텔El Cortez Hotel은 오래된 건 물의 증축 공사를 진행했는데 증축 부분에 올라갈 엘리베이터 공사가 문제였다. 엔지니어들이 모여 의논했지만 증축 부분에 엘 리베이터를 설치하기 위해서는 층마다 방의 일부분을 없애고 엘 리베이터가 오르내릴 통로를 만들어야 했다. 호텔의 기존 시설 을 사용하지도 못하고 대규모 공사를 추가로 진행할 수밖에 없 었다. 엘리베이터 전문가들이 고심하는 모습을 지켜보던 한 호텔 종업원이 엘리베이터를 건물 밖에 만들면 되지 않느냐고 제안했 고, 이 제안은 샌디에이고의 멋진 항구를 바라볼 수 있는 옥외 전망용 투명 엘리베이터가 탄생하는 계기가 되었다.

성공 가능성이 낮은 일을 시도할 때 에스키모인에게 냉장고 를 파는 일과 같다고 비유하곤 한다. 결코 성공할 수 없는 일 같 지만 실제로 에스키모인에게 냉장고를 판 영업사원이 있다고 한 다. 이 영업사원의 판매 비결은 "냉장고는 고기 등의 음식을 얼 지 않은 상태로 보관할 수 있게 해준다"고 했다는 것이다. 한 가 전업체에서는 "일 년 사시사철 신선한 채소를 맛볼 수 있게 해 주는 냉장고"라는 광고 문안을 내세워 냉장고를 팔았다고 한다. 섭씨 2~3도의 온도를 유지하는 냉장고의 본질을 파악해 에스키 모인에게도 냉장고를 판 것이다.

에스키모인에게 냉장고를 파는 것과 유사한 사례가 스님에게 빗을 파는 것이다. 어느 빗 제조업체에서 입사 지원자들에게 하루 동안 스님에게 빗을 팔아오도록 했다. 대부분이 불가능한 일이라면서 포기했는데, 그중 세 명의 지원자가 빗을 팔아오는 데 성공했다. 한 명은 하나를, 다른 한 명은 열 개를, 또 다른 한 명은 무려 1,000개를 팔았다. 한 개의 빗을 판매한 지원자는 머리를 긁고 있는 스님에게 빗을 팔았다고 했다. 빗 열 개를 팔아 온 지원자는 주지스님에게 신자들의 헝클어진 머리를 단정하게 다듬도록 법당에 빗을 비치하라고 설득했다고 한다. 그렇다면 빗 1,000개는 도대체 어떻게 팔았을까? 이렇게 설득했다고 한다.

"이 빗에 스님의 필체로 '적선소積善梳'라고 적어 신자들에게 선물로 나누어주시면 어떨까요? 머리를 빗을수록 선이 쌓이는 빗이라는 의미의 부적처럼요. 아마도 더욱 많은 불자가 이 절을 찾을 겁니다."

한 조미료 회사에서 매출 감소로 인해 전 직원이 머리를 맞대고 고민했다. 다양한 아이디어를 짜내고 이런저런 방법을 시도해봤지만 매출은 늘지 않았다. 이때 한 여사원이 "조미료통의 구멍 크기를 2배로 크게 하면 어때요?"라고 아이디어를 냈다. 회사에서 구멍을 크게 뚫은 조미료통에 제품을 담아 출시했더니 실제로 매출이 2배로 늘었다고 한다. '어떻게 하면 사람들이 조미료를 좀 더 많이 소비해서 자주 사도록 만들 수 있을까'에 대한 문제를 단순하지만 본질적으로 파악해 해결한 것이다.

내 생각과
반대되는 의견에
귀 기울이라

"실험주의자들은 자신이 본 것만 믿는다. 하지만 그들은 보는 것보다는 믿는 것에 더욱 능숙하다."

− 조지 산타야나George Santayana, 미국 철학자이자 시인

사람들은 종종 자신의 생각이 사실임을 확인해주는 정보를 찾고, 자신의 생각에 반하는 정보는 무시하는 경향이 있다. 동일한 출처, 동일한 내용의 정보를 계속 받아들임으로써 자신을 합리화하거나 객관화하는 확신의 덫confirmation trap에 빠지는 것이다. 사람들은 자신이 현재 갖고 있는 생각을 확신시켜주는 정보(비록 그 정보가 중복된 것이라 하더라도)에 애착을 갖는다. 인간의 선택적 지각 특성에 기인한 것이다.

중복되는 정보는 판단에 대한 확신은 더욱 강하게 심어주지만, 판단의 정확도를 높여주는 것은 아니다. 2009년에 타계한 월가의 투자 귀재인 피터 번스타인Peter Bernstein이 한 일간지 기자와

의 대담에서 칼럼니스트나 전문가 중에 가장 좋아하는 사람이 누구냐는 질문에 다음과 같이 답한 것은 귀 기울일 만하다.

"난 내 의견에 동의하지 않는 사람을 좋아해요. 내 의견에 동조하는 글을 읽는 것은 쉽죠. 하지만 그건 시간 낭비입니다."[28]

정보 편향의 함정과 역화 현상

특정 정보에 대한 편향된 시각은 심각한 판단착오와 함께 큰 비극을 가져올 수 있다. 1986년 우주왕복선 챌린저호의 비극이 초래된 이유도 사실은 미항공우주국NASA 관리 층의 특정 정보에 대한 편향된 시각 때문이라고 할 수 있다.

챌린저호는 역사상 가장 추운 날씨에 발사되었다.[29] 사실 추운 날씨가 고체연료 추진 장치의 접합 부품인 오링O-rings에 문제를 일으킬 수 있다는 보고가 발사 전 NASA에 들어왔다. 하지만 NASA 관리층은 챌린저호를 제시간에 발사시켜야 한다는 중압감 때문에 추운 날씨와 고체연료 추진 장치의 접합 부품인 오링 간의 정확한 관계를 분석할 수 있는 충분한 자료가 있었음에도 불구하고 이 중 단지 일부의 사례, 즉 오링에 문제가 있었던 과거 일곱 번의 발사 사례만을 분석해 두 변수 사이에 별 관계가 없다는 잘못된 판단을 하게 된 것이다. 이는 결국 우주인 일곱 명의 목숨을 앗아가는 결과를 가져왔다.

사후에 24번의 모든 발사 자료를 분석한 결과, 챌린저호가 발사된 날 오링에 문제가 일어날 확률은 99퍼센트를 넘었다. 온도와 오링 간의 정확한 관계를 분석하기 위해서는 추운 날 오링에 문제가 있었던 사례, 추운 날 오링에 문제가 없었던 사례, 춥지 않은 날 오링에 문제가 있었던 사례, 춥지 않은 날 오링에 문제가 없었던 사례, 이렇게 네 가지 경우를 모두 조사할 필요가 있었다. 하지만 NASA에서는 오링에 문제가 있었던 일부 사례만을 조사해 두 변수 관계에 대한 결론을 내리고 챌린저호를 발사시킨 것이다.

두 귀를 열어 편향된 시각을 갖지 않아야 할 전문가들도 확신의 덫에서는 무력하다.

판사가 유죄판결을 하려면 합리적 의심의 여지가 없는 증명이 필요하다. 그렇지 않으면 설령 유죄라고 의심되더라도 무죄를 선고해야 한다. 유죄판결을 내릴 수 있는, 합리적 의심의 여지가 없는 증명을 수치로 표시하면 얼마나 될까? 한국 판사들은 평균 89.35퍼센트라고 답했다('민사·형사재판에서의 입증 정도에 대한 비교법적·실증적 접근', 설민수, 2008). 유죄 증거가 압도적이더라도 무죄 가능성이 다소 있으면 무죄판결을 내려야 한다는 얘기다. 헌법이 보장한 '무죄추정의 원칙' 때문이다. 불행히도 현실은 그렇지 않다. 1995년부터 2012년 8월까지 1심에서 유죄판결을 받았지만 2심에서 무죄를 선고받은 강력사건은 540건인데, 이 중 504건이 대법원에서 무죄 확정 판결을 받았다('무죄판결과 법관의 사실인정에 관한 연구', 김상준, 2013). 이들 사건의 1심은 무죄추정의 원칙을 지켜내지 못했음이 분명하다. 왜 그랬

을까? 인간이 흔히 범하기 쉬운 판단 오류에서 판사도 자유롭지 못한 탓이다.[30]

2013년에 '대도' 조세형이 고령의 나이로 절도 행각을 벌이다 검거된 사건이 있었다.

> 1970년대와 80년대 부유층과 유력인사를 상대로 대담한 절도 행각을 벌여 대도라 불렸고, 그 이후 15년간 수감되었다가 출소한 후 종교인으로 변신해 새 삶을 사는 듯했지만 또 다른 절도 행각이 발각되어 철창신세를 지게 된 조세형, 그가 다시 70대의 고령으로 강남빌라를 털다 또 붙잡히게 되었다.[31]

사실 조세형은 2009년에도 금은방 주인의 집에 침입해 일가족을 흉기로 위협하고 금품을 빼앗은 혐의로 구속 기소된 적이 있었다. 그러나 당시 재판부는 "피고인이 70대 고령으로 오른팔과 다리가 불편한 데다 무거운 처벌을 받을 위험을 무릅쓰고 범행에 가담했을 개연성이 떨어진다"고 판단해 2011년 조세형에게 무죄를 선고했다. 국민참여재판의 배심원 아홉 명도 같은 이유로 전원 무죄 평결을 내렸다. 하지만 위의 기사에서 볼 수 있듯이 조세형은 70대의 고령임에도 서초동 빌라에 침입해 금품을 훔치다 경찰에 검거되었다. 2011년 무죄 평결을 내린 재판부와 배심원단의 판단은 잘못되었던 것이다.

당시 재판부는 몸이 불편한 70대 노인이 위험을 무릅쓰고 절도 행각을 한다는 것은 자신들의 상식으로는 이해하기 힘든 일이라고 생각했다. 검찰과 경찰에서 다양한 증거와 피해자인 금은방 주인의 진술도 제시했지만 재판부는 그런 증거들은 모두 무시한 채 자신의 생각과 믿음을 지원해줄 수 있는 정보(몸이 불편한 노인)만 받아들인 것이다. 몸이 불편한 노인이 위험을 무릅쓰고 절도 행각을 벌일 수 없다고 믿었지만 실제로 그러한 범죄는 일어났다. 결국 확신에 덫에 빠진 재판부의 잘못된 판단으로 또 다른 피해자가 발생하고 만 것이다.

개인이나 집단이 확신의 덫에 걸리게 되면 소위 역화 현상 backfire effect이 일어난다.

정해진 신념을 바꾸기란 쉽지 않다. 그 신념이 잘못된 것일수록 때로는 더 강하게 집착하기도 한다. 자기 신념에 반대되는 정보가 많으면 많을수록 오히려 기존 신념을 보다 더 강하게 붙들게 된다. 바로 백파이어 효과backfire effect다. 상대편 사람들이 거세게 반발하면 할수록 거기에 대해 분석하고 반박하는 과정에서 오히려 자신의 기존 관점이 더 강화되는 것이다. 그래서 대치 상황으로 갈수록 점차 더 극단적인 주장, 과격한 행동으로 이어지게 된다.[32]

역화 현상이란 자신의 신조나 믿음에 반하는 증거가 나타나면, 그 증거가 옳은 것이라 할지라도 그 정보를 거부하고 자신의 기존 믿음을 더욱 공고히 하려는 인지 편향을 말한다. 내가 사랑하는 여자를 부모가 반대하면 오히려 그녀를 더 좋아하게 되는 심리와 같은 것이다. 옛날의 당쟁이나 오늘날 정치판의 궤변들이 대부분 이 때문에 생겨나는 것이 아닌가 싶다.

건설적 논쟁은 문제해결의 지름길

정보 편향으로 인한 확신의 덫에 걸리지 않으려면 현재 자신이 갖고 있는 생각에 도전할 수 있는 체계적인 방법, 예를 들어 구조화된 브레인스토밍 과정 등을 도입해 자신의 믿음에 대한 다른 사람의 반대 입장도 기꺼이 수용할 수 있는 자세를 갖추는 것이 필요하다.

반대를 고려하는 전략[33]도 자신들이 틀릴 수 있음을 생각하도록 해 확신의 덫에 걸릴 위험을 줄일 수 있다. 어떤 생각이나 주장을 확인하기 위해서는 해당 주장을 지원하는 증거뿐만 아니라 이를 반박할 수 있는 증거도 모두 검토할 필요가 있다. 회의에서 대세에 편승하기보다는 반대 의견을 제시할 수 있는 사람devil's advocate[34]의 역할이 중요한 것도 이 때문이다.

인텔Intel의 전 CEO인 앤디 그로브Andy Grove는 독특한 방식으로 토론 중심의 회의를 유도했다. 예컨대 활발한 토론이 없이 회의가 일찍 끝날 기미가 보이면, 그는 의도적으로 '토론광'을 회의에 불러들였다. 소위 '싸움닭'을 투입한 것이다. 즉 회의 안건에 대해 부정적인 의견을 가진 사람이나 거친 질문을 잘하는 사람을 회의에 참석시켜 논쟁 없이 합의되어 가던 회의를 다시 원점으로 돌려 토론을 이끌어냈다고 한다.[35]

1980년대 후반에 〈회장님, 회장님, 우리 회장님〉이라는 인기 코미디 프로그램이 있었다. 비룡그룹이라는 회사의 회장이 '딸랑딸랑'으로 묘사되는 예스맨들에게 둘러싸여 회의를 진행하는 광경을 코믹하게 묘사한 사회 풍자 코너였다. 모든 것이 회장 한 사람의 뜻대로 결정되고, 다른 말을 하는 것이 원천 봉쇄된 당시의 시대상을 역설적으로 풍자한 내용을 담고 있다. 그런 회사가 잘될 리 있겠는가. 중요한 사안에 대해 모든 사람이 한목소리를 낸다는 것도 위험하고 이상한 일이다.

실제로 좋은 의사결정은 치열한 논쟁으로부터 나오기도 한다. 그래서 이를 위해 의도적인 갈등과 이견을 조장하기도 한다. 미국 GM의 최고경영자였던 알프레드 슬로언Alfred Sloan, Jr.은 한 회의에서 이렇게 말했다고 한다.

"나는 우리 모두가 이 문제에 대한 해결책이 무엇인지에 대해 서로 다른 의견이 나올 때까지 시간을 두고 이 문제의 결정을 연기할 것을 제안합니다."

중요한 문제를 풀 때 의도적인 갈등은 건설적인 논쟁을 유도하고 더 나은 해결책을 창출할 수 있다.[36]

지금이라도 되돌리는 게 낫지 않을까

"멈출 때를 아는 것이 가장 어렵다."

– 맬컴 포브스Malcolm Forbes, 〈포브스〉의 발행인

1962년, 영국과 프랑스가 의기투합해 초음속 여객기인 콩코드 개발 프로젝트를 시작했다. 1969년에 시험비행을 성공적으로 마치고, 1년 만에 마하 2(시속 2,448킬로미터)를 돌파했다. 파리와 뉴욕 사이를 3시간대에 주파하는 이 초음속 여객기에 대한 항공업계의 기대는 대단했다.

하지만 전문가들 사이에는 이 사업의 수익성이 희박하다는 의견이 개발 초기부터 지배적이었다. 그 이유는 우선 개발 비용이 높고, 초음속 여객기의 특성상 일반 항공기보다 20퍼센트 비싼 연료를 사용해야 했으며, 날렵한 여객기의 구조상 좌석 수의 부족, 비싼 티켓 값, 그리고 초음속 여객기의 소음으로 말미암아 이착륙할 수 있는 공항이 제한적이어서 어느 모로 보나 수입 창

출에 문제가 있었다. 설상가상으로 1970년대 두 차례에 걸친 유류파동은 세계 항공업계로 하여금 속도를 포기하고 경제성을 택하도록 했다.

그럼에도 불구하고 영국과 프랑스는 국가의 자존심과 실패를 인정해야 한다는 부담감 때문에 미련을 못 버리고 계속 사업을 고집했고, 결국 2003년 문을 닫을 때까지 밑 빠진 독에 물붓기와 같은 상황을 초래했다. 콩코드가 1976년 영국항공British Airways 과 에어프랑스AirFrance에 의해 상업용 노선에 투입된 지 27년 만의 일이다.

들인 돈이 얼만데…

이미 지불되어 회복이 불가능한 비용을 매몰비용sunk cost이라고 한다. 매몰비용의 함정이란 매몰비용을 고려해 후속적인 판단을 잘못하는 것으로, 사람들이 매우 잘 알고 있다고 말하고, 그래서 자신은 이 함정에 빠지지 않는다고 주장하면서도 실제로는 계속 같은 오류를 일으키게 하는 고질적인 판단의 덫이다.

"믿을 만한 정보를 접한 뒤 한 종목에 수천만 원을 투자했는데 오히려 주가가 계속 떨어지더니 며칠 동안 하한가를 기록했어요. 적어도 원금을 회복해야겠다는 생각에 계속 버텨봤지만 결국에는 절반 이상 손실을 보고 말았습니다." 지금은 꽤 알아주는 한 재야 증시전문가가 밝힌 초보 투자자 시절의 뼈저린 경험담이다. 이른바 매몰비용의 함정에 빠져 진퇴양난의 상황에 처했던 것이다. 주식투자자라면 적어도 한 번쯤 겪어봤음직한 일이다. 주식 투자 시 매몰비용의 함정에 빠지지 않는 방법은 사실 단순하다. 적절한 시점에서 냉철하게 손절매를 하는 것이다. 그런데 실제 그 상황에 처하면 손절매를 실천하지 못한다. 되레 물타기(같은 종목을 일정 기간 차로 계속 매수함으로써 최초 매수가보다 낮게 매수하는 투자법)를 하며 매몰비용을 키우는 우를 범한다.[37]

우리는 어떠한 의사결정을 할 때 이미 지불된 비용에 연연하는 경우가 많다. 본전 생각때문이다. 하지만 매몰비용이란 우리의 통제를 벗어난 것으로 앞으로의 의사결정에는 정보로서 가치를 갖지 않는다. 그럼에도 많은 사람은 매몰비용의 함정에서 벗어나지 못하고, 이에 근거해 잘못된 의사결정을 계속적으로 밀어붙이곤 한다.

어떤 프로젝트에 이미 투자한 비용(매몰비용) 때문에 그 프로젝트가 더 이상 매력이 없음에도 불구하고 이를 계속 진행하는 것은 잘못이다. 이미 돈을 지불했다고 상한 음식을 계속 먹고자 하는 것과 다를 게 없지 않은가. 그 때문에 병원비만 추가로 발생한다.

다른 길로 돌아서 가고 싶어도

너무 많이 와버려

돌이키기엔 그동안의

노력과 시간이 아까워

그냥 그렇게 자신을

방치하는 사람들

십수년을

한우물만 파고 있는 나도

땅속에서 마실 물이

솟아날 것이란 막연한 기대로

그냥 매달려 있지는 않은지

모를 일이다

-이태연의 '매몰비용'[38] 중에서

의사결정은 미래에 관한 것으로 현재 시점을 기점으로 앞으로 치러야 할 비용과 누릴 혜택을 저울질해 이루어져야 한다. 우리가 매몰비용의 함정에 빠지는 것은 자신의 이전 판단이 잘못되었다는 것을 인정하기 싫어하는 인간의 습성, 그리고 자신의 판단 잘못으로 과거에 이렇듯 많은 자원을 낭비한 데 대한 자책감 때문일 것이다. 그러나 매몰비용은 이미 사라진 비용으로 여기에 연연해서는 후속적인 판단이 계속 잘못될 수밖에 없다.

어떤 프로젝트의 진행 여부를 결정하는 회의를 생각해보자. 회의 참석자 대부분이 이 프로젝트를 계속 진행하는 것은 회사에 득보다는 실이 많다는 것을 인정하고, 이 프로젝트를 접으려는 결정을 할 찰나에 꼭 이런 사람이 나타난다.

"지금껏 우리가 이 프로젝트에 쏟아 부은 시간과 돈과 노력이 얼마인데, 이제 와서 이 사업을 접자는 것입니까?"

그러나 지금 접지 않으면 더 큰 실패로 이어질 뿐이다. 피터 드러커가 말했듯이 포기에 대한 결정은 아주 중요하지만 실제로 는 가장 소홀히 여겨지고 있다.

밑 빠진 독에 물 붓기 식 투자는 그만!

적절한 시점에서 포기의 중요성을 알고, 이를 전화위복의 기회로 삼은 사례도 있다. 인텔은 1968년 설립 이후 1981년까지 컴퓨터 메모리칩 개발에 주력했던 회사로 당시 메모리칩 시장의 80퍼센 트 이상을 석권했다. 하지만 1980년대에 이르러 일본 반도체업 체들과의 가격경쟁에 밀려 심각한 위기 상황에 처했다. 이때 인 텔 창업자 중 한 명으로 1980년대 인텔을 경영한 앤디 그로브 는 고심 끝에 거의 모든 인력과 생산시설이 집중된 주력 사업인 메모리칩을 포기하고 마이크로프로세서 쪽으로 사업을 일대 전 환하는 결단을 내려 1990년대 인텔의 최고 성장기를 이끌었다. 경쟁력이 없다고 판단한 사업에 대한 미련을 과감히 버린 인텔은 이제 마이크로프로세서 부문에서 세계 최고 기업으로 성장했다. 개인용 컴퓨터에 붙어 있는 '인텔 인사이드intel inside'라는 로고는 이제 인텔 CPU의 신뢰성을 나타내는 징표로 자리 잡고 있다.

매몰비용의 함정에서 벗어나기 위해서는 첫째, 과거에 이 일과 관련되지 않은 사람으로 하여금 이 사안에 대한 판단을 하도록 하는 방법이 있다. 객관적 시각에서 앞으로의 혜택과 비용만을 고려하기 위해서다.

둘째, 판단이란 항상 잘못될 수 있음을 인정해야 한다. 좋은 판단이 반드시 바라던 결과를 가져오는 것이 아니듯 누구든 그 당시로서는 최선의 선택을 했더라도 그 선택이 좋지 않은 결과를 가져올 수 있다는 것을 인식하고 있어야 한다. 그리고 현 시점에서 내가 과거에 한 판단을 뒤집는 것을 부끄러워하거나 두려워하지 않는 용기가 필요하다. 그렇게 하는 것이 조직에는 더욱 득이 되는 행동이기 때문이다.

셋째, 조직에서도 불가피한 환경 변화로 인한 실패에 대해서는 면책 분위기가 조성되어야 한다. 그렇지 않을 경우, 발전을 위한 시행착오가 아닌 그저 빨리 잊고 싶은 실패로 그치고 말 것이다. 조직 구성원에 대한 평가는 결과보다는 그 당시 좋은 판단을 위해 최선을 다했는지에 근거를 두어야 한다. 그렇지 않다면 실패하지 않는 가장 확실한 방법은 일을 하지 않는 것이다.

넷째, 매몰비용의 포기를 자원의 낭비라고 생각하지 말고, 새로운 변화가 필요하다는 것을 일깨워준 수업료, 즉 가치 있는 정보에 대한 대가라고 생각해야 한다. 이러면 매몰비용을 포기하기가 심리적으로 좀 더 쉬워질 수 있다.

우리 사회도 대형 국책사업에 대한 찬반양론이 만만치 않을 때가 많다. 혹시 이러한 매몰비용의 함정에 빠져 더 깊은 나락으로 빠질 위험은 없는지 차분히 생각해볼 필요가 있다.

대법원이 지난달 16일 새만금 간척사업을 계속하라는 판결을 내렸다. 새만금 사업은 1991년 공사를 시작한 이래 지금까지 공사 중지와 계속을 두고 논쟁이 끊이지 않았다. 이런 와중에 대법원이 공사 계속이라는 사법적 판단을 내림으로써 근본적인 논란은 다소 수그러들 전망이지만 간척지 활용, 새만금 담수호 수질 보존, 해양환경 변화 등의 문제는 여전히 과제로 남아 있다. (……) 대법원은 판결문에서 "사업을 중단시킬 경우 우량 농지 확보 등 국가적·사회적 이익을 달성할 수 없게 되고 지금까지 막대한 비용을 투입한 데 따른 손해가 발생한다. 이를 감수하고 사업을 중단시킬 정도로 환경 피해가 클 것으로 판단되지는 않는다."고 밝혔다.[39]

워런 버핏Warren Buffet은 우리에게 매몰비용의 함정에서 벗어날 수 있는 의미 있는 말을 던졌다. "당신이 구덩이에 빠져 있음을 깨달았을 때, 당신이 지금 할 수 있는 최선의 일은 삽질을 그만 멈추는 것이다."

모두가
한목소리를 내는
집단사고의
위험

"군자화이부동君子和而不同 소인동이불화小人同而不和. 군자는 화합하지만 같지 않고, 소인은 같지만 화합하지 않는다."

- 《논어論語》 자로편 子路篇

집단의 생각은 개인의 생각보다 우월할까? 이 질문에 대한 대답은 집단이 어떤 사람들로 구성되어 있느냐에 따라 다를 것이다. 만일 집단이 비슷한 성향, 비슷한 배경의 사람들로 이루어졌을 경우, 특히 그 집단이 동료의식으로 똘똘 뭉쳤을 경우, 집단사고groupthink는 여러 가지 판단착오를 가져올 수 있다. 남도 나와 같은 생각일 것이라는 동료 의식이 상승작용을 일으켜 경솔한 판단을 하거나 자신들의 위치, 도덕성, 정당성 등을 과대평가하게 된다.

집단사고라는 말은 1972년 미국의 사회심리학자 어빙 제니스 Irving Janis가 처음 만든 것으로,[40] 유사성과 응집력이 높은 집단의 의사결정 사고방식을 말한다. 비슷한 배경과 생각을 가진 사람들은 주어진 문제의 해결책에 대해 쉽게 동의하는 경향이 있어서 숨겨진 문제점을 들추어내기 어렵고, 대안을 제시하기도 힘들며, 반대의견을 표출하는 것도 꺼려 쉽게 잘못된 결론에 도달하게 된다.

외부와 유리되어 새로운 정보를 받아들이기 어려운 집단일 경우, 집단사고의 위험은 더욱 크다. '우물 안 개구리'라는 말이 있다. 자신들이 최고라고 믿고 있는 집단은 실제보다 자신들의 위상이나 힘을 과대평가해 심각한 실수를 저지르게 된다. 제2차 세계대전 당시 일본 제국주의가 미국의 진주만을 공격해 미국에 선전포고한 것도 일본 군부의 집단사고 때문이다. 동일한 인종, 피부색을 보이는 집단은 자신들과 달라 보이는 사람들을 불신하거나 혐오하기도 한다. 자신과 달라 보이는 사람들을 이해하려고 하지 않을 뿐 아니라 자신의 집단이 인종적으로, 지적으로, 도덕적으로 그들보다 훨씬 우월하다는 믿음으로 집단 구성원들의 결속을 다진다. 미국의 백인우월주의, 호주의 백호주의, 러시아의 스킨헤드, 독일의 신나치주의, 일본의 극우단체 등도 집단사고의 예라고 볼 수 있다.

케네디 행정부의 뼈아픈 교훈

집단사고의 함정이란 집단 구성원들이 의견의 일치를 이뤄내려는 부담 및 압력으로 인해 건설적인 비판 의식 없이 비합리적 의사결정을 내리는 현상을 말한다. 집단사고는 구성원들 간에 강한 동료 의식이 쌓여 있을수록 발생 가능성이 높아진다. '우리가 남이가?'라는 동지 의식은 전체로부터 개인의 이탈을 암묵적으로 허용하지 않는다.

권위주의적 리더가 존재할 때도 집단사고가 발생할 수 있다. 이미 리더의 생각대로 결론은 내려진 상태에서 요식행위처럼 치러지는 회의는 새로운 생각을 내놓을 수 없다. 시간 낭비일 뿐이다.

집단사고는 의사결정의 중요도가 높고, 시간적 제약이 심할수록 발생할 가능성이 높다. 중요한 사안일수록 생각의 일사불란함과 신속한 의사결정 능력은 해당 집단의 결속력을 재확인할 수 있는 좋은 기회가 된다. 짧은 시간에 만장일치로 내린 결정의 신성함은 마치 신이 내린 결정과도 같다.

집단사고의 함정을 말할 때 흔히 예로 드는 것이 케네디 행정부의 피그만 침공 사례다. 1959년, 부패한 바티스타 정권을 몰아낸 쿠바가 사회주의를 표방했고, 토지개혁과 국유화 등 일련의 사회주의 개혁 과정에서 70여만 명의 쿠바인이 미국으로 망명했다. 피그만 침공은 1961년 4월 16일 쿠바 혁명 정권의 카스트로가 사회주의 국가 선언을 하자 그다음 날인 4월 17일 미 중앙정보부CIA가 주축이 돼 쿠바 망명자 1,500여 명으로 '2506여단'이라는 특공대를 만들어 쿠바의 피그만을 통해 쿠바를 침공한 사건이다.[41] 케네디 행정부의 판단은 이들이 상륙해서 민중을 선동하면 쿠바에선 반 카스트로 민중 봉기가 거세게 일어날 것이고,

그렇게 되면 카스트로 정권이 무너지는 것은 따 놓은 당상이라는 것이었다.

하지만 그들의 생각과는 달리 쿠바 민중은 전혀 동요가 없었고, 이 특공대는 사흘 만에 완전히 궤멸되고 말았다. 200여 명이 죽고 나머지는 모두 생포됐다. 미국은 결국 카스트로에게 5300만 달러 상당의 식품과 의약품을 건네주고 겨우 포로들을 돌려받는 수모를 겪었다. 이 사건으로 쿠바의 카스트로 정권과 미국 간의 대립이 본격화했고, 이듬해인 1962년 쿠바는 소련의 핵미사일을 쿠바로 끌어들이고자 한 쿠바 미사일 사건을 촉발했다.

케네디 행정부는 미국 역사상 평균 아이큐가 가장 높은 집단이라는 평을 듣고 있다. 좋은 학벌과 배경을 가진 쟁쟁한 인재들이 모두 장관이나 백악관 참모로 기용되어 대통령을 보좌했다. 하지만 이들은 모두 비슷한 정치적 성향을 갖고 있을 뿐만 아니라 사적으로도 친한 친구 사이였다. 이들은 카스트로 정권의 전복이라는 공통된 하나의 목표에 집착했고, 침공 계획을 논의하는 회의에서도 이러한 일치된 목표에 반하는 의견은 절대 나오지 않았다. 집단사고의 함정에 빠진 것이다.

이 사건 이후 케네디는 중요한 사안에 대한 회의 방식을 바꾸어, 다른 의견도 기탄없이 제안하도록 권장했다. 이 때문에 1962년 쿠바 미사일 위기를 성공적으로 넘길 수 있었다. 실패로부터 배운 것이다.

집단사고의 함정에 빠지는 이유는 무엇일까? 개인이 집단의 일원이 되어 집단 의사결정에 참여하게 되면 아무래도 다른 사람들의 눈치가 보여 자기 목소리를 내기가 곤란하다. 집단 내 목소리 큰 몇 사람이 명분을 앞세워 극단적인 의견을 제시할 때 더욱 그렇다. 극단적 시각을 가진 사람들은 자신들의 의견을 끝까지 고수하려 들고, 별생각 없이 회의에 참여한 사람들은 침묵으로 일관한다. 그렇게 입을 다물고 있으면 목소리 큰 사람의 의견에 동의하는 것이라고 사람들은 단정한다. 다른 생각이 있어도 혹시 집단의 화합을 깨뜨리는 사람으로 찍힐까 두려워 입을 다물게 된다. 좀 더 유연한 의견을 개진하면 나약하고 줏대 없는 사람으로 보일 것 같은 생각에 차라리 극단적 주류에 합류해버린다.

어느 사회나 집단사고의 함정은 예로부터 지속돼 많은 실패를 안겨왔다. 노조가 강성이어야 노조같이 보이고, 합리적 의견을 개진하는 구성원은 이도저도 아닌 기회주의자로 낙인찍히는 것도 집단사고의 폐해다.

새로운 정권이 들어서면 '고소영 내각', '강부자 정권', '성시경 내각' 같은 닉네임이 따라붙는다. 연예인의 이름이 아니라 출신 학교, 지역 등 특정 집단의 앞 글자를 따서 만든 이름이다. 하지만 한 나라의 안위와 살림을 책임지는 정권이나 내각은 동호회와는 달라야 한다. 동호회는 같은 취미를 가진 사람의 친목 모임이다. 동호회가 재미있으려면 코드가 맞아야 한다. 그러나 국가 대사를 좌우하는 정권에 코드가 맞는 사람들만 모이게 되면 그건 문제다. 국가의 일은 재미로 하는 것이 아니기 때문이다.

집단사고 예방을 위한 리더의 역할

당쟁의 폐단을 뼈저리게 겪은 영조. 즉위하자 탕평 교서를 내렸다. 그의 옹립에 공이 컸던 노론 강경파 영수 민진원과 소론 거두 이광좌를 불러 화목을 권했다. 시책에 호응 않은 이병태, 유최기 등은 파면했다. 노론 홍치중을 영의정, 소론 조문명을 우의정에 임명했다. 그러나 뿌리 깊은 당파의 대립은 꺾이지 않았다. 사도세자 사건을 계기로 시파·벽파가 생겼다. 시파라 불린 남인들은 수십 년 동안 과거 응시를 거부했고, 이인좌는 반란을 일으키기도 했다. 영조를 이은 정조도 자신의 거실을 '탕탕평평실'이라 할 정도로 탕평정신을 소중히 여겼다. 탕평은 통합의 출발이다. 듣고 싶은 얘기만 듣고, 같은 얘기만 하는 사람이 모이면 '집단사고의 함정'에 빠진다. 국가권력도 그렇고, 지역 권력도 그렇다. 그러나 아첨꾼의 끊임없는 유혹과 소통 과정의 불편, 측근에 대한 온정주의가 탕평의 발목을 잡는다. 영·정조 때도 파당으로 득 보려는 이들의 시도는 끊이지 않았다. 두 임금은 파쟁의 극단에 있는 자들은 가차 없이 내쳤다. 탕평과 사회 통합은 유혹을 이기고자 하는 지도자의 군건한 신념과 불굴의 의지 없인 불가능하다.[42]

집단사고의 함정에서 빠져나오기 위해서는 리더의 역할이 매우 중요하다. 집단을 이끄는 지도자는 첫째, 어떠한 회의든 초기에 의견의 불일치를 조장하는 것이 좋다. 이를 위해 집단의 각 구성원에게 주류 의견에 편승하지 않고 비판자 역할을 하도록 고무할 필요가 있다. 이는 구성원들이 남 눈치 보지 않고 자유로이 반대 의견과 대안을 제시할 수 있게 도와준다. 공개적으로 자기 의견을 내놓는 것을 꺼리는 경우, 익명의 건의함이나 리더에게 직접 의견을 전달할 수 있는 시스템의 도입도 필요하다.

둘째, 리더는 처음부터 자신이 선호하거나 기대하는 것을 구성원들에게 말해서는 안 된다. 리더가 카리스마가 있거나 권위주의적일 경우 더욱 그렇다. 많은 구성원이 자신의 의견이 리더의 그것과 다를 경우 자신의 의견이 더 좋은 것이라 할지라도 내놓기를 꺼리는 경향이 있다. 리더의 의견을 따르는 것이 충성스러운 구성원이라는 오해는 리더의 생각대로 쉽게 결말을 내게 할 수 있다. 회식 자리에서 직원들에게 마음대로 먹으라고 하고, 사장이 먼저 "나는 자장면"이라고 하면 모두가 자장면을 시킬 수밖에 없는 것과 마찬가지다.

셋째, 리더라면 시간을 가지고 반대 의견이나 대안들의 가치를 객관적으로 파악할 수 있는 방법을 모색하고, 이에 따라 의사결정에 도움이 될 만한 유용한 정보를 수집해야 한다. 아울러 집단 구성원들 각자는 주기적으로 집단의 생각을 외부의 믿을 만한 사람들과 논의하고, 외부인의 생각을 그룹에 전달할 수 있어야 한다.

때로 외부 전문가도 회의에 초청해 집단 구성원의 의견에 비판적인 시각을 보일 수 있도록 하는 것도 필요하다. 아울러 집단 구성원 중 줏대가 뚜렷하고 지적 능력이 있는 구성원을 악마의 변호인devil's advocate으로 지명해 집단의 고정된 생각과 기존의 가정에 도전하고 반대 의견을 개진할 수 있게 하는 것도 집단사고의 함정에서 벗어날 수 있는 방법이다.

집단지성과 오픈 이노베이션을 적극 활용하라

최근 들어 정부, 기업, 학교에서 '융합convergence'이라는 주제가 인기다. 해결해야 할 모든 문제는 복합적이다. 한 분야의 전문지식을 가지고 있다고 해결할 수 있는 것은 거의 없다. 해결책을 제시한다 해도 진부한 것이 대부분이다. 여러 다른 분야의 사람이 모였을 때 각자의 아이디어가 표출될 수 있고, 이것들이 합쳐져 해당 분야의 전문지식만 가지고는 생각할 수 없었던 기발한 해결책이 제시될 수 있다. 세계적인 디자인 회사인 아이디오IDEO, 인터넷 시대의 대표 기업인 구글Google 등에 인문학, 사회과학, 자연과학, 공학, 경영학, 예체능계까지 다양한 배경을 가진 인재가 모여 있는 것이 이 때문이다.

집단사고를 방지할 수 있는 개념으로 이야기되는 것이 '집단지성collective intelligence'이다. 비슷한 말 같지만 의미는 정반대다. 집단지성이란 다수의 개체가 서로 협력하거나 경쟁하는 과정을 통해 습득하게 된 집단의 지적 능력으로, 이 능력은 개개인의 지적 능력을 넘어서는 힘을 발휘한다.

　이 개념은 미국의 곤충학자 윌리엄 휠러William Wheeler가 제시했다. 개미는 개별적 개체로는 그 능력이 미미하지만 공동체로 협업함으로써 거대한 개미집을 만들어내는 능력을 보여준다.[43] 그는 이를 근거로 개미는 개별로는 보잘것없지만 함께함으로써 높은 지능 체계를 형성한다고 설명하고 있다. 즉 집단의 가장 우수한 개체보다 집단은 훨씬 더 지능적일 수 있다는 것이다.

　인터넷에 의해 현대사회에서 집단지성은 활성화하고 있다. 개방과 공유, 참여와 집단지성이라는 키워드를 갖는 웹2.0, 그리고 이것의 산출물인 위키피디아, 소셜네트워크서비스SNS는 다수에 의해 멈추지 않고 계속 진보하는 집단지성을 보여주고 있다. 또한 기업이 자사의 제품 및 서비스의 연구, 개발, 상업화 과정에 대학, 연구소, 다른 기업의 기술과 지식을 활용하는 경영 전략인 오픈 이노베이션(개방형 혁신)open innovation도 집단지성의 한 예다.

　집단지성은 집단사고를 방지할 수 있는 수단인 동시에 불특정 다수가 함께함으로써 편중되지 않은 개개인의 사고와 능력이 합쳐져 더 새롭고 더 위대한 것을 만들어갈 수 있는 원동력이 되고 있다.

chapter7

똑똑한 결정을
이끄는
11가지
판단 습관

지혜는 만인의 보물이지만
판단력은 현인만의 보물이다.

—윌리엄 펜William Penn, 영국의 신대륙 개척자

인간은 절대적 통찰력을 지닌 신이 아니다. 인간이 직관이나 제한된 경험에 근거해 판단할 땐 완벽성을 기대할 수 없으며 기대해서도 안 된다. 하지만 판단착오를 일으켰을 때 어떻게 반응하는지 보면 그 사람이 좋은 판단을 할 수 있는 잠재력을 가졌는지 아닌지는 가늠할 수 있다.

인간이 판단착오를 일으킨 후에 보이는 행태는 여러 가지다. '팔자 소관이려니 해야지' 또는 '인간이니까 어쩔 수 없는 한계인 거야'라고 생각하는 체념형이 있는가 하면 주님의 뜻, 부처님의 뜻, 알라신의 뜻이라며 절대자에게 자신의 판단 결과를 떠넘기는 종교 귀의형이 있다. 판단착오의 원인을 부하직원이나 조언자의 탓으로 돌리는 책임 회피형도 있다.

하지만 이러한 행태는 좋은 판단력을 갖추는 데 도움이 되지 않는다. 좋은 판단력은 반성과 개선을 통해 생긴다. 판단착오를 일으켰을 땐 왜 그런 판단착오가 일어났는지 되돌아보고, 그 원인을 밝히고, 판단착오의 크기와 횟수를 줄이기 위해 지속적으로 노력하고 훈련함으로써 개선된 판단력을 몸에 체화하는 것이 바람직하다. 그래야 새로운 문제에 맞닥뜨렸을 때 올바른 판단이 자연 반사적으로 이루어질 수 있다. 판단력이란 이전 판단에 대한 지속적인 피드백과 개선 작업을 통해 어느 순간 자신도 모르게 향상되고 세련돼질 수 있는 계단형 능력이다.[1]

물론 이렇게 한다고 해서 판단착오를 100퍼센트 없앨 수는 없다. 하지만 직관과 경험에 의존해 발생할 수 있는 잘못된 판단의 횟수와 그 정도는 크게 줄일 수 있다. 하루에도 수많은 판단 과제를 안고 사는 우리 일생을 생각해보면 판단착오를 줄이려고 노력하는 사람과 방치하는 사람 사이에는 큰 차이가 존재한다.

우리 주위에 판단력이 뛰어나다고 일컬어지는 사람들이 있다. 그 사람들은 선천적으로 좋은 판단 유전자를 타고난 것일까? 뛰어난 판단력은 선천적이기보다는 판단착오를 줄이기 위한 훈련의 가치를 남보다 먼저 깨닫고 이를 부단히 실천한 결과로 얻어진 것이다.

50대인 내가 100미터 달리기를 했더니 22초라는 기록이 나왔다. 이 결과에 대해 나는 두 가지 반응을 보일 수 있다. 쉰이 넘은 나이에 이 정도 기록이면 훌륭하지 않으냐는 등 여러 가지 이유를 대면서 22초라는 기록을 합리화하려고 할 수 있다. 100미터 뛴 것도 운동이라고 오랜만에 뛰었으니 한잔하러 가자고 동료들을 부추긴다. 이런 나는 앞으로 100미터 기록을 절대

22초 이내로 단축시키지 못한다. 기록은 22초에서 더욱 뒤처질 뿐이다.

하지만 22초라는 기록에 대해 다른 반응을 보일 수도 있다. 결과에 충격을 받은 나는 이렇게 말한다.

"그래도 내가 10대 시절엔 100미터를 13초 대에도 뛰어 학교에서 준족駿足이라고 알려진 적도 있는데, 아무리 나이를 먹었다고 해도 어떻게 이런 기록이 나올 수 있지? 그동안 생활도 불규칙하고 운동도 멀리하고 했으니 이런 기록이 나온 거겠지."

이렇게 22초라는 기록에 대해 반성하고, 이런 기록이 나오게 된 원인을 밝히고자 노력하는 내가 있을 수 있다. 그러고는 결심한다. "오늘부터 두 달 동안 규칙적인 생활과 함께 하루에 1시간이라도 운동을 시작해보자." 이 결심을 행동으로 옮기고서 두 달 후에 다시 뛰어본다. 어떤 결과가 나왔을까. 17초가 나왔다. 두 달 전보다 5초나 단축되었다. 굉장한 기록 단축이 아닐 수 없다. 내가 지금부터 아무리 운동을 열심히 한다고 해도 100미터를 세계기록 수준인 10초 이내로 끊을 수 있겠는가. 하지만 이러한 노력을 함으로써 기록을 22초에서 무려 5초나 단축할 수 있는 것이다.

판단착오의 경우도 마찬가지다. 신이 아닌 이상 판단착오를 일으키지 않을 자신이 있는 사람은 없다. 하지만 판단착오가 일어나는 빈도와 그 정도는 개인의 노력에 의해 크게 줄일 수 있다. 그리고 이러한 노력을 꾸준히 지속하는 사람은 그렇지 않은 사람보다 훨씬 뛰어난 의사결정자의 자질을 갖출 수 있게 된다. 결국 좋은 판단력을 갖출 수 있는지는 각자의 노력에 달려 있다. 판단착오를 일으켰을 때 보이는 긍정적 반응, 반성, 피드백, 훈련, 지속적 실천 등의 개선 노력은 좋은 판단을 위한 유전자를 몸속에 서서히 자리 잡게 해 남들이 부러워하는 뛰어난 판단력을 보이는 사람으로 거듭나게 할 것이다.

이제 좋은 판단을 위한 팁을 제안함으로써 이 책을 마무리하고자 한다. 다음의 열한 가지 판단 습관은 잘못된 판단 행태를 변화시키기 위한 제안이다. 적어도 하나 이상의 지침을 실제 문제에 적용하고 그 결과를 지켜보라. 이전보다 훨씬 나은 결과가 나온다는 것을 경험하게 될 것이다. 단시간에 그렇게 되지 않더라도 실망하지 않길 바란다. 판단력의 향상은 계단형으로 나타나며, 좋은 판단이 좋은 결과를 100퍼센트 담보하는 것은 아니다. 내가 통제할 수 없는 불확실한 변수는 항상 우리 곁에 존재한다.

1. 자기 자신에 대한 맹신에서 벗어나라

인간이 만물의 영장으로 인류 문화와 문명의 진보를 이끌 수 있었던 건 1.4킬로그램 정도의 무게를 가진 두뇌 덕분이다. 하지만 인간의 두뇌는 여러 가지 한계도 가지고 있음을 앞에서 설명한 바 있다. 똑똑한 사람일수록 정보 수집이 힘들다. 자신의 경험과 머릿속 기억에 대해 지나치게 신뢰하기 때문에 자신이 무엇을 모르는지 모르는 경우가 많다.

사람은 누구나 스스로를 과신하는 경향이 있다. 우리는 우리가 실제로 아는 것보다 더 많이 안다고 생각한다. 그래서 너무도 적은 양의 정보를 검토하고 주의 깊게 생각하지 못한다. 가치 있는 정보보다는 현재 내가 이용할 수 있는 정보에 매달리기 쉽다. 특히 그 정보가 최근에 접한 것이거나 기억 속에 생생하게 남아 있는 것이면 더욱 그렇다. 그래서 우리는 어떤 미지의 것을 추정할 때 자신의 기억 속에 남아 있는 그것을 마치 표준인 양 착각해 앵커 지점(기준점)으로 삼고, 다른 요소들을 고려한 충분한 조정 없이 섣불리 판단하는 우를 범하곤 한다.

가치 있는 정보란 내가 가진 생각을 반박할 수 있는 정보다. 가치 있는 정보를 수집하기 위해서는 다음과 같은 세 가지 질문을 자신에게 던져볼 필요가 있다.

첫째, 나는 과연 얼마나 알고 있는가?
둘째, 내가 알고 있는 것이 편향되지 않은 보편타당한 정보인가?
셋째, 내가 내린 판단이 내가 쉽게 이용할 수 있는 머릿속 앵커 지점에 너무 의존하고 있는 것은 아닐까?

현명한 의사결정을 위해서는 자기 자신에게 정직해야 한다. 더 나은 판단을 위해 정보를 수집하는 것인지, 아니면 나의 생각이나 내가 하고자 하는 것을 합리화하기 위한 지원 정보를 찾는 것인지 구분해야 한다.

우리가 위험에 빠지는 이유는 뭘 몰라서가 아니라, 모든 것을 자신 있게 안다고 생각하는 데 있다. 오늘날까지 가장 현명한 사람의 본보기로 소크라테스가 칭송받는 것은 적어도 소크라테스는 자신이 무지하다는 사실을 알았기 때문이다.

2. 좋은 친구를 사귀어라

부모들은 어린 자식에게 친구를 잘 사귀라고 당부한다. 좋은 친구는 나를 좋은 곳으로 인도하고, 나쁜 친구는 나를 나쁜 방향으로 이끌기 때문이다. 판단의 세계도 마찬가지다. 좋은 조언자는 좋은 판단을 유도할 수 있다.

사람들은 어떤 판단을 할 때 문제를 두 가지 관점에서 바라본다. 내부인 관점inside view과 외부인 관점outside view이 그것이다.[2] 내부인 관점이란 각 상황을 편향된 시각으로 특수하게 바라보는 것을 말한다. 반면에 외부인 관점은 여러 상황을 한발 떨어져 일반화하고 그들의 비슷한 점과 다른 점을 파악한다. 문제는 실제 의사결정 상황에 닥치게 되면 내부인 관점이 우세해진다는 것이다. 객관적으로 실패할 가능성이 높더라도 나만은 성공할 거라고 믿는다. 사람들이 잘될 거라는 믿음 하나만 가지고 사업에 뛰어들고, 카지노 게임에서 가장 높은 승률이 50퍼센트가 채 안된다는 것을 알면서도 그건 다른 사람의 이야기일 뿐 자신은 잭팟이 터질 거라 착각을 한다.

중요한 의사결정을 할 때는 외부인의 조언이 필요하다. 외부인의 관점이 내부인인 내 관점보다 더 정확하고 객관적일 수 있음을 인정하는 것이 좋은 판단을 위해 바람직하다. 나 자신이 외부인 역할을 하면서 내 문제가 아닌 다른 사람의 문제라고 여기면서 어떻게 조언할지 생각하는 방법도 있겠지만 이는 실제로는 매우 힘든 일이다. 따라서 편향된 시각을 갖지 않은 외부인에게 강력한 발언권을 주는 것이 좋은 의사결정을 하기 위해 필요하다. 외부인이 편향된 시각을 갖지 않으려면 그 문제와 아무런 이해관계가 없어야 함은 물론이다.

이제 믿을 수 있는 외부인에게 악마의 변호인 역할을 수행하게 함으로써 당신의 믿음에 대한 반대 의견을 제시하도록 하라. 이때 주의할 점은 외부인의 의견을 구할 때 당신의 생각을 지원해줄 수 있는 정보를 이끌어내게 하는 질문을 삼가라는 것이다. 외부인이 진정으로 좋은 친구가 아니라면 당신의 입맛에 맞는 정보를 달콤하게 쏟아낼지도 모르기 때문이다. 당신의 조언자라는 사람이 항상 당신의 생각을 지원하는 이야기만 하는 듯 보이면 새로운 조언자를 찾는 것이 좋다. 당신의 의견만을 좇는 친구들에게 둘러싸여서는 올바른 판단을 하기란 실로 요원하다.

3. 버릴 것은 과감히 버려라

의사결정은 미래를 위한 것이다. 현 시점에서 앞으로 얻을 혜택과 치러야 할 비용을 비교해 사업이나 프로젝트의 지속적인 추진 여부를 결정하면 된다. 하지만 사람들 대부분은 과거에 치른 시간, 비용, 노력 등이 아까워 잘못된 판단을 반복하곤 한다. 과거와의 단절이 필요하다. 아깝겠지만 그것들은 당신이 이미 지불한 비용이다. 그것에 계속 발목 잡혀서 잘못된 판단이 이어진다면 당신이 지금 아까워하는 매몰비용에다 더 많은 비용을 추가로 들일 수밖에 없다. 아무리 비싼 값을 주고 산 음식이라도 그것이 상했으면 버려야 한다. 그러지 않으면 이미 지불한 음식 값에다 병원비가 추가될 뿐이다. 이미 지불한 음식 값만 잊는 게 더 나은 일 아니겠는가.

매몰비용의 아까움과 단절하기 위해서는 다음과 같은 방법을 이용해보자.

첫째, 매몰비용에 연연하는 당신과 관련된 것이다. 왜 내가 매몰비용에 집착하는지 자문해보라. 자존심 때문인가? 과거의 내 실수를 인정하는 것이 매몰비용에 집착하게끔 하는 주된 이유인지 검토하라. 자존심의 손상 때문이라면 정면으로 대응하고 그 실수를 받아들여라. 그 당시 아무리 탁월한 의사결정이었다 해도 결과는 내가 바라는 것이 아닐 수 있다는 사실을 기억하라. 제아무리 유능하고 경험이 풍부한 리더라도 판단착오를 할 수 있다.

둘째, 실패를 두려워하는 조직 문화도 일신해야 한다. 건설적인 시행착오를 장려하는 분위기를 조성해야 한다. '한 번의 실수는 영원하다'는 분위기보다는 건강한 실패에 대한 면책 분위기를 지향해야 한다. 사람들을 평가할 때 단순히 결과의 성패보다는 그들이 의사결정 당시 이용할 수 있는 모든 정보를 충분히 활용해 판단을 내렸는지 의사결정의 질을 따지도록 하자. 실수 없는 조직이 될 수 있는 유일한 방법은 새로운 일을 아무것도 시도하지 않는 것이다.

IBM의 창업자인 토머스 왓슨Thomas Watson에게 한 임원이 힘없는 모습으로 다가왔다. 자신의 잘못된 판단으로 회사에 1000만 달러의 손해를 입혔기 때문이다. 임원은 말하기를 "회장님, 저를 해고하십시오. 저는 해고당해도 쌉니다." 왓슨은 대답하기를 "자네를 해고하라고? 나는 방금 자네를 교육시키는 데 1000만 달러를 지불했단 말일세."[3]

셋째, 과거 이 의사결정과 관련이 없고 그 결과와 이해관계가 없는 사람들에게 의견을 구하고 그것을 주의 깊게 경청하라. 그들은 과거 이 일과 관련된 사람들이 흔히 겪는, 나의 잘못된 판단을 인정해야 한다는 자존심의 손상이나 나의 실수로 조직의 아까운 자원이 낭비되었다는 죄책감에서 자유로울 수 있다.

넷째, 조직의 리더로서 구성원의 행태를 유심히 지켜보라. 그들이 중요한 일을 결정하거나 추진할 때 매몰비용의 함정에 빠지는지 살펴보라. 그런 일이 감지되면 신속하고도 과감하게 그들의 업무와 책임을 재배분해야 한다.

4. 제자리에 머물지 마라

모든 사람에게 가장 불만이 없는 대안이 무엇인지 아는가. 바로 현상 유지다. 가장 익숙하고 편안하고 변화가 필요 없는 타성이 붙은 일 처리 방법이다. 하지만 여기서 명심해야 할 것은 현상을 유지하는 것이 현재 나의 위치를 유지시키는 건 아니라는 점이다. 남들이 뛰는 상황에서 현실에 안주하는 것은 곧 퇴보를 의미한다. 오랜 시간 한자리에 가만히 누워 있으면 욕창이 생겨 죽음에 이를 수도 있다.

우리가 자신의 행동을 바꾸지 못하는 것은 현상에 대한 만족, 위험의 회피, 새로운 행동이 가져올 불확실한 결과보다 익숙한 행동의 확실한 결과를 선호하기 때문이다. 현상 유지의 함정에서 벗어나기 위해서는 항상 당신이 이루고자 하는 가치나 목표를 기억하라. 그리고 현 상태를 유지하면 그것을 이룰 수 있는지 자문해보라. 그러면 현상을 유지하는 것이 당신이 하고자 하는 일을 달성하는 데 장애가 될 수 있음을 알 수 있다.

현상 유지는 노력을 필요로 하지 않기 때문에 게으른 사람들이 가장 선호하는 대안이고, 또 그들은 그것이 유일한 대안이라고 주장한다. 현상 유지가 아닌 다른 대안을 선택할 때 수반되는 노력이나 비용을 과장하기도 한다. 하지만 현상 유지는 유일한 대안이 아닐 뿐만 아니라 가장 좋은 대안은 더더욱 아니다. 당신이 추구하는 목표를 달성할 수 있는 다른 방법들을 생각해보고, 그것들의 장점과 단점을 신중하게 평가해 현상 유지의 대

항마로 활용하라. 그런 다음 그래도 현상을 유지하는 것을 택할
지 자문해보라.

때로는 현상을 유지하는 것보다 나은 대안이 여럿 있음에도
불구하고, 이들 중 어느 것이 가장 좋은 대안인지에 대해 이해관
계자들의 논쟁도 많고 기술적으로 판단하기도 어려워 "그냥 해
온 대로 합시다", "지금도 괜찮은데 왜 일을 일부러 만들어?"라
며 현상 유지를 기본값으로 선택하는 경우도 있다. 힘들더라도,
골치 아프더라도, 논쟁을 유발할지라도 현상 유지보다 더 나은
대안을 선택하도록 하라. 그것이 최선의 대안은 아닐지라도 제자
리에 머무는 것보다는 나을 것이다.

5. 미리 짜놓은 틀에 얽매이지 마라

당신이 제안한 것이든 다른 사람이 제안한 것이든 처음 제안된
문제의 틀(프레임)을 자동적으로 받아들이지 말라. 당신이나 당
신 조직은 별생각 없이 자동적으로 특정 프레임을 사용하고 있
을 것이다. 그것을 판별하라. 그리고 다양한 각도에서 문제의 틀
을 다시 짜도록 노력하라. 준거점에 따라, 문제를 어떻게 바라보
느냐에 따라 상황은 나에게 이득이 될 수도 있고 손실이 될 수
도 있다. 그리고 그 프레임에 따라 당신은 위험을 회피하는 성향
을 보일 수도 있고, 위험을 추구하는 행태를 보일 수도 있다.

중립적인 자세로 여러 가지 다른 준거점을 활용해 문제를 구
조화하고, 이득과 손실을 함께 다루어 위험을 상쇄시키는 중복

적인 자세를 취하라. 각각의 프레임이 어떤 왜곡을 초래할 수 있는지도 살펴보라. 또한 다른 사람이 의사결정에 대해 충고할 때 그들이 문제를 어떻게 구조화했는지 살펴보라. 그리고 당신은 그들과는 다른 구도로 문제를 바라보도록 한다. 그러면 해결책도 달리 나올 것이다.

흔들림 없는 견고한 해결책robust solution을 구하기 위해서는 여러 가지 프레임을 같이 활용해 문제를 역지사지의 태도로 바라보고, 그래도 같은 해결책이 나오는지 확인한다. 그래도 같은 해결책이라면 그것은 치우침 없는 해결책이다.

6. 첫 제안의 닻에 휘둘리지 마라

배의 닻이 어디에 내려졌는지에 따라 배는 그 주위에 머물게 된다. 판단도 마찬가지로 나에게 처음 제시된 정보가 앵커 지점이 되어 내가 내린 해결책이 그곳에서 멀리 벗어나지 못하게 된다. 처음 제시된 정보가 의미 없는 정보일지라도 그렇다.

무의미한 앵커 지점에 휘둘려 판단을 그르치지 않기 위해서는 첫째, 문제에 봉착했을 때 처음 생각나는 것에 집착하기보다는 다른 시작점과 방법을 사용하도록 한다.

둘째, 다른 사람의 생각이 내 판단의 앵커 지점이 되는 것을 피하도록 한다. 그러기 위해서는 다른 사람에게 문제에 대한 조언을 구하기 전에 우선 당신 나름대로 문제에 대해 생각해야 한다.

셋째, 마음을 열고 다양한 사람의 의견을 구해 참조의 대상을 넓히고, 지금과는 다른 새로운 방향으로 당신의 생각을 옮겨 가도록 한다. 이때 당신이 의견이나 정보를 구하는 조언자, 컨설턴트 또는 지인들이 앵커링 효과에 휘둘리지 않도록 한다. 그러기 위해서는 그들에게 당신의 생각이나 당신의 예상치, 임시적 결정 등에 대해 입을 다물어야 한다. 당신이 그들에게 당신의 의도를 너무 내보이게 되면, 당신 자신의 생각이나 사전 결정이 그들 판단의 앵커 지점이 되어 당신에게 부메랑처럼 되돌아오게 된다.

넷째, 다른 이들과 협상할 때 특히 그들의 첫 제안에 주의하도록 한다. 협상을 시도하기 전에 당신의 위치와 목표를 확고히 하면 상대방의 첫 제안에 현혹되지 않는다. 역으로 당신에게 유리한 앵커 지점을 사용할 기회를 엿보라. 예를 들어 당신이 물건을 사는 사람이라면 협상할 때 먼저 낮지만 방어할 수 있는 가격을 제시하라. 역으로 파는 사람이라면 높지만 방어할 수 있는 가격을 불러라. 상대방이 주의 깊은 협상가가 아니라면 당신의 첫 제안 수준에서 값이 결정될 것이다. 물론 몇 번의 줄다리기가 있겠지만 당신이 제안한 쪽과 가깝게 협상이 끝날 가능성이 높다.

7. 미래 예측은 하나의 숫자가 아닌 범위로

사람들은 특히 어려운 문제에 대해 자신의 추정을 과신하는 경향을 보인다. 추정할 때 과신의 덫을 피하기 위해서는 첫째, 처음의 내 생각과 가정을 부정할 수 있는 질문을 스스로에게 던져야 한다. 소위 회상용이성에 의한 왜곡을 최소화하기 위해서는 내가 한 모든 가정을 주의 깊게 검토해 그러한 가정들이 머릿속 기억에 의해 편향되게 영향받지 않았는지 확인해야 한다. 가능한 한 실제 통계자료를 수집해 깊은 인상으로 남게 된 머릿속 정보에 휘둘리지 않도록 조심하라.

둘째, 추정할 때 하나의 숫자로 예측하기보다는 양 극단값(최댓값, 최솟값)을 생각해 실제 값이 존재할 가능한 범위를 추정하라.[4] 하나의 숫자로 예측하는 것은 100퍼센트 잘못될 수밖에 없고, 그에 대한 변명의 여지도 없다. 범위 추정을 습관화하면 처음에 생각나는 추정치를 앵커 지점으로 하는 앵커링 효과를 방지할 수 있다. 범위 추정을 한 다음 자신이 설정한 최댓값과 최솟값의 타당성에 대해 도전하도록 하라. 실제 값이 당신이 설정한 범위를 벗어날 경우를 상상하고, 그때의 불이익이나 피해를 고려해 그 범위를 조정해보라. 여기서 주의해야 할 점은 범위(신뢰구간)가 너무 넓으면 정보로서의 가치가 없다는 것이다.

예를 들어 우리나라 대졸 신입사원의 연봉이 1000만 원에서 1억 원 사이라고 추정하는 것은 거의 100퍼센트 정확한 예측일지는 모르지만 너무나도 상식적인 이야기로 정보로서의 가치는 없다. 95퍼센트의 신뢰도로 2500만 원에서 5000만 원 사이라고 하는 것이 5퍼센트 정도 틀릴 가능성은 있지만 정보로서의 가치가 있는 것이다. 그리고 이 5퍼센트의 틀릴 가능성이 바로 당신에게는 변명의 여지가 되는 것이다.

셋째, 마찬가지 방법으로 당신의 조언자나 동료, 부하직원의 추정치에 도전해보라. 그들 또한 당신처럼 과신의 덫에서 자유롭지 못하기 때문이다. 추정하는 사람들에게 결과에 따른 피드백을 주고, 그들을 훈련시키고, 그들로 하여금 결과에 대해 책임지도록 하라. 그래야 그들의 추정 능력을 향상시킬 수 있다.

8. 내가 할 수 있는 것과 할 수 없는 것을 구분하라

보통 우리는 제품을 잘 만들어 시장에 내놓으면 잘 팔릴 거라고 믿는다. 하지만 제품이 훌륭하다고 항상 기대한 만큼 팔리는 건 아니다. 세상을 살다 보면 어떤 일은 내 의지대로 할 수 있는 반면에 또 어떤 일은 아무리 노력해도 내 능력으로는 어찌할 수 없을 때가 있다. 학자들은 전자를 가리켜 통제 가능한 변수 또는 내생 변수endogenous variables라 하고, 후자의 경우를 통제 불가능한 변수 또는 외생 변수exogenous variables라 일컫는다.

제품을 만드는 일은 내가 통제할 수 있는 일이다. 내가 열심히 노력하면 좋은 제품을 만들 수 있다. 하지만 그 제품이 시장에서 잘 팔리려면 다른 여러 가지 환경적 요인도 뒷받침되어야한다. 시장 트렌드나 경쟁 환경, 고객의 욕구 등 내가 통제할 수 없는 많은 요인이 제품 판매에 영향을 미치는 것이다.

'불가능은 없다.' 의지와 노력만 있으면 무엇이든 해낼 수 있다는 용기를 북돋워주고 적극적으로 행동에 나서도록 동기를 부여하는 말이다. 하지만 어떤 판단을 내려야 할 때 이 말은 독이 될 수도 있다. 개인이나 조직이 감당할 수 없는 불가능한 일과 상황에 맞닥뜨릴 때가 있기 때문이다. 진시황은 수천 명의 어린 남녀를 동원해 불로초를 찾았지만 영생할 수 없었다. 우리 주위를 둘러보더라도 사람의 의지와 노력으로는 도저히 바꿀 수 없는 일이 꽤 많다. 자신에 대해 한번 생각해보라. 내가 통제할 수 없는 것도 내 생각대로 바꿀 수 있다고 굳게 믿고 무작정 시간과 노력을 쏟아부은 적은 없는가?

현명한 판단, 똑똑한 의사결정은 할 수 있는 일과 할 수 없는 일을 구분하는 것에서부터 시작된다. 아울러 내가 할 수 없는 일을 포기함으로써 느끼는 좌절감이나 상실감을 극복할 수 있는 평정심도 필요하다. 자신의 통제 밖에 있는 일이 무엇인지 알게 되면 고려해야 할 선택의 경우를 반 이상으로 줄일 수 있고, 그에 따라 의사결정을 하기 위한 시간과 노력도 줄일 수 있다.

우리가 통제할 수 없는 것을 통제하기 위해 들이는 시간과 자원, 불필요한 논쟁은 득보다는 실을 안겨준다. 판단 과정에서는 오르지 못할 나무를 대책 없이 쳐다보기보다는 오를 수 있는 나무를 열심히 오르는 것이 현명하다. 나는 아시시의 성 프란치스코San Francesco d'Assisi의 이 기도문을 좋아한다.

"주여 내가 할 수 있는 일은 최선을 다해 하게 해주시고, 내가 할 수 없는 일은 체념할 줄 아는 용기를 주시며, 이 둘을 구분할 수 있는 지혜를 주소서."

9. 실패를 스승으로 모셔라

경험으로부터 배우는 것은 중요하다. 하지만 성공이라는 경험은 오히려 우리에게 독이 될 수 있다. 성공은 자만심을 가져오기 때문이다. 짐 콜린스는 위대한 기업이 망하는 다섯 단계를 제시했는데, 그중 첫 단계가 성공에 대한 자만심이다.[5] 역설적이지만 성공의 적은 바로 성공이라고 한다. 우연히 이룬 성공이 내 덕분이라고 주장하는 자기 위주 편향self-serving bias에 빠지기도 쉽다. 성공을 이끌었다고 생각하는 방법을 신앙처럼 맹신하고 그것 말고 다른 방법은 없는 것으로 안다. 변화를 거부하게 되는 것이다. 성공을 이루었을 때 무엇이 성공으로 이끌고 무엇이 그렇지 않았는지 객관적으로 냉정히 판단하지 못하기 때문이다.

하지만 실패는 잘만 이용하면 겸손함과 발전을 위한 학습이 될 수 있다. 실패를 통해 배우기 위해서는 우선 실패를 경험했을 때 그것을 합리화하거나 정당화해서는 안 된다. 실패한 원인을 운이 나쁜 것으로 치부하면 당신은 배움의 기회를 잃는 것이다. 실패로부터 우리는 과거의 판단이 왜 실패를 가져왔는지 반성하는 겸양의 배움을 얻을 수 있고, 그 결과를 피드백함으로써 나쁜 판단 습관을 버리는 교정의 배움을 얻을 수 있다. 그리고 이러한 배움을 지속하면 새로운 상황에서 과거를 답습하지 않고 옳은 판단을 할 수 있는 현인으로서의 능력을 기를 수 있다.

그러나 미국의 여류 작가인 미나 앤트림Minna Antrim이 지적했듯이[6] 경험으로부터 판단 능력을 향상시키는 것이 힘들다는 견해도 있다. 카너먼과 트버스키는 인간의 기본적인 판단 편향은 시간이 지난다고 저절로 고쳐지는 것이 아니라고 주장한다.[7] 또한 시카고 대학의 힐렐 아인호른Hillel Einhorn과 런던경영대학원의 로빈 호가스Robin Horgarth는 피드백을 통해 판단 능력을 향상시키는 것이 힘들다고 주장한다. 그 이유는 첫째, 판단과 결과 사이에는 시간 간격이 있어 실패를 초래한 원인을 쉽게 규명할 수 없고, 둘째, 환경의 변화로 인해 피드백의 신뢰성이 떨어질 수 있으며, 셋째, 다른 결정이나 선택을 했더라면 어떤 결과가 초래되었는지 알 수 없고, 넷째, 대부분 중요한 의사결정 문제는 독특하기 때문에 다른 문제에 적용할 만큼 학습의 기회를 얻기가 쉽지 않다는 데 있다.[8]

하지만 이러한 비관적인 견해에도 불구하고 실패로부터 얻은 교훈은 나의 판단력을 세련되게 할 수 있으며, 이를 통해 나만의 뛰어난 객관적 휴리스틱을 만들 수 있다. 객관적 휴리스틱이란 판단의 정석定石을 말한다. 나의 판단 방법이 판단의 정석이 되기 위해서는 나의 판단 방법을 남에게 설명할 수 있고, 그들도 나의 설명을 듣고 이해하고 그에 동의할 수 있어야 한다.

무림의 세계든 판단의 세계든 어느 세계에나 고수高手와 하수下手가 있다. 고수와 하수의 차이는 무엇일까? 바둑을 둘 때 하수는 책에 있는 정석대로만 수를 둔다. 하지만 고수는 책에 나와 있지 않거나 책에 있는 정석과는 반대되는 수를 두기도 한다. 왜 그럴까? 오랜 경험과 시행착오를 통해 자신만의 정석을 개발했기 때문이다. 그래서 고수가 된 것이다.

10. 좋은 의사결정 방법을 찾아 배워라

의사결정을 위한 교육은 중요하다. 그리고 일찍 시작할수록 좋다. 하지만 체계적이며 과학적인 의사결정 방법을 배우기 위해서는 일정 기간의 시간과 노력을 투자해야 하며 때로는 수학적인 방법에 대한 훈련도 필요하다. 많은 사람은 이를 복잡하게 여겨 회피하는 경향이 있다.

하지만 최소한 이러한 교육은 받지 않더라도 우리의 직관적 판단은 인간의 인지적 한계로 인해 여러 가지 함정에 빠질 수 있음을 깨닫고, 가능하면 여러 사람의 폭넓은 의견을 듣는 것만으로도 자신의 판단 편향을 어느 정도 교정할 수 있다. 인지적 한계로 인한 판단 편향은 예측 가능하며 체계적이기 때문에 교육과 훈련을 통해 그 빈도와 크기를 줄일 수 있다.

미국 카네기멜론대학의 바루크 피쇼프Baruch Fischhoff는 교정 가능한 사람의 인지 편향을 제거할 수 있는 방법을 다음과 같이 제시하고 있다. 첫째, 모든 사람은 인지 편향을 범할 수 있음을 인정해야 한다. 둘째, 일상에서 보통 관찰되는 인지 편향의 방향과 범위를 설명한다. 셋째, 개인적으로 잘못된 판단에 대한 피드백 처방을 제공한다. 넷째, 피드백과 코칭을 비롯해 개인의 판단 능력을 향상시키는 데 필요한 것이면 어떤 방법이든 동원해 확장된 훈련 과정을 제공한다.[9] 아울러 '반대 고려하기consider-the-opposite'와 같은 간단한 지침이나 자신의 판단에 대해 책임을 지도록 함으로써 인지 편향을 부분적으로 제거할 수 있다.

개인의 판단 문제보다는 조직의 중요한 판단 문제가 잘못되었을 경우, 그것이 가져오는 파괴력이 훨씬 크다는 사실은 이미 여러 번 강조했다. 따라서 조직의 중요한 문제에 대해서는 과학적 의사결정 방법의 전문가인 경영과학자나 통계학자의 조언을 받는 것도 인간의 인지 편향을 줄일 수 있는 방법이다. 의사결정자 몇 사람의 제한된 경험이나 직관에 의존해 모든 것을 결정하기에는 너무도 복잡한 세상이 되었다.

　자신의 경험을 일반화하지 말고 증거를 더 찾도록 한다. 최근에 접한 경험에 현혹되지 말고 더 긴 시간에 걸쳐 폭넓은 정보를 수집하라. 그리고 직관보다는 과학에 의존하라. 머니볼 Moneyball[10] 이야기는 직관에 의존하는 관행에서 벗어나 관련 자료의 분석과 이에 따른 결정을 습관화하는 노력이 필요함을 보여준다. 미국 메이저리그 만년 최하위 팀인 오클랜드 애슬레틱스 Oakland Athletics를 돈이 아닌 과학을 이용해 최고의 팀으로 만들어 놓은 단장 빌리 빈William Beane에 대한 이야기다. 세이버메트릭스 sabermetrics라는 과학적 방법으로 선수들의 기록을 분석해, 돈이 많이 드는 스타플레이어는 아니지만 적재적소에 필요한 선수를 적은 비용으로 영입해 2002년에 기적의 20연승을 이룬 유명한 실화다.

　미국만의 이야기가 아니다. 우리나라에서도 가난한 구단이 경영과 과학을 접목해 성적과 수익을 동시에 끌어올리는 실험이 진행되고 있다. 2013년 가장 가난한 구단인 넥센 히어로즈가 창단 6년 만에 정규리그 3위로 시즌을 마감했다. 만년 적자 구단, 하위 구단이 적자 폭을 최소화하면서 최고 성적을 거둔 것이다.[11] LA다저스에서 활약하는 류현진의 괴력도 데이터 분석의 힘이고, 삼성라이온즈도 삼성SDS 사장을 지낸 김인 사장이 2010년 말 부임하면서 투수의 구질, 타자의 성향 등 데이터를 모아 상관관계를 분석하는 '스타비스STABIS'라는 시스템을 구축하도록 지시한 바 있다.[12]

프로야구 세계에서뿐만 아니라 요즘 전 세계적으로 학계와 기업에서 빅데이터나 비즈니스 애널리틱스가 부상하고 있다. 과학적인 방법과 데이터 분석을 통해 쓸모 있는 정보를 추출하고, 이에 근거해 한층 객관적이고도 신뢰성 있는 판단을 하자는 목적을 갖고 있다.

주관적 판단과 객관적 판단의 차이점 중 하나는 판단의 일관성이다. 가령 공정한 면접을 위해서는 동일한 면접관이 동일한 환경에서 모든 지원자에게 동일한 질문을 해야 한다.[13] 하지만 실무적으로 이는 가능하지 않다. 사람은 그때그때의 감정과 기분, 분위기, 동료들의 상황 등에 의해 알게 모르게 영향을 받게 되어 동일한 자료를 가지고 반복적으로 결정을 내리는 데도 기복이 있게 마련이다. 그렇지만 정형화한 틀framework을 이용하는 객관적 방법의 경우, 동일한 자료를 가지고 분석하면 그 결과는 항상 동일하다. 일관성이 좋은 판단을 보장해주지는 못하지만 좋은 의사결정을 하기 위해 일관성은 꼭 필요하다.

11. 개선된 판단 습관을 체화하라

판단 편향에서 자유로운 사람은 아무도 없다. 판단 편향이 있다는 것은 인간임을 의미하는 것이다. 판단착오를 자존심에 대한 위협으로 생각해서는 판단 편향에서 벗어날 수 없다. 편향에서 벗어나는 방법은 '만일 내 생각이나 가정이 틀렸다면 어떻게 할 것인가'에 대해 생각하고 다른 대안을 찾아내는 것이다. 스스로 악마의 변호인 역할을 하는 것이다. 그리고 모든 의사결정에서 인지 편향이 일어날지도 모른다는 생각을 갖고 항상 자신의 판단과 행동을 겸손하게 점검하는 습관을 갖는 것이 필요하다.

하지만 판단과 행동의 변화는 일시적일 수 있다. 변화가 일어난 후 다시 과거의 관행으로 돌아가려는 요요 현상을 조심해야 한다. 당신이 갖고 있던 과거의 인지 편향은 완전히 사라진 것이 아니기 때문에 어떤 특정 순간에, 특히 시간적 제약이나 환경적 스트레스가 심할 때 다시금 나타날 수 있다. 또한 판단과 행동의 새로운 방식은 아직 당신에게 익숙하지 않아 그것이 몸속에 체화되는 데는 시간이 좀 더 필요할지도 모른다. 하지만 새로운 방법의 반복적인 사용과 꾸준하게 이어지는 의식적인 실천은 과거의 판단과 행동양식을 대체해 습관으로 굳어지게 하고, 습관은 다시 제2의 천성이 되어 당신의 몸속 유전자처럼 자리 잡게 될 것이다.

판단은 습관이다

오늘은 올림픽대로를 탈까, 아니면 강변북로로 갈까? 나는 출근할 때마다 이것을 결정한다. 경험상으로는 강변북로로 가는 게 더 빠르다. 교통상황 전광판에도 현재 강변북로가 소통이 더 원활하다고 나와 있다. 그래서 오늘도 평소처럼 강변북로를 선택했다. 그런데 이게 어찌된 일인가? 강변북로를 탄 지 얼마 안 돼서 정체가 시작된다. 방금 전에 앞에서 큰 접촉사고가 났단다. 과거의 경험과 전광판 정보에 따라 길을 선택했지만 예상치 못한 사고로 도로에서 꼼짝 못하게 된 것이다.

이렇듯 오늘 내가 내린 결정은 그 결과가 좋지 않을 수 있다. 그렇다고 다음번부터는 아무렇게나 대충 결정하려고 할까? 그러지는 않을 것이다. 우리는 언제나 '그럼에도 불구하고' 좋은 결정을 내리기 위해 부단히 노력해야 한다. 왜냐고? 우리가 좋은 결정을 하기 위해 기울이는 노력은 우리가 바라는 좋은 결과가 일어날 가능성을 높여주고, 후회를 줄여주기 때문이다.

현명한 사람은 좋은 의사결정good decisions과 좋은 결과good outcomes를 구분할 줄 안다. 좋은 의사결정이란 논리적인 것을 말하고, 좋은 결과란 우리의 바람을 말한다. 좋은 의사결정이 좋은 결과를 가져올까? 반드시 그렇지는 않다. 하지만 의사결정을 잘하면 그 결과가 자신이 바란 대로 실현될 거라고 믿는 사람이 많다. 만약 그렇지 않으면 의사결정이 잘못되었다고 여긴다. 그러나 이는 잘못된 생각이다. 좋은 의사결정이 때로는 기대하지 않았던 나쁜 결과를 초래하는가 하면, 별생각 없이 내린 의사결정이 우연히 좋은 결과를 가져올 수도 있다.

그 이유가 뭘까? 의사결정이란 현 상황에서 내가 이용할 수 있는 모든 정보를 토대로 내가 내리는, 다시 말해 내가 통제할 수 있는 것이지만 의사결정이 이루어진 후의 결과는 내가 통제할 수 없는 것이기 때문이다. 불확실한 미래 상황에선 의사결정을 할 당시에는 예상치 못했던 여러 가지 변수가 내 의지와 상관없이 나타날 수 있다.

그렇다면 좋은 결과를 담보할 수 없는데도 왜 우리는 의사결정을 잘하기 위해 노력해야 하는가? 이 질문에 대한 부분적인 답은 다음과 같다.

첫째, 신처럼 완전한 통찰력을 갖지 못한 우리가 할 수 있는 일은 선택에 따른 후회를 최소화하고 원하는 결과가 일어날 가능성을 최대화하기 위해 노력하는 것이다. 자신이 원하는 바를 이룰 수 있도록 최선의 방법을 모색해 이를 행동으로 옮김으로써 결과에 대한 후회를 최소화하는 사람이 현명한 의사결정자다.

배우자가 중병에 걸렸을 때 뛰어난 의사를 찾아가 최선을 다해 수술해달라고 청할 수는 있어도(좋은 의사결정), 이것이 반드시 배우자의 완쾌(좋은 결과)로 이어지는 것은 아니다. 천하의 명의를 선택해 수술을 부탁했다 하더라도 수술 결과는 우리가 바라는 바와는 다를 수 있다. 하지만 그렇다고 해서 소중한 사람의 수술을 아무에게나 맡길 수는 없는 노릇이다. 배우자가 완치될 가능성을 높이고 나의 회한을 최소화하기 위해서는 최고의 명의를 찾아 수술을 받게 하는 것이 옳은 의사결정이다.

둘째, 내가 선택하지 않은 대안의 결과 또한 결코 알 수 없기 때문이다. 로버트 프로스트Robert Frost의 시 '가지 않은 길The Road Not Taken'은 자기 앞에 펼쳐진 두 갈래 길 중에서 자신이 선택하지 않은 길에 대한 미련과 후회를 담고 있다.

"먼 훗날 나는 어디선가 한숨을 쉬며 이야기할 것입니다. 숲속에 두 갈래 길이 있었다고, 나는 사람이 적게 간 길을 택했다고, 그리고 그것 때문에 모든 것이 달라졌다고."

사람들은 선택의 결과가 바라던 대로 실현되지 않으면 '내가 그때 다른 선택을 했더라면 더 좋지 않았을까?' 하면서 후회한다. 정신적인 위안은 되겠지만 별 도움은 안 되는 행동이다. 그때 다른 대안을 택했더라면 지금보다 더 좋은 결과를 얻을 수 있었을까? 그럴 수도 있겠지만 오히려 결과가 더 안 좋을 수도 있다. 선택하지 않은 대안의 결과가 어떨지는 알 수 없는 노릇 아닌가.

결과에 따라 자신이 행한 선택을 후회하는 것은 어느 모로 보나 도움이 안 된다. 두고두고 '내가 그때 그렇게 했어야 했는데' 하는 아쉬움으로 스스로를 괴롭힐 뿐이다. 물론 선택의 결과가 좋으면 금상첨화겠지만, 앞서 강조했듯이 좋은 결정, 좋은 판단이 좋은 결과를 보장하는 것은 아니다. 선택의 결과에 연연하기보다는 현재 상황에서 자신이 할 수 있는 최선의 선택과 결정을 하고 있는지를 고민하는 것이 바람직하다. 결과가 잘못된 것은 용서받을 수 있지만 판단 과정에서 태만하고 신중하지 못한 것은 비난받아 마땅하다.

이 책이 자신의 판단 편향을 이해하고 판단 방식과 행태를 개선하는 데 도움이 되었으면 한다. 그리고 다른 사람들의 판단 행태를 이해하고 어디서 허점을 보이는지 파악하는 데도 도움이 되면 좋겠다. 사실 다양한 직업군의 많은 사람이 교육 수준이나 소득 수준, 삶의 배경과는 상관없이 엉뚱한 판단을 하고 확신에 넘치는 말들을 쏟아내곤 한다. 그들의 잘못된 판단과 행동이 제대로 보이는가? 그렇다면 이 책은 성공한 것이다.

마지막으로 바라건대, 이 책을 통해 당신이 지금껏 갖고 있던 길들여진 생각과 낡은 가정들을 벗어던지고 새로운 시각으로 세상을 바라보고, 판단하고, 행동하기 위한 단초를 발견하길 기대한다. 그리고 그것이 당신의 새로운 판단 습관으로 굳어지기를 소망한다.

chapter1 우리는 왜 가끔 헛똑똑이가 되는가

1 Russo, J. Edward and Paul J. H. Schoemaker, *Decision Traps: The Ten Barriers to Brilliant Decision-Making and How to Overcome Them* (New York: Fireside, 1989), p. 127.

2 Tversky, Amos and Daniel Kahneman, "Judgment under Uncertainty: Heuristics and Biases," *Science* (1974), Vol. 185, pp. 1124-1131.

3 대니얼 카너먼은 전망이론으로 2002년 노벨경제학상을 받았다. 에이머스 트버스키는 1996년에 사망해 노벨상을 받지 못했다.

4 규범적 의사결정이란 이성적이고 합리적인 사람이라면 어떻게 판단하고 행동해야 하는지 처방해주는 것으로, 인간의 두 가지 사고체계 중 분석적인 사고체계인 시스템 2를 사용한다. 기술적 의사결정은 보통 인간은 실제로 어떻게 판단하고 행동하는지 기술하는 것으로, 자연 반사적인 사고체계인 시스템 1을 사용한다.

5 Miller, George. A., "The Magical Number Seven, Plus or Minus Two: Some Limits on Our Capacity for Processing Information," *Psychological Review* (1956), Vol. 63, No. 2, pp. 81-97.

6 Iyengar, Sheena S. and Mark R. Lepper, "When Choice is Demotivating:

Can One Desire Too Much of a Good Thing," *Journal of Personality and Social Psychology* (2000), Vol. 79, No. 6, pp. 995-1006.

7 Pfeffer, Jeffrey and Robert I. Sutton, "The Smart-Talk Trap," *Harvard Business Review* (1999), May-June, pp. 135-142.

8 여기서의 만족해 'satisfice'는 'satisfy'와 'suffice'의 합성어다.

9 Simon, Herbert A., *Models of Man* (New York: Wiley, 1957).

10 이 책에서 소개하는 추가적 제한성은 제한된 의지력, 제한된 인지, 제한된 이기심, 제한된 행동의지, 제한된 윤리성 등 다섯 가지다. 이 중 제한된 의지력과 제한된 이기심의 개념은 Thaler(2000), 제한된 인지는 Bazerman & Chugh(2005), 제한된 윤리성의 개념은 Chugh, Bazerman, & Banaji(2005)가 제안했으며, 제한된 행동의지는 인간의 현상 유지 편향으로부터 파생된 개념이다.

- Thaler, R., "From Homo Economicus to Homo Sapiens," *Journal of Economic Perspectives* (2000), Vol. 14, pp. 133~141.

- Bazerman, M. and D. Chugh, "Bounded Awareness: Focusing Failures in Negotiation," in L. Thompson (Ed.), *Frontiers of Social Psychology: Negotiations* (College Park, MD: Psychological Press, 2005).

- Chugh, D., M. Bazerman, and M. Banaji, "Bounded Ethicality as a Psychological Barrier to Recognizing Conflicts of Interest," in D. Moore, D. Cain, G. Loewenstein, and M. Bazerman (Eds.), *Conflicts of Interest* (Cambridge: Cambridge University Press, 2005).

11 Güth, W., R. Schmittberger, and B. Schwarze, "An Experimental Analysis of Ultimatum Bargaining," *Journal of Economic Behavior and Organization* (1982), Vol. 3, pp. 367-388.

12 Fehr, E. and U. Fischbacher, "Third-party Punishment and Social Norms," *Evolution and Human Behavior* (2004), Vol. 25, pp. 63-87.

13 Debt Statistics 2005-2013, *Credit Action* (The National Money Education Charity).

14 인지부조화란 행동과 믿음의 불일치로 인해 느끼는 불편함을 말한다. 사람들은 보통 이러한 부조화를 줄이기 위해 자신의 행동이나 생각을 바꾸거나 아니면 그것을 정당화하려는 강한 동기를 갖는다. 인지부조화에 대해서는 이 책의 2장에서 자세히 다룬다.

15 Bazerman, M., J. Baron, and K. Shonk, *You Can't Enlarge the Pie: Six Barriers to Effective Government* (Cambridge MA: Basic Books, 2001), pp. 19-30. (《파이는 키울 수 없다》, 정락형 역, 알앤시, 2004)

16 특정 정보에 대한 편향이란 우리 주위에 다양한 정보가 존재하는데도 자신이 현재 가지고 있는 생각이나 믿음을 지원해주는 정보에 애착을 갖고 그것만을 받아들이는 행태를 일컫는다. 또한 우리는 이러한 정보 출처에 대해 큰 신뢰를 나타내기까지 한다. 자신의 생각과 일치하지 않는 정보는 무시하거나 경시함으로써 입맛에 맞는 정보만을 반복적으로 수집하는 이러한 행태는 인간의 선택적 지각 특성에 기인한 것이다. 이는 '확신의 덫'이라는 판단의 함정에 빠지는 원인이 된다.

17 http://www.heinz.com/our-company/press-room/imagesmedia-downloads.aspx

18 Wickelgren, Wayne. A., *How to Solve Problems: Elements of a Theory of Problems and Problem Solving* (San Francisco: W. H. Freeman and Company, 1974), p. 56.

19 이에 대한 다양한 실험 예는 http://simonslab.com을 참조하기 바란다. 주의 부족과 관련한 다양한 실험이 비디오 클립으로 제시되어 있다.

20 http://www.youtube.com/watch?annotation_id=annotation_262395&feature=iv&src_vid=voAntzB7EwE&v=v3iPrBrGSJM

21 Akerlof, G., "The Market for Lemons: Qualitative Uncertainty and the Market Mechanism," *Quarterly Journal of Economics* (1970), Vol. 89, pp. 488-500.

22 반대의 뜻을 가진 용어인 복숭아peach는 '겉은 거칠지만 속은 달콤한 과일'로 우량 제품 및 서비스를 지칭한다.

23 인터넷상에 있는 MP3 형식의 음악 파일을 개인 컴퓨터에 복사하기 위해 사

용하는 소프트웨어를 말한다. 우리나라에는 소리바다, 멜론, 벅스 등의 유사한 서비스가 있다.

24 이후 미국 법원은 2013년 8월 20일 코닥의 파산보호Chapter11 졸업을 승인했다. 코닥은 카메라, 필름 판매, 소비자 사진 현상 같은 B2C 사업은 없애고, 대신 상업용 및 포장용 인쇄 사업에 집중하는 B2B 기업으로의 구조 조정안을 제출했고 뉴욕의 연방 파산법원은 이를 승인했다.

25 프린팅 솔루션 업체인 후지제록스의 매출 비중이 45퍼센트, 의료기기가 40퍼센트, 그리고 필름을 포함한 이미징 사업이 나머지 15퍼센트를 차지한다.

26 "롤렉스시계에 판 '신뢰'… 美회계법인 파트너, 고객사 정보 친구에 제공", 〈한국경제〉, 2013. 4. 12.

27 Cain, D., D. Loewenstein, and D. Moore, "The Dirt on Coming Clean: Perverse Effects of Disclosing Conflicts of Interest," *Journal of Legal Studies* (2005), Vol. 34, pp. 1-25.

28 Neely, A., *Measuring Business Performance* (London: The Economist Books, 1998).

29 Seglin, J., "How to Make Tough Ethical Calls," *The Results Driven Manager: Making Smart Decisions* (Harvard Business School Press, 2006), pp. 37-44.

30 Epley, N., E. Caruso, and M. Bazerman, "When Perspective Taking Increases Taking: Reactive Egoism in Social Interaction," *Journal of Personality and Social Psychology* (2006), Vol. 91, pp. 872-889.

31 Messick, D. and M. Bazerman, "Ethical Leadership and the Psychology of Decision Making," *Sloan Management Review* (1996), Vol. 37, No. 2, pp. 9-22.

32 김영란, 김두식, 《이제는 누군가 해야 할 이야기》, 쌤앤파커스, 2013, pp. 74-76.

33 자신의 내재적 태도가 궁금하다면 내재적 연관 검사IAT: Implicit Associations Test 사이트인 http://implicit.harvard.edu에서 테스트해보라. 여러 국가의 언어로 자신의 마음속 깊숙한 곳에 자리 잡은 특정 대상, 이를테면 성, 국가, 피부

색, 체중, 성 지향성, 나이, 인종 등에 대한 선호 태도를 확인할 수 있다.

34 Macrae, C. and G. Bodenhausen, "Social Cognition: Categorical Person Perception," *British Journal of Psychology* (2001), Vol. 92, No. 1, pp. 239-255.

35 동기적 판단착오란 고의성이 있는 판단착오로, 어떤 유인책에 의해 일부러 판단착오를 일으키는 것을 말한다.

36 〈PD수첩〉 측은 미국 피츠버그에서 황우석 연구팀의 일원이었던 연구원들을 인터뷰하면서 "줄기세포가 이미 가짜로 판명되어 검찰 수사가 진행 중이고, 수사 결과에 따라 황 교수는 구속되고 논문도 취소될 것이다"라고 강압적인 태도로 거짓말을 함으로써 논문이 조작되었음을 입증하는 중요한 증언을 얻어낸 바 있다.

37 "美 법원 최종판결 '법무부 S&P 제소 타당성 인정'", 〈아시아경제〉, 2013. 7. 17.

38 민재형, "과잉 친절 '백기사'가 환영받지 못하는 이유?", 〈동아비즈니스리뷰〉, 2010, 56호, pp. 82-84.

39 "A Cancer Drug's Big Price Rise is Cause for Concern," *The New York Times*, 2006. 3. 12.

40 어떤 의사결정에 영향을 받는 개체들, 즉 이해관계자들이 다양하고 그들의 욕구가 상충될 때 실제로 모든 이해관계자의 욕구를 만족시킬 수 있는 대안은 존재하지 않는다. 이 경우 일부 이해관계자들의 욕구는 만족하지만 나머지 이해관계자들의 욕구는 희생될 수밖에 없는데, 전체적인 관점에서 그 희생을 최소화할 수 있는 해를 찾을 필요가 있다. 이 해를 만족해satisficing solution라 한다. 'satisfy'와 'sacrifice'의 합성어로 제한된 합리성에서 말하는 만족해와는 다른 의미를 갖는다.

chapter2 우리의 판단에 개입하는 보이지 않는 손

1 Tversky, Amos and Daniel Kahneman, "Extensional Versus Intuitive Reasoning: The Conjunction Fallacy in Probability Judgment," *Psychological Review* (1983), Vol. 90, No. 4, pp. 293-315.

2 Tversky, Amos and Daniel Kahneman, "Judgment under Uncertainty: Heuristics and Biases," *Science* (1974), Vol. 185, pp. 1124-1131.

3 이를 매복마케팅ambush marketing이라 한다. 매복마케팅은 공식 후원사는 아니지만 매복하듯 숨어서 고객에게 후원업체라는 인상을 주어 판촉하는 마케팅 전략을 말한다. 2002년 한일월드컵 때 FIFA의 공식 후원사가 아니었던 SK텔레콤은 '월드컵'이라는 용어를 홍보에 사용할 수 없었지만, 붉은악마를 활용한 광고를 통해 대중에게 월드컵 관련 기업이라는 인상을 심어 공식 후원사이던 KTF보다 훨씬 큰 홍보 효과를 이끌어냈다.

4 곽준식, "월드컵의 경제적 가치", 〈KAA저널〉, 2006, 7·8월호, pp. 14-15.

5 "'비브리오 패혈증 사망자 활어회 먹지도 않았는데' 업계, 정부에 소비대책 촉구", 〈경인일보〉, 2012. 7. 11.

6 Dumon, Marv, "Biggest Merger and Acquisition Disasters," *Investopedia*, 2009. 2. 26.

7 Tversky, Amos and Daniel Kahneman, "Judgment under Uncertainty: Heuristics and Biases," *Science* (1974), Vol. 185, pp. 1124-1131에서 제시된 예의 수치를 조정했다.

8 "10만 원 훌쩍 넘는 화장품 여중고생들에 유행… 新등골브레이커로", 〈동아일보〉, 2013. 1. 30.

9 Tversky, A. and D. Kahneman, "Extensional Versus Intuitive Reasoning: The Conjunction Fallacy in Probability Judgment," *Psychological Review* (1983), Vol. 90, No. 4, pp. 293-315에서 나온 예를 수정했다.

10 Bazerman, M. H. and D. H. Moore, *Judgment in Managerial Decision Making*, 7th edit. (Wiley, 2009), p. 35의 예를 수정했다.

11 "문어·원숭이·앵무새 뛰어넘기", 〈매일경제〉, 2010. 7. 29.

12 리스크관리risk management가 바람직하지 않은 상황이 가급적 일어나지 않도록 예방하는 목적을 가지고 있다면, 위기관리crisis management는 바람직하지 않은 상황이 일어났을 때 이를 정상으로 되돌리는 목적을 가지고 있다.

13 "컨틴전시 플래닝Contingency Planning… 위기대응 비책 갖고 계십니까", 〈LUXMEN〉, 2012, 6월, 21호, pp. 174-178.

14 "GM회장 '한반도 위기고조 땐 공장 이전'", 〈매일경제〉, 2013. 4. 5.

15 "올해 국내 리콜·무상수리, 기아차가 최다", 〈ChosunBiz〉, 2012. 12. 28.

16 Edmonson, Amy C. "Strategies for Learning from Failure," *Harvard Business Review* (2011), Vol. 89, Issue 4, April, pp. 48-55.

17 "'타진요' 2년 법정 공방 전원 유죄로 마무리", 〈동아일보〉, 2013. 1. 9.

18 "日은 道義大國… 아베 연설은 神이 내린 듯… '위안부 망언' 이나다 장관의 낯 뜨거운 발언", 〈조선일보〉, 2013. 7. 2.

19 Matz, David C., Petra M. Hofstedt, and Wendy Wood, "Extraversion as a Moderator of the Cognitive Dissonance Associated with Disagreement," *Personality and Individual Differences* (2008), Vol. 45, No. 5, pp. 401-405.

20 Hsee, C. K. and H. C. Kunreuther, "The Affection Effect in Insurance Decisions," *Journal of Risk and Uncertainty* (2000), Vol. 20, pp. 141-159.

21 Smith, Grant W., "The Political Impact of Name Sounds," *Communication Monographs* (1998), Vol. 65, No. 2, pp. 154-172.

22 Campbell, Andrew and Jo Whitehead, "Think Again–How Good Leaders Can Avoid Bad Decisions," *360°-Ashiridge Journal* (2009), Spring, pp. 1-6.

23 1994년 판결된 '라이벡 대 맥도날드 사례Liebeck vs. McDonald's Restaurants Case' 로서 일명 '맥도날드 할머니' 사건으로 잘 알려져 있다. 이 사건은 징벌적 손해배상punitive damages의 대표적 판례로 세상에 널리 알려지게 되었다. 미국의 징벌적 손해배상제도란 민사재판에서 가해자의 행위가 악의적이고 반사회적 일 경우, 실제 손해액보다 훨씬 큰 손해배상을 명하는 제도다.

24 Northcraft, Gregory B. and Margaret A. Neale, "Experts, Amateurs, and Real Estate: An Anchoring-and-Adjustment Perspective on Property Pricing Decisions," *Organizational Behavior and Human Decision Processes* (1987), Vol. 39, pp. 228-241.

25 주택 감정가에 근거해 주택 소유주가 제시한 가격은 7만 4,900달러였는데 그

룹 1에는 6만 5,900달러, 그룹 2에는 7만 1,900달러, 그룹 3에는 7만 7,900달러, 그룹 4에는 8만 3,900달러라고 각기 다르게 알려주었다. 실험에 참가한 대학생은 48명으로(남성 30명, 여성 18명) 4개 그룹에 무작위로 배정되었으며, 전문가 집단인 부동산중개인은 21명으로(남성 4명, 여성 17명) 대학생에 비해 표본의 크기가 작아 그룹 1과 그룹 4, 두 그룹에만 무작위로 배정되었다.

26 Thaler, Richard H. and Cass R. Sunstein, *Nudge: Improving Decisions About Health, Wealth, and Happiness* (New Haven: Yale University Press, 2008), p. 23. (《넛지》, 안진환 역, 리더스북, 2009).

27 합의대안BATNA이란 협상이 결렬될 경우 내가 취할 수 있는 최선의 대안을 말한다. 가령 자동차 가격을 두고 자동차 딜러와 협상을 한다면, 합의대안은 차 없이 그냥 대중교통을 이용하는 것이 될 수 있다. 협상안의 가치가 합의대안의 가치보다 낮을 경우 협상 테이블을 박차고 나가는 것이 현명하다.

28 합의대안의 가치를 돈으로 환산한 것을 유보점reservation point 또는 무차별점indifference point이라고 한다.

chapter 3 '내 맘대로'가 만들어낸 판단의 오류

1 귄터 발라프, 《암행기자 귄터 발라프의 언더커버 리포트Aus der Schönen Neuen Welt. Expeditionen ins Landesinnere》, 프로네시스, 2010, p. 9.

2 2010년 1월 10일 〈SBS스페셜〉 '나는 한국인이다-출세만세'의 2부 '나도 완장을 차고 싶다'에서 방영되었다.

3 Brochet, Frédéric, "Chemical Object Representation in the Field of Consciousness," *Application Presented for the Grand Prix of the Academie Amorim*, Unpublished manuscript (2001).

4 Langer, Ellen J., "The Illusion of Control," *Journal of Personality and Social Psychology* (1975), Vol. 32, No. 2, pp. 311-328.

5 "정보 오판誤判", 〈조선일보〉, 2012. 12. 14.

6 "직장인 희망연봉, 3500~4500만 원… 현실은 얼마?", 〈머니투데이〉, 2013. 4. 6.

7 de Mesa, David and Clive Southy, "The Borrower's Curse: Optimism,

Finance and Entrepreunership," *The Economic Journal* (1996), Vol. 106, No. 435, pp. 375-386.

8 Collins, J. C., *Good to Great* (Harper Business, 2001), p. 85. (《좋은 기업을 넘어 위대한 기업으로》, 이무열 역, 김영사, 2002).

9 "아빠 출산휴가, 올해 도입 어렵다", 〈ChosunBiz〉, 2013. 5. 26.

10 로토의 당첨금으로는 판매액의 50퍼센트가 배정된다. 4등(4개 번호 일치)과 5등(3개 번호 일치)의 당첨금은 각각 5만 원과 5,000원으로 정해진 반면, 1등(6개 번호 일치), 2등(5개 번호와 보너스번호 일치), 3등(5개 번호 일치)의 당첨금은 가변적이다. 1등 당첨금으로는 총 당첨금액 중 4등과 5등 당첨금을 제외한 금액의 75퍼센트가 지급되고, 2등과 3등의 당첨금으로는 총 당첨금액 중 4등과 5등 당첨금을 제외한 금액의 12.5퍼센트씩 각각 지급된다. 2014년 1월 4일자 579회까지의 로토 판매금액과 당첨금액 자료에 근거해 산출한 모든 숫자 조합의 구입 시 받게 되는 당첨금의 기댓값은 42억 원 정도다.

11 "'썩어도 곤조' 김상현… 가을 해결사로 폭발할까", 〈데일리안〉, 2011. 10. 7.

12 Bazerman, Max, *Judgment in Managerial Decision Making*, 4th edition (Wiley, 1998), p. 24의 예제를 각색했다.

13 Kahneman, Daniel and Amos Tversky, "Intuitive Prediction: Biases and Corrective Procedures," in Kahneman, Daniel, Paul Slovic, and Amos Tversky (Eds.), *Judgment under Uncertainty: Heuristics and Biases* (Cambridge University Press, 1982), pp. 414-421.

14 den Ouden, E., "Developments of a Design Analysis Model for Consumer Complaints: Revealing a New Class of Quality Failures," Unpublished doctoral dissertation (Technische Universiteit Eindhoven, The Netherlands, 2006).

15 "'강력한 메시지 비법' 연구한 칩 히스 스탠퍼드대 교수 인터뷰", 〈조선일보〉, 2009. 3. 14.

16 Heath, Chip and Dan Heath, *Made to Stick* (Random House Publishing Group, 2008). (《스틱》, 안진환, 박슬라 역, 엘도라도, 2009).

17 Newton, Elizabeth, "Overconfidence in the Communication of Intent:

Heard and Unheard Melodies," Unpublished doctoral dissertation (Stanford University, Stanford, CA., 1990).

18 Rabe, Cynthia B., *The Innovation Killer: How What We Know Limits What We Can Imagine--and What Smart Companies Are Doing about It* (AMACOM, 2006).

19 "뒤집어보는 2012년 대선, '내 이럴 줄 알았다니까'", 〈월간2032〉, 2013, 1월 호, pp. 26-33.

chapter4 생각의 틀을 다시 짜라

1 Kahneman D. and A. Tversky, "Prospect Theory: An Analysis of Decision under Risk," *Econometrica* (1979), Vol. 47, No. 2, pp. 263-291.

2 확실한 대안이란 100퍼센트의 확률로 특정 결과가 확실하게 일어나는 대안을 말하고, 확률적 대안이란 여러 결과가 특정 가능성(확률)을 가지고 일어날 수 있는 대안을 말한다. 본문에 나오는 예에서 대안 1과 3은 확실한 대안이고, 대안 2와 4는 확률적 대안이다.

3 동일한 실험을 동일한 조건에서 무수히 반복했을 때 얻을 수 있는 평균값을 '기댓값'이라 한다. 어떤 대안의 기댓값은 그 대안이 가져올 결과들 각각에 각 결과가 일어날 가능성(확률)을 곱해서 모두 더한 값이다. 이때 대안이 가져올 결과가 원(₩)이나 달러($) 등 화폐단위로 표현되었으면 그 기댓값을 '기대 화폐가치'라 한다.

4 "추석선물세트 일부, 낱개로 살 때보다 비싸다", 〈문화일보〉, 2013. 9. 14.

5 오목함수의 모양을 보면 위가 볼록하게 나와 있어 마치 볼록함수라고 해야 하고, 볼록함수의 경우 윗부분이 오목하게 들어가 있어 오목함수라고 이름 지어야 하는 것처럼 생각할 수 있다. 그러나 밑에서 해당 함수를 바라보면 왜 그렇게 이름이 붙여졌는지 알 수 있을 것이다. 밑에서 보면 오목함수는 배가 오목하게 들어가 있고, 볼록함수는 배가 볼록 나와 있다.

6 물타기scale trading란 매입한 주식의 가격이 하락할 때 그 주식을 저가로 추가 매입해 평균 매입 단가를 낮추려는 행위를 말한다.

7 Tversky, A. and D. Kahneman, "The Framing of Decisions and the Psychology of Choice," *Science* (1981), Vol. 211, pp. 453-458.

8 기댓값을 기준으로 대안을 선택하는 사람은 위험중립적risk-neutral 태도를 취한다고 한다. 이러한 사람은 문제의 구도가 어떻든 간에 기댓값이 큰 대안을 선택한다.

9 Howard, R. A., "Decision Analysis: Practice and Promise," *Management Science* (1988), Vol. 34, No. 6, pp. 679-695.

10 Kirkwood, C., "An Overview of Methods for Applied Decision Analysis," *Interfaces* (1992), Vol. 22, No. 6, pp. 28-39.

11 특허가 만료된 오리지널 의약품을 단순 카피한 복제 의약품을 말한다.

12 생명공학정책연구센터, "우리나라 제네릭·바이오시밀러 시장", *BioINdustry*, No. 38, 2011. 10. 18.

13 Madrian, Brigitte C. and Dennis F. Shea, "The Power of Suggestion: Inertia in 401(k) Participation and Savings Behavior," *The Quarterly Journal of Economics* (2001), Vol. 116, Issue 4, pp. 1149-1187.

14 Heilman, Carrie M., Kent Nakamoto, and Ambar G. Rao, "Pleasant Surprises: Consumer Response to Unexpected In-Store Coupons," *Journal of Marketing Research* (2002), Vol. 39, No. 2, pp. 242-252.

15 Milkman, Katherine L. and John Beshears, "Mental Accounting and Small Windfalls: Evidence from an Online Grocer," Working Paper (Harvard Business School, 2008), pp. 8-24.

16 Bazerman, M. H. and D. H. Moore, *Judgment in Managerial Decision Making*, 7th edit. (Wiley, 2009), p. 76.

17 Thaler, R. H., "Mental Accounting Matters," *Journal of Behavioral Decision Making* (1999), Vol. 12, pp. 183-206.

18 이 실험은 서강대학교 경영학부 학생 311명과 경영전문대학원 MBA 과정 학생 227명(주간 MBA 48명, 야간 MBA 122명, 주말 MBA 57명)을 대상으로 2013년 4월 4일부터 9일까지 7개 문항의 설문지를 가지고 수행했다. 과정별 응답 결과에 통계적으로 차이가 없어 이 책에서는 전체 표본 538명의 응답에 근거해 실험

결과를 제시했다.

19 이러한 재판이 많이 진행된다고 가정할 때 얻게 되는 평균 배상액을 말한다. 기대화폐가치를 기준으로 대안을 선택하는 사람은 위험을 고려하지 않는 위험중립적인 행태를 보인다. 이러한 사람은 확실한 대안이든 확률적 대안이든 상관없이 기대화폐가치가 높은 대안을 선호한다.

20 Thaler, Richard H., "Mental Accounting and Consumer Choice," *Marketing Science* (2008), Vol. 27, No. 1, pp. 15-25.

21 맥스 베이저만, 마거릿 닐, 《협상의 정석*Negotiating Rationally*》, 원앤원북스, 2007, pp. 102-103.

chapter5 그럴듯한 거짓말, 그 이름은 통계

1 벤저민 디즈레일리의 이 말은 마크 트웨인Mark Twain이라는 필명으로 잘 알려진 미국의 소설가 새뮤얼 랭혼 클레멘스Samuel Langhorne Clemens가 대중에게 전하면서 더 많이 알려졌다.

2 정남구, 《통계가 전하는 거짓말》, 시대의창, 2008, p. 4.

3 나누기가 안 되면 곱하기도 안 된다. 2로 나누는 것은 2분의 1을 곱하는 것과 마찬가지기 때문이다.

4 섭씨(C)를 화씨(F)로 변환하는 식은 다음과 같다. F=(9/5)×C+32. 역으로 화씨를 섭씨로 변환하는 계산 방법은 C=(5/9)×(F-32)다.

5 "America's Most Liable Cities," 〈*Forbes*〉, 2010. 4. 29.

6 여기서의 평균은 산술평균arithmetic mean을 말한다. 산술평균 이외에 여러 다른 평균이 있지만 일반인들은 평균이라 하면 보통 산술평균으로 이해한다.

7 이러한 이유로 평균을 자료의 중심重心이라 하고, 중앙값을 자료의 중심中心이라 한다. 전자는 무게 중심, 후자는 가운데 중심을 말한다.

8 Huff, Darrel, *How to Lie with Statistics* (Penguin Books, 1954), p. 80. (《새빨간 거짓말 통계》, 박영훈 역, 더불어책, 2004).

9 "통계로 보는 서울 50년 변천사", 〈뉴스와이어〉, 2011. 8. 28.

10 "나랏돈 누수 33년 새 180배 늘어", 〈연합뉴스〉, 2006. 1. 22.

11 실제로 2004년 당시 국가채권은 128조 4000억 원으로 1971년의 4589억 원에 비해 280배 늘었다.

12 황수경, "실업률 측정의 문제점과 보완적 실업지표 연구", 〈노동경제논집〉, 2010, 33권 3호, pp. 89-127.

13 Huff, Darrel, *How to Lie with Statistics* (Penguin Books, 1954), p. 118.

14 "취업은 벅차고 결혼은 늦어지고… 당신도 '혼자'에 길들여졌습니까", 〈헤럴드 경제〉, 2012. 12. 28.

15 "부산 유통가 '미니스커트' 불티 '불황 맞네'", 〈파이낸셜뉴스〉, 2012. 6. 28.

16 상관관계를 측정한 수치를 상관계수correlation coefficient라고 한다. 상관계수는 -1에서 +1사이의 값을 갖는다. 상관계수가 양(+)의 값을 가지면, 두 현상은 양의 선형관계(비례의 관계), 음(-)의 값을 가지면 음의 선형관계(반비례의 관계)라고 한다. 또한 상관계수의 절댓값이 1에 가까울수록 더욱 밀접한 선형관계를 보이게 된다. 한 가지 주의해야 할 점은 상관관계는 선형관계의 방향과 강도를 측정한다는 것이다. 예를 들어 $Y=X^2$ 이라는 식에서 X와 Y는 완전한 곡선 관계에 있다. 즉 X의 값이 주어지면 Y의 값은 위 식에 의해 정확히 결정된다. 그러나 두 변수 X와 Y에 대한 상관계수를 구하면 '0'이 된다. 두 변수 사이에는 선형관계가 없기 때문이다. 따라서 상관관계란 두 현상 간의 단순한 관계가 아닌 선형관계를 측정하는 것임을 유의해야 한다.

17 "美엔 '슈퍼볼 지표'… 여의도엔 '한국시리즈 지표'", 〈서울신문〉, 2012. 6. 28.

18 "당신도 해당? 괴상한 '천재의 특징' 5가지", 〈나우뉴스〉, 2013. 6. 25.

19 주사위를 한 번 던졌을 때 나타날 수 있는 주사위 눈의 수는 여섯 가지로 이 중 짝수의 눈이 나오는 사건과 주사위 눈의 수가 2 이하인 사건 두 가지를 동시에 만족하는 경우는 주사위 눈이 2로 나오는 것이다.

20 주사위를 던져 짝수의 눈이 나오는 경우는 2, 4, 6의 세 가지다. 이제 우리가 주목하는 세계는 이 세 가지 결과로 한정된다. 이 중 주사위 눈의 수가 2 이하인 경우는 한 가지다. 따라서 해당 확률은 3분의 1이 된다.

21 새로운 정보가 수집됨에 따라 어떤 불확실한 사건의 발생 확률이 달라지는 것은 베이즈 법칙Bayes' rule을 이용해 계산할 수 있다.

22 "월드컵 16강과 베이즈 룰", 〈이데일리〉, 2006. 6. 16

23 "'중국판 햇볕정책'에 추가 대북제재 또 발목 잡히나", 〈문화일보〉, 2012. 12. 14.

24 "통계까지 왜곡하며 불평등 선동하는 정권", 〈조선일보〉, 2005. 7. 20.

25 "땅부자 통계 왜곡은 '터무니없는 주장'", 〈경향신문〉, 2005. 7. 21.

26 전북교육청, "참여연대의 정보공개율 조사 결과는 날조된 통계", 〈뉴스1〉, 2013. 4. 11.

27 "교통사고 통계, 경찰-보험사 3.8배 차이", 〈연합뉴스〉, 2006. 11. 27.

28 "기재부-KDI, 같은 숫자 다른 해석… 왜?", 〈머니투데이〉, 2013. 8. 6.

29 "세제 개편과 중산층", 〈매일신문〉, 2013. 8. 17.

chapter6 고질적인 판단의 덫에서 벗어나는 법

1 Stanford Advanced Project Management, *Converting Strategy into Action* (Stanford Center for Professional Development, 2005), September, p. 261.

2 Bossidy, Larry and Ram Charan, *Execution: the Discipline of Getting Things Done* (New York: Crown Business, 2002). (《실행에 집중하라》, 김광수 역, 21세기북스, 2004).

3 "파인만의 무한상상실", 〈매일경제〉, 2013. 9. 6.

4 "경영혁신 활동 실패 사례", 〈참여와 혁신〉, 17호, 2005. 11. 6.

5 "소비재기업 해외사업 '쉽지 않네'", 〈파이낸셜뉴스〉, 2008. 8. 18.

6 "현지화보다 베이징 중심부 진출에 급급… 4년간 적자 1134억 원", 〈ChosunBiz〉, 2012. 9. 22.

7 Samuelson, W. and M. Bazerman, "The Winner's Curse in Bilateral Negotiations," *Research in Experimental Economics* (1985), Vol. 3, pp. 105-137.

8 이 실험은 2009년 9월 서강대학교 경영학부 및 경영전문대학원 MBA 과정 학생을 대상으로 이뤄졌으며, 응답 시간은 5분을 주었다.

9 - Samuelson, W. and M. Bazerman, "The Winner's Curse in Bilateral

Negotiations," *Research in Experimental Economics* (1985), Vol. 3, pp. 105-137.

- Ball, S., M. Bazerman, and J. Caroll, "An Evaluation of Learning in the Bilateral Winner's Curse," *Organizational Behavior and Human Decision Processes* (1991), Vol. 48, pp. 1-22.

- Grosskopf, B.,Y. Bereby-Meyer, and M. Bazerman, "On the Robustness of the Winner's Curse Phenomenon," *Theory and Decision* (2007), Vol. 63, No. 4, pp. 389-418.

10 기댓값은 장기적 관점에서의 평균값을 말한다. 불확실한 변수의 가치를 평가할 때 많이 사용하는 기준이다.

11 T사의 가치를 확률변수 T라고 하자. 그러면 확률변수 T가 a에서 b 사이의 값을 갖는 일양분포일 경우, 즉 T~U(a, b)일 경우, 확률변수 T의 기댓값 $E(T)=(a+b)/2$이다. 이 경우 T~U(0, X)이므로 $E(T)=0.5X$이다.

12 - Caroll, J., M. Bazerman, and R. Maury, "Negotiator Cognitions: A Descriptive Approach to Negotiator's Understanding of Their Opponents," *Organizational Behavior and Human Decision Processes* (1988), Vol. 41, No. 3, pp. 352-370.

- Grosskopf, B.,Y. Bereby-Meyer, and M. Bazerman, "On the Robustness of the Winner's Curse Phenomenon," *Theory and Decision* (2007), Vol. 63, No. 4, pp. 389-418.

13 Samuelson, W. and M. Bazerman, "The Winner's Curse in Bilateral Negotiations," *Research in Experimental Economics* (1985), Vol. 3, pp. 105-137.

14 입찰가 분포든 평가액 분포든 참가자가 많아지면 해당 분포는 통계학의 중심극한정리The Central Limit Theorem에 의해 [그림 8]처럼 정규분포(평균을 중심으로 좌우 대칭인 종 모양의 분포)로 나타낼 수 있다.

15 민영화된 공기업을 제외한 공정거래위원회 자산총액 기준임.

16 M&A의 인수자는 자금이 부족할 경우 재무적 투자자들로부터 부족한 자금을 조달한다. 이때 재무적 투자자는 인수자의 경영 실패로 기업의 가치가 하

락하면 투자금을 회수하지 못할 위험이 있으므로 이러한 투자 손실을 피하기 위해 인수자에게 일정 시점까지 주가가 일정 금액에 미치지 못하면 자신의 보유 지분을 되사줄 것을 요구하는 경우가 많다. 이를 풋백옵션이라 한다.

17 극동건설 인수를 위해 STX와 대한전선이 경합을 벌이던 2007년 당시 론스타는 6월 14일까지만 해도 STX그룹을 우선협상대상자로 결정했다가 가격을 더 받기 위해 가장 높은 금액을 써낸 순으로 세 곳을 골라 경매호가 방식으로 2차 입찰을 진행하기로 결정했다. 이때 쇼트리스트short list에 오른 STX, 대한전선, 웅진그룹 세 곳은 입찰 방식이 경매호가 방식으로 바뀌면서 더 많은 금액을 써내야 했는데, STX가 최종적으로 5500억 원을 제시한 뒤 웅진그룹이 이보다 1100억 원 더 많은 6600억 원을 제시해 극동건설을 인수했다.

18 웅진이 태양광 사업에 진출할 당시는 화석연료의 한계를 극복하기 위해 많은 기업이 풍력, 태양광에너지 등의 신재생 에너지에 관심을 갖고 활발히 진출하던 시기였다. 하지만 신재생 에너지 붐이 일면서 국내는 물론이고 세계적으로도 중복 투자로 인한 업계 간 과당경쟁 때문에 채산성이 급격히 떨어졌고, 엎친 데 덮친 격으로 독일을 중심으로 태양광 보조금이 삭감되었다. 그로인해 일부 기업은 설비투자금 집행 연기 또는 관련 사업 진출 중단을 결정했다. 이때 전문가들 사이에는 이미 OCI(구 동양제철화학)를 제외하고는 대부분의 태양광 진출 기업이 상당한 위기에 직면하게 될 것이라는 게 중론이었다.

19 웅진코웨이는 2013년 1월 MBK 사모펀드에 매각되었고, 웅진케미칼과 웅진식품이 매각 주간사를 선정하고 2013년 내 매각을 목표로 매각 절차에 돌입했다.

20 "M&A 소화불량 후유증 시작됐다," 〈매경이코노미〉, 제1458호, 2008. 6. 4.

21 맥스 베이저만, 마거릿 닐, 《협상의 정석Negotiating Rationally》, 원앤원북스, 2007, p. 288.

22 "권익위, '최저가낙찰제' 개선 권고", 〈건설타임즈〉, 2013. 7. 18.

23 이해관계의 충돌이 제한된 윤리성을 초래하는 하나의 원인이 된다는 사실은 이 책의 1장에서 구체적으로 언급한 바 있다.

24 "국회제출 앞둔 '김영란法' 원안후퇴 논란, '영향력 통한 금품수수' 조항 모호… '수뢰죄 처벌' 빠져나갈 구멍 우려", 〈문화일보〉, 2013. 7. 24.

25 "낙동강 페놀 오염사고의 교훈", 〈충청투데이〉, 2013. 7. 24.

26 Hardin, Garret, "The Tragedy of the Commons," *Science* (1968), Vol. 162, pp. 1243-1248.

27 Keeney, Ralph L., *Value-Focused Thinking: A Path to Creative Decision-Making* (Cambridge, MA: Harvard University Press, 1992).

28 "미래를 예측할 수 있다고? 꿈깨라", 〈조선일보〉, 2009. 4. 18.

29 1986년 1월 28일 오전 11시 38분(동부시간) 챌린저호의 발사 당시 기온은 섭씨 2.2도(화씨 36도)였다.

30 "무죄추정의 원칙 유죄추정의 덫", 〈한겨레21〉, 956호, 2013. 4. 15.

31 "'대도' 조세형, 강남 고급빌라 털다 또 붙잡혀", 〈연합뉴스〉, 2013. 4. 4.

32 "한국 편 가르기 너무 심각하다", 〈매일경제〉, 2013. 11. 27.

33 Lord, C. G., M. R. Lepper, and E. Preston, "Considering the Opposite: A Corrective Strategy for Social Judgment," *Journal of Personality and Social Psychology* (1984), Vol. 47, No. 6, pp.1231-1243.

34 가톨릭교회에서 시행하는 시성관 제도다. 어떤 사람을 성인으로 추대하기 위해서는 그 사람의 훌륭한 업적과 기적을 행한 증거가 있어야 한다. 시성관이란 성인 후보에 오른 사람이 성인이 될 수 없음을 증명하는 반대 증거를 찾아서 보고하는 악역을 맡은 사람이다. 시성관 제도를 시행하는 목적은 성인으로 추대하기에 적합한 긍정적인 증거뿐 아니라 부정적인 증거도 함께 고려함으로써 성인 후보로 오른 사람이 성인으로서의 자격이 충분한지를 엄격히 평가하기 위함이다.

35 최병권, "성공하는 CEO의 회의 비결", 〈LG Business Insight〉, 2007, 952호, pp. 47-54.

36 민재형, "신속한 의사결정, 경거망동 안 되려면", 〈동아비즈니스리뷰〉, 2010, 61호, pp. 95-97.

37 "주식투자의 함정에 빠지지 않으려면", 〈머니투데이〉, 2012. 1. 12.

38 이태연, 《살아온 것처럼 그렇게》, 보고사, 2008, pp. 56-57.

39 "대법원 새만금 계속사업 판결", 〈매일신문〉, 2006. 4. 4.

40 Janis, Irving L., *Victims of Groupthink* (New York: Houghton Mifflin, 1972).

41 피그만 침공 계획은 이전 아이젠하워 행정부에서 세워졌으나, 실행은 케네디 행정부에서 하게 되었다. 이 사건이 실패로 돌아간 후 미국은 이에 개입하지 않았으며 반 카스트로 쿠바군의 내란이라고 발을 빼려고 했으나 여러 가지 증거를 통해 미국이 개입했음이 증명되었다. 이후 1963년 5월 10일자 〈라이프Life〉지에 "미국의 오판이 치른 뼈아픈 대가Heartbreaking Price They Paid for U.S. Miscalculations"라는 제목으로 피그만 사태가 커버스토리로 게재되었다. 쿠바의 혁명 지도자 중 한 사람인 체 게바라Che Guevara는 이 사건 이후 케네디에게 다음과 같은 내용의 편지를 보냈다고 한다. "당신들이 쿠바를 침공해준 덕분에 우리 혁명은 더욱 군건해졌소. 고맙소."

42 "세 가지 통합 이야기", 〈영남일보〉, 2013. 1. 8.

43 Wheeler, William M. *Ants: Their Structure, Development and Behavior* (New York: Columbia University Press, 1910).

chapter7 똑똑한 결정을 이끄는 11가지 판단 습관

1 계단형 능력이란 일정 기간 개선이 보이지 않다가 어느 시점이 되면 능력이 홀쩍 향상되는 것을 말한다.

2 Kahneman, Daniel and Dan Lovallo, "Timid Choices and Bold Forecasts: A Cognitive Perspective on Risk Taking," *Management Science* (1993), Vol. 39, No. 1, pp. 17-31.

3 Russo, J. Edward and Paul J. H. Schoemaker, *Decision Traps: The Ten Barriers to Brilliant Decision-Making and How to Overcome Them* (New York: Fireside, 1989), pp. 222-223.

4 통계학에서 미지의 모수를 하나의 값으로 추정하는 것을 점추정point estimation이라 한다. 하지만 점추정이 정확할 가능성은 제로다. 그래서 이른바 신뢰구간이라는 일정 범위를 구한다. 신뢰구간이란 실제 값이 존재할 것이라 믿는 범위를 말한다. 신뢰구간에는 항상 신뢰도라는 것이 앞에 따라붙는다. 예를 들어 95퍼센트 신뢰구간이란 그 범위 내에 실제 값이 존재하리라고 확신하는 정도가 95퍼센트라는 것이다. 통계학적 계산 없이 95퍼센트 신뢰구

간을 구할 수 있는 간단한 방법은 다음과 같다. 우선 실제 값이 어떤 값을 초과할 가능성이 2.5퍼센트 정도밖에 안 되는 값을 95퍼센트 신뢰구간의 상한값으로 한다. 그런 다음 실제 값이 어떤 값에 미달할 가능성이 2.5퍼센트 정도밖에 안 되는 값을 95퍼센트 신뢰구간의 하한값으로 한다. 이 하한값에서 상한값까지의 범위가 추정 대상의 95퍼센트 신뢰구간이다.

5 Collins, Jim, *How The Mighty Fall* (New York: Harper Collins Publishers Inc., 2009), p. 20. (《위대한 기업은 다 어디로 갔을까?》, 김명철 역, 김영사, 2010). 이 책에 따르면 위대한 기업이 망하는 첫 번째 단계는 성공을 자만하는 것이고, 두 번째 단계는 원칙 없는 사업 확장을 하는 것이며, 세 번째 단계는 위기 가능성을 부정하는 것이다. 네 번째 단계는 구원을 갈망하는 것이고, 다섯 번째 단계는 시장에서 사라지거나 겨우 명맥만 유지하는 것이다.

6 Antrim, Minna Thomas, *Naked Truth and Veiled Illusions* (Henry Altemus Company, 1901), p. 99.

7 Tversky, Amos and Daniel Kahneman, "Judgement under Uncertainty: Heuristics and Biases," *Science* (1974), Vol. 185, pp. 1124-1131.

8 Einhorn, Hillel J. and Robin M. Hogarth, "Confidence in Judgment: Persistence of the Illusion of Validity," *Psychological Review* (1978), Vol. 85, No. 5, pp. 395-416.

9 Fischoff, Baruch, "Debiasing," in Kahneman, Daniel, Paul Slovic, and Amos Tversky (Eds.), *Judgment under Uncertainty: Heuristics and Biases* (Cambridge University Press, 1982).

10 마이클 루이스, 《머니볼 *Moneyball*》, 2011, 비즈니스맵. 이 책의 원작은 2003년에 출판되었으며 2011년 브래드 피트 주연의 영화로도 개봉되었다.

11 "넥센의 야구 경영엔 '柱式투자기법+*a*' 녹아 있다", 〈조선일보〉, 2013. 11. 5.

12 "류현진 돌풍은 '빅데이터 힘'", 〈매일경제〉, 2013. 10. 24.

13 Schmidt, F. L., Hunter, J. E., "The Validity and Utility of Selection Methods in Personnel Psychology," *Psychological Bulletin* (1998), Vol. 124, No. 2, pp. 262-274.

민재형

서강대학교 경영대학 교수. 서강대학교 경상대학 2학년을 마치고 텍사스대학교 경제학과에 편입, 최우
등으로 졸업했다. 인디애나대학교에서 의사결정학으로 경영학 석사학위와 박사학위를 받았다. 케임브
리지대학교와 스탠퍼드대학교에서 객원교수를 역임했으며 케임브리지대학교 클레어홀칼리지의 종신
멤버이기도 하다. 1992년 서강대학교 교수로 부임한 이래 경영대학장과 경영전문대학원장을 역임하며
서강대학교 경영학부와 경영전문대학원에서 의사결정론과 경영과학 등을 가르치고 있다.

생각을 경영하라

1판 1쇄 발행 2014년 2월 17일
1판 4쇄 발행 2019년 9월 30일

지은이 민재형
펴낸이 고병욱

기획편집실장 김성수 **기획편집** 윤현주 장지연 박혜정
마케팅 이일권 송만석 현나래 김재욱 김은지 이애주 오정민 **디자인** 공희 진미나 백은주
외서기획 이슬 **제작** 김기창 **관리** 주동은 조재언 **총무** 문준기 노재경 송민진

펴낸곳 청림출판(주)
등록 제1989-000026호

본사 06048 서울시 강남구 도산대로 38길 11 청림출판(주) (논현동 63)
제2사옥 10881 경기도 파주시 회동길 173 청림아트스페이스 (문발동 518-6)
전화 02-546-4341 **팩스** 02-546-8053
홈페이지 www.chungrim.com
이메일 cr1@chungrim.com
블로그 blog.naver.com/chungrimpub
페이스북 www.facebook.com/chungrimpub

ⓒ민재형, 2014

ISBN 978-89-352-0999-6 (03320)